“十二五”职业教育国家规划教材
经全国职业教育教材审定委员会审定

汽车4S企业管理与业务接待

第2版

主　编　黄会明　倪　勇
副主编　傅丽贤　郑尧军
参　编　尤向士　吴汶芪　朱　荔

机械工业出版社
CHINA MACHINE PRESS

本书是经全国职业教育教材审定委员会审定的“十二五”职业教育国家规划教材，是根据《教育部关于“十二五”职业教育教材建设的若干意见》及教育部新颁布的《高等职业学校专业教学标准(试行)》，同时参考汽车维修、汽车营销等汽车后市场岗位群的职业资格标准，在第1版的基础上修订而成的。

本书主要介绍汽车4S企业管理、企业形象打造、汽车销售业务接待、汽车维修业务接待、汽车配件管理、客户关系管理和汽车金融服务等内容，具有知识面广，综合性强，内容实用、新颖；模块化结构，使用灵活；图片丰富，直观清晰；文字简洁，深入浅出，通俗易懂等特点。

为便于教学，本书配套有电子课件等教学资源，选择本书作为教材的教师可来电(010-88379865)索取，或登录www.cmpedu.com网站，注册、免费下载。

本书可作为高等职业院校汽车技术服务与营销、汽车检测与维修、汽车电子技术和汽车运用技术等汽车类专业的教学用书，也可作为汽车4S店、维修企业、特约服务站的管理人员、技术人员及业务接待人员的岗位培训教材。

图书在版编目(CIP)数据

汽车4S企业管理与业务接待/黄会明，倪勇主编. —2版. —北京：机械工业出版社，2014.6(2024.1重印)

“十二五”职业教育国家规划教材

ISBN 978-7-111-47405-0

Ⅰ.①汽… Ⅱ.①黄…②倪… Ⅲ.①汽车—专业商店—经营管理—高等职业教育—教材 Ⅳ.①F717.5

中国版本图书馆CIP数据核字(2014)第161644号

机械工业出版社(北京市百万庄大街22号 邮政编码100037)

策划编辑：曹新宇 责任编辑：曹新宇 李俊慧

责任校对：薛 娜 封面设计：马精明

责任印制：常天培

固安县铭成印刷有限公司印刷

2024年1月第2版第14次印刷

184mm×260mm · 16.25印张 · 392千字

标准书号：ISBN 978-7-111-47405-0

定价：42.00元

凡购本书，如有缺页、倒页、脱页，由本社发行部调换

电话服务 网络服务

服务咨询热线：010-88379833 机 工 官 网：www.cmpbook.com

读者购书热线：010-88379649 机 工 官 博：weibo.com/cmp1952

教育服务网：www.cmpedu.com

封面无防伪标均为盗版 金 书 网：www.golden-book.com

第2版前言

本书是按照教育部《关于开展“十二五”职业教育国家规划教材选题立项工作的通知》，经过出版社初评、申报，由教育部专家组评审确定的“十二五”职业教育国家规划教材，是根据《教育部关于“十二五”职业教育教材建设的若干意见》及教育部新颁布的《高等职业学校专业教学标准(试行)》，同时参考汽车维修、汽车营销等汽车后市场岗位群的职业资格标准，在第1版的基础上修订而成的。

本书涵盖了汽车4S企业管理与业务接待的方方面面，主要介绍汽车4S企业管理、企业形象打造、汽车销售业务接待、汽车维修业务接待、汽车配件管理、客户关系管理和汽车金融服务等内容，具有知识面广、综合性强的特点。本书的编写特色如下：

1. 教材内容涵盖了汽车4S企业的整车销售、零配件供应、售后服务、信息反馈四大环节，以及4S企业管理和汽车金融服务等企业急需内容，反映了行业、企业对汽车服务人才的要求，充分体现了教材的职业适应性和教材内容的先进性。

2. 教材紧扣企业需求，结合岗位工作规范和职业标准，依据岗位技能需求组织内容，编写过程中突出内容实用性、新颖性，注重理论知识与实践操作的结合，吸收来自于企业、行业一线的典型案例，丰富了教材内容，增强了教材的知识性、可读性，避免了枯燥说教，有力激发学生的学习兴趣。

3. 教材编排形式新颖，采用图文并茂的编写方式，使内容直观明了，文字表达简洁，易教易学，符合高职学生的心理特点。

4. 教材结构“模块化”，主题鲜明，重点突出，简明实用。

本教材的参考学时为60个学时，建议采用理论实践一体化的教学模式。由于教材采用“模块化”的结构体系，结合汽车4S企业的实际运作，按模块编写，以章为单元，每章都具有独立性，便于教学实施，不同学校、不同专业使用本教材可根据教学时数和教学对象，选择教材中的相关章节或内容进行授课。

全书共七章，由浙江机电职业技术学院黄会明、倪勇教授主编。具体编写人员及分工如下：浙江机电职业技术学院黄会明编写第一章、第四章及附录，浙江经济职业技术学院郑尧军编写第二章，浙江机电职业技术学院傅丽贤编写第三章、第五章，浙江机电职业技术学院倪勇、吴汶芪合作编写第六章，中国人民财产保险股份有限公司浙江省分公司尤向士与浙江机电职业技术学院朱荔合作编写第七章。

编写过程中，编者参阅了国内外出版的有关教材和资料，得到了杭州滨江保时捷中心陈群峰总监、浙江和诚滨奥汽车有限公司丁水兵经理的有益指导，在此一并表示衷心感谢！

本书经全国职业教育教材审定委员会审定。教育部专家在评审过程中对本书提出了很多宝贵的建议，在此对他们表示衷心的感谢！

由于编者水平有限，书中不妥之处在所难免，恳请读者批评指正。

编　者

第1版前言

汽车4S企业中的“4S”，是四个英文单词的首写字母，分别代表：整车销售(Sale)、零配件供应(Sparepart)、售后服务(Service)、信息反馈(Survey)。汽车4S企业是汽车制造厂商在市场中的触角和细胞。它作为汽车的推销商，减少了汽车营销中间环节，在价格和货源上有得天独厚的优势；作为售后服务的汽车维修商，能得到制造厂的专业培训和指导，在解决维修难题上能技术到位、处理问题及时有效、汽车维修保养资料齐全；作为零配件销售商，又能得到正规的零配件供应。4S企业在汽车销售和售后服务中，直接接触客户，第一位听到客户的声音，第一位地了解到产品的质量问题，能把客户意见、市场信息以及汽车使用中出现的问题反馈给制造商，以利于制造商对产品的改进与研发。

随着我国汽车产量的提高，人民生活的不断改善，汽车专卖店如雨后春笋般在各地不断“涌现”。汽车专卖企业增长速度过快，职工技术、技能、个人素质跟不上企业发展的要求，尤其是高级技工和技师相当匮乏，制约了汽车4S企业的发展，所以对4S企业技师的培训是4S企业的当务之急。

本书编者倪勇先生是曾在多家企业工作多年的高级工程师，吴汶芪老师是国家示范性高职院校的专业老师，编者把工作和教学经验结合起来，合力编写了此书，希望能给企业的管理者和同学们一些借鉴和帮助。

本系列丛书共三册：《汽车4S企业管理制度与前台接待》《汽车维修车间管理及技术培训》《汽车钣金油漆与装潢》。本系列丛书在写作的过程中得到了杭州保利得汽车有限公司(奔驰、本田)、杭州金丰汽车有限公司(丰田)、杭州申浙汽车有限公司(大众)、杭州米家汽车有限公司(通用)的大力帮助，在此表示衷心的感谢。

本系列丛书是汽车4S企业职工岗位培训教材，也可以作为高职或本科院校汽车类专业学生获得技师职称的培训教材，并可供其他专业人士作为参考用书。本书涵盖了整车销售、零配件供应、售后服务、信息反馈——汽车4S企业的四大环节。

由于本书编者水平有限，时间仓促，书中难免有错误之处，欢迎读者批评指正。

编　者

目 录

第一章　汽车4S企业管理

提起汽车服务，人们往往会首先想到汽车的售后服务，尤其是汽车的维修技术服务。其实，汽车服务不仅仅是指售后服务和维修技术服务，其涵盖的工作内容是十分广泛的，概括起来说，汽车服务概念有狭义和广义之分。

狭义的汽车服务是指汽车从新车出厂进入销售流通领域开始，直至其使用寿命终止后回收报废各个环节所涉及的全部技术的和非技术的各类服务和支持性服务，如汽车的分销流通、物流配送、售后服务、维修检测、美容装饰、配件经营、智能交通、回收解体、金融保险、汽车租赁、旧车交易、驾驶培训、信息咨询、广告会展、交易服务、停车服务、故障救援、汽车运动、汽车文化及汽车俱乐部经营等。

广义的汽车服务还可延伸到汽车生产领域的各种相关服务，如原材料供应、工厂保洁、产品外包装设计、新产品测试、产品质量认证及新产品研发前的市场调研等，甚至还延伸至汽车使用环节中的如汽车运输服务、出租汽车运输服务等。

汽车服务工程中，技术性服务属于机械电子工程范畴，而非技术性服务则属于管理工程范畴，汽车服务的各项工作内容是有联系的，它组成了一个有机的工程系统。由于汽车服务企业所涉及的工作都是服务性的工作，因此它属于第三产业。

汽车服务企业管理是按照汽车服务市场的客观规律，对企业的全部生产、销售、服务等经营活动进行计划、组织、指挥、协调和控制，使各汽车服务环节互相衔接，密切配合，使人、财、物、信息等因素得到合理组织、充分利用，以最小的投入，实现“多、快、好、省”的企业经营目标，取得最大的投入产出效率。随着生产精细化的发展，分工越来越细，生产专业化程度不断提高，生产经营规模不断扩大，企业管理也就越来越重要。科学化管理成为培育企业核心竞争力、实现企业可持续发展的重要途径。

第一节　汽车4S企业概论

汽车4S企业是汽车制造集团销售公司和销售总代理商认可的特约销售服务中心，集汽车销售、售后服务、配件和信息服务为一体。4S是四个英文单词的首写字母，分别代表：整车销售(Sale)、零配件(Spare part)、售后服务(Service)、信息反馈(Survey)。汽车4S专卖店，是汽车制造商和销售商共同打造的、销售专一品牌的汽车专卖店。它拥有统一的外观形象、统一的标志、统一的管理标准，只经营单一品牌的汽车。汽车4S店是一种个性突出的有形市场，具有渠道一致性和统一的文化理念，4S店在提升汽车品牌、汽车生产企业形象上的优势是显而易见的。

4S店模式自1999年由欧洲传入我国以后，逐步得到了市场和消费者的认可，目前开始步入飞速发展时期，被认为是我国汽车销售模式与国际接轨的标志。统一的店面格局及标准，统一的整车销售价格，高质量的维修，人性化的服务，协调一致的广告推广，迅速的信息反馈及索赔等，使客户对品牌产生了认可和信任，增加了购买汽车的安全感，为汽车厂商在中国树立品牌形象起到了不可替代的作用。而品牌的形象、标准化的服务及作业、及时的配件供应、技术资料的提供、技术培训及专业化的设备支援，为经销商在当地树立自己的品牌形象，扩大销售，增加稳定客户资源，增加经济效益等方面，也起到了保障作用。汽车4S店的逐步完善和持续改进，不仅使客户对购车有安全感，也使客户实实在在享受到了国际化、标准化的服务，有利于促进客户满意度的进一步提升。

汽车4S店是汽车售后服务企业的一种类型，就其售后服务的功能而言，它为客户提供厂家委托的质量担保服务，以及超出保修期后自费享受的维护以及维修等服务项目。汽车售后服务需要经营场所、专用设备、诊断仪器、专用工具、专业人员、技术支持等一系列条件作为保障，缺一不可。另外，汽车售后服务是维系汽车4S店生存和发展的主要利润来源，对提高客户的忠诚度实现“再次”购车起着决定性的作用。

随着中国加入世界贸易组织，我国汽车市场发展迅猛，加之汽车4S店大幅减少了汽车营销过程的中间环节，且汽车的产品质量、价格有独特优势，在售后服务上也能够满足消费者的高质量要求，所以汽车4S企业目前在我国各地迅速发展。目前，全国的汽车4S店的数目大约有7000家，投资主体有外资企业、合资企业，也有民营企业，而且朝着规模化、集团化的方向发展。例如中国最大的汽车经销商——广汇汽车，截至2012年12月，在全国拥有13家区域平台公司，394家4S店，近500家经营性店面，还有全国最大的汽车租赁公司、最大的二手车拍卖网，代理销售国内外40多个主流汽车品牌，年经营收入超过730亿元。

第二节　汽车4S企业组织机构

人是“生产力中最活跃的因素”，是构筑企业竞争力的基石。企业能否吸引、保留和激励优秀人才以及能否持续发展和成功，企业管理机构人力资源的配置、人力资源管理理念、人力资源管理制度及职能设置是关键。

要设立企业管理机构，应考虑如下原则：

1）经营策略与人才需求的配合。

2）中长期人力需求情况及人才开发策略。

3）营运状况及员工的表现与员工的收入挂钩。

4）员工价值的体现与认同(以人为中心)。

5）企业文化与员工价值协同。

各汽车4S企业应根据自己的实际情况，不断调整组织管理机构和优化企业的人力资源。同时，也应结合汽车技术的发展，满足国内消费者的需要，遵守总公司的售后服务宗旨，打造企业的售后服务品牌。

一、汽车4S店组织机构

完善的组织机构能保障组织内众多人员步调一致、同心协力、向着一个目标前进。组织机构是企业实现战略目标和构造核心竞争力的载体，也是企业员工发挥各自优势而获得发展的平台。

组织机构建立的目的是帮助企业围绕其核心业务建立起强有力的组织管理体系。组织机构中各部门人员的多少需要按各个岗位工作量安排人数。各级组织都有各自的负责人，在汽车4S企业各部门设有部门经理，前台接待设有主管，维修车间设有车间主任。为了提高执行力，实行一级对一级负责，下级领导向上一级领导负责，各部门经理向店长(总经理)负责，店长向董事会负责，这套管理制度叫首长责任制。组织机构需要制度管理和人性化管理相结合，既要有铁的纪律，也要进行人性化的亲情管理。

常见汽车4S企业组织机构框架如图1-1所示。

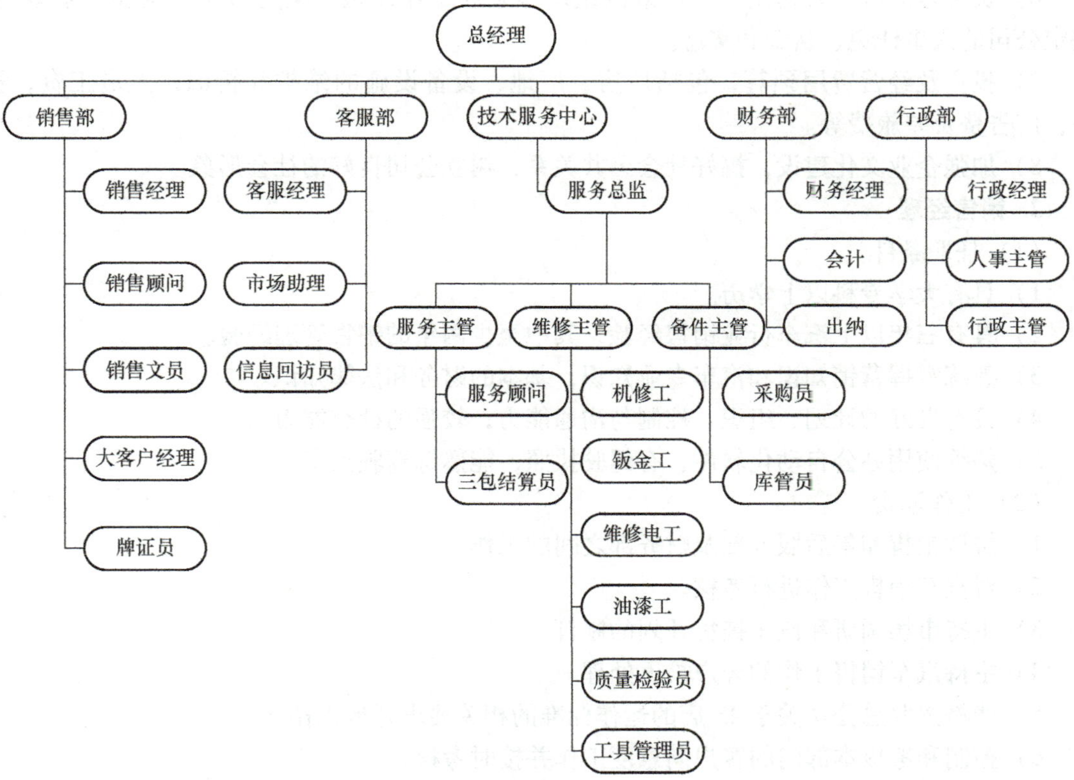

图1-1 汽车4S企业组织机构框架图

二、主要岗位的任职条件和工作职责

工作分析和工作职能设计是人力资源管理的基本环节之一，4S企业应指派或招聘资质合格的人员负责指定的工作岗位，并不断提升员工的工作能力。

1. 总经理(店长)

(1) 任职条件

1) 具有大学本科以上学历，汽车、市场营销、工商管理或相关专业。

2) 具有六年以上汽车销售或维修经验，其中至少五年以上经营管理经验。

3) 深厚的管理和汽车专业知识，基本的财务和法律知识。

4) 出众的团队领导能力和开拓创新精神，良好的组织、协调沟通能力，及危机预防与冲突解决能力。

（2）工作职责

1）全面负责公司的经营管理工作，领导各部门的工作。

2）依据国家及行业的各项法律、法规，制定落实本企业的规章制度及方针政策。

3）负责公司内文件的审批签发。

4）主持制订公司经营理念、战略目标、远景目标和公司的年度、季度经营计划等。

5）参加汽车生产厂的有关会议并负责传达落实会议精神，负责签发报送汽车生产厂的文件及各种报表。

6）负责建立健全公司统一、高效的组织体系和工作体系，决定组织体制和人事编制，决定公司的人事任免、薪金和奖惩。

7）投资及经营费用预算，包括厂房、厂地、设备设施的维护和折旧，人员工资，税务，广告费及差旅费等。

8）加强企业文化建设，搞好社会公共关系，树立公司良好的社会形象。

2. 销售经理

（1）任职条件

1）具有大学专科以上学历。

2）具有三年以上汽车行业销售经验，其中至少两年的销售管理经验。

3）熟练掌握营销知识和汽车专业知识，基本的财务和法律知识。

4）具有良好的计划、组织、控制与沟通能力；较强的社交能力。

5）熟练使用办公自动化软件；有驾驶执照，能熟练驾驶汽车。

（2）工作职责

1）协调销售和售后服务部及财务部之间的工作。

2）对汽车销售工作进行考核。

3）主持市场调研和汽车销售计划的制订。

4）主持汽车销售工作的客户投诉处理。

5）严格按照总公司关于4S店的运作标准的相关要求开展工作。

6）控制和考核本部门的客户满意度工作并按时考核。

7）积极开展和推进各项业务工作，控制管理及运作成本，完成内部拟订的业务指标。

8）做好业务统计分析工作，定期及时按照总公司及售后服务中心要求填报各种表格。

9）协调本部门开展各项促销活动。

10）定期与总公司销售部门就各项业务进行交流与沟通。

11）负责制订所辖员工的半年培训需求及计划。

12）负责汽车销售接待和投诉处理工作流程的不断优化。

3. 客服经理

（1）任职条件

1）具有大专以上学历，经管类或汽车相关专业。

2）有一定的汽车专业知识和修理经验，丰富的市场营销知识。

3）熟悉当地汽车市场，三年以上汽车销售行业的市场工作经验。

4）具有良好的组织、沟通能力以及较强的社交能力，能熟练使用办公自动化软件。

（2）工作职责

带领部门员工做好客服特色服务。

1）负责制订部门工作计划并实施。

2）负责客户的跟踪服务和满意度的调查、考核，以及工作流程的不断优化，并制订提高客户满意度的工作计划。

3）做好客户档案的管理和客户的定期回访工作，及客户信息分析。

4）负责管理和协调客户反馈/投诉的收集、追踪处理以及重大客户问题的解决。

5）组织、协调各部门做好客服工作，发生客户投诉时，负责处理。

6）做好本部门及公司的媒体公关工作。

7）负责并组织本部门人员定期上报服务质量表及其他业务报表。

8）负责所辖员工的半年培训需求及计划。

4. 服务总监

（1）任职条件

1）具有大专以上学历，汽车及相关专业。

2）具有三年以上汽车维修工作经验。

3）具有丰富的企业管理经验，较强的计划、组织协调和指挥能力。

4）会熟练使用计算机进行管理，能熟练驾驶汽车。

（2）工作职责

1）协调前台接待和维修车间的工作。

2）对前台接待和维修车间进行考核。

3）监督索赔体系严格按总公司索赔政策正常工作。

4）负责接待和处理客户投诉工作，以及重大质量事故。

5）制定、安排和协调服务工作具体开展，协调业务接待、索赔、收银、维修车间、配件供应之间的关系。

6）负责按行业规定及总公司关于4S店的运作标准的有关要求制定相关工作流程，并不断改进、优化。

7）控制和审核本部门的质量工作并按时考核。

8）积极开展和推进各项业务工作，控制管理及运作成本，完成内部拟订的业务指标。

9）做好业务统计分析工作，定期按时填写总公司及售后服务中心要求填报的各种表格。

10）协调本部门开展的各项促销活动。

11）定期与总公司就各项售后业务进行交流与沟通。

12）负责所辖员工的半年培训需求及计划。

13）负责提升售后客户满意度，通过总体协调促进服务业绩的稳步提高。

5. 服务主管

（1）任职条件

1）具有大专以上学历，汽车及相关专业。

2）具有三年以上汽车维修工作经验，丰富的汽车理论知识和服务营销知识。

3）良好的组织协调能力、沟通能力和冲突解决能力，语言表达能力较强。

4）有驾驶执照，能熟练驾驶汽车。

（2）工作职责

1）组织、安排接待客户，为客户提供从到店至离店的全过程服务。

2）向客户宣传各项服务政策，解答客户提出的咨询与建议。

3）积极处理客户投诉。及时答复客户当面反映的问题，接到客户投诉后迅速组织调查、处理，全程参与处理重要、重大客户投诉。

4）通过与客户座谈，宣讲公司的售后服务、配件政策，听取客户的意见，及时解决客户问题，改进服务工作，适时向总公司反馈意见。

5）定期按总公司的要求反馈信息，及时反馈突发性或新的市场问题。

6）根据市场情况定期组织各种类型的服务促销宣传活动吸引客户，提出增加服务项目、改进服务条件和提高服务水平的措施与计划。

7）督促工作人员做好客户档案的建立、完善工作。

8）协调其他部门关系，确保高效率解决各种问题。

6. 维修主管

（1）任职条件

1）具有相当大专以上学历。

2）有四年以上轿车实际修理经验，具有车辆故障检查和判断能力。

3）具有一定的管理经验、组织协调能力和指挥能力。

4）负责重大质量事故的处理。

5）会使用计算机对车间进行管理。

6）有安全生产和环境保护方面的工作经验。

（2）工作职责

1）负责合理安排维修人员的工作及车间看板的管理。

2）开展并控制车间生产流程的具体实施，并保证本部人员有良好的工作状态。

3）负责车间管理过程中的事务处理，并及时向管理层反映。

4）监督车间的安全生产、环境保护和物品摆放，并监督员工做到油、水、物件的“三不落地”。

5）负责督促员工对车间工具、设备的定期保养和维护，并作记录。

6）负责与总公司售后服务部门的联系，以得到技术援助。

7）控制维修质量和生产成本。

8）协调车间与前台接待的关系，保证车辆及时、快速、优质地完成保养和维修工作。

9）对车间管理人员及维修人员进行考核。

10）负责制订所辖员工的半年培训需求和计划，并参与培训工作。

11）负责车间工作流程的不断优化与改进，以提高工作效率。

7. 备件主管

（1）任职条件

1）具有相当大专以上学历。

2）从事两年以上配件供销管理或具有相关经验，熟悉目前汽配市场行情。

3）具有很强的管理经验、组织协调能力和指挥能力。

4）会熟练地使用计算机进行管理。

（2）工作职责

1）按总公司配件运作要求，组织督促配件人员做好售后服务的配件管理与供应。

2）根据总公司的要求编制汽车配件的采购计划。

3）严格控制合理的仓库库存，将库存周转率控制在合理范围，加快资金周转、减少滞销品种及数量。

4）参与重大配件质量事故及客户投诉的处理。

5）协调好配件部与其他业务部门的关系，确保维修业务的正常开展。

6）及时向相关部门传递汽配市场信息和本店业务信息。

7）审核和签发向总公司市场营销部门订购配件的有关文件。

8）严格控制配件的采购及销售，保证只向总公司订购合格配件，不得参与购买非总公司提供的假冒伪劣配件。

9）负责与各店的配件部门进行沟通和交流，做好配件的销售工作。

10）负责汽车配件部门经济效益的分析，严格控制营运成本。

11）负责本部门人员配件业务的培训指导，并制定本部门的培训计划。

12）负责配件工作流程的不断优化。

8. 质量检验员

检验员在大型汽车维修企业中有中间检验员和完工检验员两种。

（1）任职条件

1）具有高中以上学历。

2）有四年以上轿车实际修理经验，具有车辆故障检查和判断能力。

3）工作责任心强，能指导维修工进行维修作业。

4）有良好的驾驶技术，可以判断汽车的维修质量。

5）会使用计算机对汽车维修质量进行管理。

6）有安全生产和环境保护方面的工作经验。

（2）工作职责

1）解决汽车维修中的疑难问题。

2）对维修工进行工作指导和监督。

3）监督车间的安全生产和环境保护。

4）指导车间专用工具的使用与管理。

5）车辆维修完工后，对所修车辆进行试车检验，评估所修汽车的维修质量。

6）统计维修质量的一次合格率，协助技术主管对维修案例进行统计和上报。

7）4S 店新车进仓前的汽车检验。

9. 服务顾问

（1）任职条件

1）具有大专以上学历，汽车及相关专业。

2）从事汽车维修工作三年以上，熟悉汽车维修检测的作业规范，较强的故障分析判断能力。

3）具有良好的语言表达能力及沟通技巧，较强的组织协调能力。

4）能熟练操作计算机；有驾驶执照，能熟练驾驶汽车。

（2）工作职责

1）引导、受理客户预约。

2）负责维修车辆客户的接待工作。

3）负责客户车辆的故障诊断，与客户达成协议(任务委托书)。

4）负责车辆维修后的电话服务跟踪。

5）负责向索赔员传递车辆状态信息，并负责索赔技术鉴定。

6）负责向维修技师传达客户的想法，描述车辆的故障形态，分配维修工作任务。

7）负责交车工作，解释维修内容。

8）负责建立、完善客户档案。

10. 财务经理

（1）任职条件

1）具有大学本科及以上学历，财会或相关专业。

2）具有三年以上汽车行业财务管理经验。

3）具有全面的财务专业知识，熟悉国家会计准则以及相关的财务、税务、审计法规，政策。

4）具备优秀的统计能力和财务分析能力，能熟练使用财务软件。

5）诚信廉洁，勤奋敬业，作风严谨，敬业负责，有良好的职业素养。

（2）工作职责

1）负责财务部的日常管理，协调本部门和公司其他部门的工作关系。

2）编制公司年度决算报告和财务预算报告。

3）负责公司财务管理体系的建设与优化，拟订管理制度，并监督实施。

4）负责公司的会计核算与财务分析工作。

5）负责公司融资管理工作。

6）定期组织和安排所辖员工的业务培训。

11. 行政经理

（1）任职条件

1）具有大学本科及以上学历，行政管理专业优先。

2）具有四年以上的人事行政管理经验，其中至少两年的管理经验。

3）具有全面的行政人事管理知识，基本的财务、法律和心理学知识。

4）出众的团队领导能力和发展他人能力，良好的人际关系建立能力、沟通能力和冲突解决能力。

（2）工作职责

1）协助总经理做好各部门各项工作目标、任务的考核。

2）制订公司人力资源计划，负责人力资源开发，满足公司各部门、岗位人力需求。

3）制定公司各项规章制度，定期组织各部门学习，并检查规章制度执行情况。

4）负责公司培训管理，制订公司整体培训计划及人员发展计划。

5）负责公司人事管理，做好人才的储备、甄选，以及员工的考评工作。

6）组织、实施员工绩效考核工作，核定员工薪酬和其他奖励措施。

7）掌握国家的有关政策法规，与政府相关部门建立良好的协作关系。

12. 行政主管

（1）任职条件

1）具有大专及以上学历，行政管理专业优先。

2）具有两年行政管理经验。

3）掌握基本的财务和法律知识。

4）出众的团队领导能力，较强的责任心，良好的关系建立能力、沟通能力和冲突解决能力。

（2）工作职责

1）负责制定并完善公司行政管理制度。

2）负责对公司固定资产、办公设备的购置、登记、维护等工作。

3）负责公司各种印刷品、办公室用品的采购与保管等工作。

4）负责劳保用品的定购、发放等管理工作。

5）负责公司各类报刊杂志的订阅。

6）负责公务车的管理。

7）负责公司的保卫安全工作。

8）负责展厅、车间环境的管理。

9）配合各部门做好支持性服务工作。

13. 人事主管

（1）任职条件

1）具有大专及以上学历，人力资源专业优先。

2）具有两年人事行政管理经验。

3）深入的行政人事管理知识，基本的心理学和法律知识。

4）出众的团队领导能力和发展他人能力，良好的关系建立能力、沟通能力和冲突解决能力。

（2）工作职责

1）参与建立并改进招聘、培训、考核及人事行政管理体系。

2）参与公司组织机构，职级制度和薪酬激励方案的建立与完善。

3）参与设计并负责跟踪考核各项工作的推行和完成情况。

4）根据客户满意度及关键业绩指标（KPI）计算公司员工薪酬，同时报行政经理审批。

5）制定相关的人力资源政策、制度和程序，并与各部门和员工进行准确、到位的沟通。

6）负责新员工的入职教育、公司企业文化培训、员工培训的组织协调和培训资料的集中管理。

7）负责公司人员档案的建立。

8）拟定劳动合同，并适时有效地进行合同管理。

9）遵照法规，妥善处理劳动争议和纠纷，并与政府人事劳动部门保持良好关系。

10）向行政经理提供最新的劳动法规和当地政府在人事、福利制度方面政策的更新与变化以及相关市场，竞争对手的人力资源情况等。

第三节 人事管理

一、概论

现代企业竞争极其激烈。企业竞争其实是人才的竞争。当前汽车4S店如“雨后春笋”般快速建立和发展，优秀的管理和技能型人才短缺，人才流动频繁。经常出现一个员工在店里工作一两年学到了一些知识和技能后就“跳槽”到其他企业的现象。人往高处走，这种现象无可非议，但发生员工的频繁“跳槽”主要是人事管理上的欠缺和制度上的疏漏。企业能否吸引、保留和激励优秀人才是企业能否持续发展和成功的关键。怎样使全体员工发挥团队精神，上下一条心，拧成一股力，同心合力使企业得到持续发展和成功是人力资源部的任务。

人事管理主要涉及人员的招聘、选拔、培训、绩效管理、薪酬管理、人员管理。

人事管理应遵循如下原则：

1）应谨慎对待管理人员和关键岗位人员的招聘。

2）人力资源规划是人力资源管理的主要内容，应重视人员的发展，制订与业务发展相适应的人员发展计划。

3）调动员工的活力和智慧，进行有效的激励。应选择适当的激励方式进行绩效管理和薪酬管理，使物质激励、精神激励和工作激励相辅相成。应巧妙、灵活地运用一些无“薪”激励，提升员工的满意度，增强组织活力和凝聚力。

4）定期与员工沟通，让员工畅谈工作中的问题和建议，同时让员工了解公司当前的经营业绩和重大事项，这样使员工有一定的归属感，尤其是那些振奋人心的佳绩在很大程度上能够鼓舞人心，激发员工的荣誉感和责任感。

5）在人事管理中要避免“亲人”的干扰。“亲人”在管理时有“飘飘然”凌驾于人之上的感觉，而被管理者有“低人三分”受到压抑不能发挥自己聪明才智的感觉。家族式管理是最不可取的。

二、人事管理的内容与工作标准

1）4S店应将招聘和培养高素质的员工队伍作为人事管理的核心目标。

2）4S店聘用人员应符合岗位任职条件并能完成工作任务，再经岗位正式评估后(试用期后)方可正式聘用。

3）4S店的关键岗位人员及管理岗位人员的聘任，店长必须参与招聘和评估。

4）4S店专职岗位人员由建店单位选拔和推荐德才兼备的人员担任，专职岗位人员必须填写任职资格登记表并备案。

5）4S店的专职岗位人员在上岗前必须经过专门业务培训并经过考核合格后才能上岗，上岗后，必须清楚从事岗位的工作职责。

6）4S店必须制定相应的工作章程，章程除对各部门工作有相应的规范外，还应包括员工发展、奖励制度等，充分发挥员工团队协作精神，激励员工全身心地投入工作。

7）4S店在建店前和建店后都要重视对员工的培训，必要时设立内训师岗位，也可聘请相关专业的大专院校老师担任。重要岗位人员须经总公司的培训获得资格证书后方可上岗。

8）4S 店管理部门至少每半年对非管理层关键员工进行一次个人评估并作相应指导，每一年对管理层进行一次个人评估，评估形式由店长确定。

9）4S 店人力资源管理部结合店内业务的发展制订相应的后备人员的储备计划并报店长批准。

10）员工在 4S 店工作期间，因工作失误而造成损失或造成不良影响的，人事管理机构应对其进行处理和备案，处理意见必须得到店长的同意。

11）凡参加过总公司的非管理层关键岗位培训的人员（如业务员、信息员、索赔员、检验员、维修人员等），需变换工作岗位时，部门经理应提前一个月通知店长。未经店长认可的，发生一次给予警告，两次或两次以上，人事主管将取消评优资格。

12）4S 店如调动和更换主要管理人员（如店长、销售部经理、售后服务部经理、配件部经理、车间主管），应提前一个月通知总公司并备案。

13）索赔员变动时，还须在变更之日起 5 个工作日内书面通知总公司售后服务索赔部相关人员，以得到确认和备案。

14）招聘员工试用期满经评估确认合格后，与该员工签订劳动合同，内容包括岗位、薪酬待遇、保险交纳、奖励与处罚、员工的培训、合同期限等。

15）有的企业将员工的发展和培训也写在劳动合同内，员工的培训费用暂由企业垫付，之后按月从员工工资中扣除。员工在企业工作一定时间（如 5 年等）后，企业一次性退还（并支付利息），如员工没有完成在企业工作时间的要求，员工本人的培训费用要自付。这一条款有一定的合理性，对员工的自由“跳槽”有一定的抑制作用，使企业的员工队伍能相对地稳定。

三、奖励与处罚

适当、合理的奖励制度，可以激发员工的积极性，充分发挥员工无形的潜力和工作效率，达到预想的目标，完成企业交给的任务。

企业应在纯利润中拿出一定比例作为奖励支出，例如，“生产贡献奖”“增产节约奖”“星级员工奖”等奖项，这些奖项的发放必须在严格的考核和评定的基础上进行，不能有虚假成分出现。

奖励目标制定得太高则不易达到，会挫伤员工的积极性；奖励目标制定得太低，则达不到奖励先进的目的，激发不了员工奋发向上的积极性。目标的制定要有一定的配套措施，这种配套措施主要是审核和评定程序。为了提高奖励措施的执行度及效果，应定期进行检查，建议每月一次。

奖励内容可以选择奖金、加薪、升迁、表扬、休假、旅游等。根据本 4S 店的实际情况进行选择和组合，巧妙灵活地应用一些无“薪”激励，提高员工的满意度，增强组织的活力和凝聚力。打造企业的服务品牌、提高企业的知名度，不但可以提高企业的效益，而且也能提高员工对企业的爱戴，增强企业员工的凝聚力。比如南京一家大型汽车维修企业早年就在苏、浙、沪等地有一定的知名度，它的业务必须进行预约才能被接受。据调查，其员工在该企业工作很自豪，最基层员工当谈到企业时无不流露出对企业的满意。只有稳定员工队伍，才能创建活力无限、经济实力雄厚、知名度高的优秀企业。

在员工的处罚方面，应制定一些必要的处罚条例。对严重违反操作规程，造成车辆和配件损坏的，应对肇事人进行处罚，处罚的标准按比例赔偿(但必须是责任人能够承受得起，学徒造成的损失由师傅赔偿)。对一些违法事件，由公安机关处理，公司可以除名。对于一些严重违反操作流程，造成客户重大投诉的事件，可以对责任人进行批评、警告、记过、扣奖金、降职、降薪以至除名等处分。这些处分必须有一定的制度和标准，要有据可查，按标准行事，才能使被处罚人心服口服。

四、员工工作绩效评估

在企业的整个组织结构框架中，对各岗位的员工都需要进行绩效的评估。对工作绩效评估的机制是一种激励机制，能够催人奋进向前。组织框架中的各岗位成员，应各尽其所能努力工作，经过一段时间的工作后，必须对个人的绩效进行评估。对工作绩效的评估就是对人力资源的考核，从中找出人的因素所产生的差异或不完善的项目，通过对这些项目的分析，可以重新进行人员调整。例如，加强在职教育、工作态度的校正及诱导、组织职位的调整、人力资源运作的调整，这一切对个人和组织整体的发展都十分重要。

这些调查和登记应每月一次，并进行记录和建档，其成绩可以作为升迁、奖励和加薪的参考依据。工作绩效的评估有其重要意义，可以强化个人岗位素质、充分发挥个人的工作潜力、带动团队力量、提升整个组织运作能力。

员工工作绩效的评估方法主要有：①领导干部的述职报告；②各工作岗位的“工作考核表”。领导干部的述职报告可每年一次，报告的主要内容有工作业绩、工作中的不足、管理流程的缺失、需要改进的内容。各工作岗位的“工作考核表”有“服务人员工作考核表”“一般工作人员工作考核表”“干部人员工作考核表”，见表1-1、表1-2、表1-3。

表1-1 服务人员工作考核表

<table>
<tr><td>姓名</td><td></td><td>部门</td><td></td><td>职称</td><td></td><td>工作代码</td><td></td><td>到职日</td><td>年 月 日</td></tr>
<tr><td colspan="10">工作考核：总分100</td></tr>
<tr><td></td><td colspan="3">考核内容</td><td colspan="2">评分</td><td>初核</td><td>复核</td><td colspan="2">备注</td></tr>
<tr><td rowspan="4">工作绩效</td><td colspan="3">工作效率极佳，绩效在120%以上</td><td colspan="2">16~20</td><td rowspan="4"></td><td rowspan="4"></td><td colspan="2" rowspan="4"></td></tr>
<tr><td colspan="3">工作效率良好，可达100%</td><td colspan="2">11~15</td></tr>
<tr><td colspan="3">工作效率勉强胜任，可达80%</td><td colspan="2">6~10</td></tr>
<tr><td colspan="3">工作效率差，无法达成目标</td><td colspan="2">1~5</td></tr>
<tr><td rowspan="4">工作态度</td><td colspan="3">态度积极主动，士气旺盛</td><td colspan="2">16~20</td><td rowspan="4"></td><td rowspan="4"></td><td colspan="2" rowspan="4"></td></tr>
<tr><td colspan="3">态度良好</td><td colspan="2">11~15</td></tr>
<tr><td colspan="3">态度勉强尚可</td><td colspan="2">6~10</td></tr>
<tr><td colspan="3">态度消极被动</td><td colspan="2">1~5</td></tr>
<tr><td rowspan="4">工作能力</td><td colspan="3">工作熟悉，可独立作业，表现优良</td><td colspan="2">16~20</td><td rowspan="4"></td><td rowspan="4"></td><td colspan="2" rowspan="4"></td></tr>
<tr><td colspan="3">工作良好</td><td colspan="2">11~15</td></tr>
<tr><td colspan="3">工作能力一般，尚需他人指导</td><td colspan="2">6~10</td></tr>
<tr><td colspan="3">无法独立作业，处处需人指导</td><td colspan="2">1~5</td></tr>
</table>

（续）

姓名		部门		职称		工作代码		到职日	年　月　日

工作考核：总分 100

	考核内容	评分	初核	复核	备注
人际关系	擅长与人合作，协调，沟通 与人合作协调，沟通良好 与人合作关系须加强 人际关系恶劣，不易相处	16~20 10~15 6~10 1~5			
考勤评分	迟到、早退　每次扣 0.4 分 事假　每请一天扣 2 分 病假　每请一天扣 1 分 工伤病假　扣 0.5 分 旷工　一天扣 10 分	次 天 天 天 天	分 分 分 分 分	考勤总分合计	

合计分数：

考核评语：

表 1-2 一般工作人员工作考核表

单位

姓名		部门		职称		代码		到职日	年 月 日

一、工作考核

	考核内容	分数	初核	复核	备注
工作情形30%	工作绩效 工作态度 工作量 工作方法 专业知识 工作品质	5 5 5 5 5 5			
服务精神30%	责任感 服从性 学习精神 协调性 积极性 人际关系	5 5 5 5 5 5			
品德20%	忠诚廉洁 诚实可靠 个人修养 团体荣誉感	5 5 5 5			
能力20%	分析判断应变能力 学识应用本职程度 研究发展潜力 文书语言表达能力	5 5 5 5			

二、考勤

考勤评分	迟到、早退 每次扣 0.4 分 事假 每请一天扣 2 分 病假 每请一天扣 0.5 分 旷工 一天扣 10 分	次 天 天 天	分 分 分 分	考勤总分	

三、考核结果

工作考核	考勤	奖惩	总评分	等级	备注	裁决	审核	初核
初核								
复核								

表 1-3　干部人员工作考核表

单位

姓名		部门		职称		代码		到职日	年　月　日

一、工作考核

	考核内容	分数	初核	复核	备注
领导能力 20%	授权能力 人才培养发展能力 士气激励能力 纪律维持管理能力	5 5 5 5			
工作态度 20%	忠诚廉洁 人际关系合作精神 协调性 对公司态度	5 5 5 5			
工作表现 40%	工作绩效 工作品质 计划与组织能力 分析改善决策能力 工作自发性责任感 独立判断能力 成本节约能力 意见沟通能力	5 5 5 5 5 5 5 5			
知识 20%	文书语言表达能力 专业知识及一般知识 求知上进精神 创新研发潜力	5 5 5 5			
工作考核总分		合计			
		考核人			

二、考勤

考勤评分	迟到、早退　每次扣 0.4 分 事假　每请一天扣 2 分 病假　每请一天扣 0.5 分 旷工　一天扣 10 分	次 天 天 天	分 分 分 分	考勤总分	

三、考核结果

工作考核	考勤	奖惩	总评分	等级	备注	裁决	审核	初核
初核								
复核								

第四节 岗 位 培 训

案例

丰田汽车公司创造了一整套行之有效的人力资源开发体系，这种体系是一个金字塔形的结构，由四部分组成。

1）与汽车维修职业学院合作，为丰田汽车售后服务培养后备人才。

2）对经销店的员工进行一般维修、业务接待、钣金喷漆的培训，提高员工基本技能。

3）对经销店的服务经理进行经营管理培训，使经销店有好的效益。

4）举办技能比赛，提高员工学技术的兴趣。

人才的选拔、培训和素质的提高以及储备人才的开发是企业能否得到持续发展的关键。优秀人才是企业竞争力的动力，企业对员工的培训要贯穿在企业运作的全过程。岗位培训主要有两个方面的内容：①职前培训；②技能和工作素质培训。培训有两种手段：①企业内部培训，通过内部培训师(技术主管兼职或聘请高等院校教师代培)培训；②把员工分期、分批地送到总公司培训部门或高等院校进行短期培训，获得岗位资格证书。

资格证书的管理应统一由企业保管(以备维修管理部门的查验)，有的4S店将员工资格证书的彩照贴于客户休息室内，以说明企业的技术实力。

一、职前培训

有新员工进入公司，首先的工作就是对新员工进行职前培训。新进人员在接触到陌生环境和生疏的工作时，可能会产生恐慌和紧张情绪。因此需要指派专人(或上级)对其进行指导，并在短期内进行跟踪和沟通，使其尽快地适应新的环境和新的工作。

培训工作的主要内容：

1）使新员工了解企业的运作流程。

2）企业的人事规章制度。

3）企业政策及经营理念。

4）对总公司品牌车辆的认识。

5）对总公司品牌政策及理念的掌握。

6）对各部门的运作流程的了解和介绍认识相关员工。

7）介绍本岗位工作业务及流程。

8）介绍企业员工工作守则和相关规定。

9）介绍本岗位工作安全条例，使新员工必须严格遵守，并介绍有关案例。

10）教育员工必须严格遵守总公司工作流程标准。

11）熟悉相关礼仪和着装标准，介绍企业文化。

12）介绍其他相关规定：①高档汽车来店，严禁无关人员围观和介入；②严禁在客户的车内休息和玩弄其设备(如空调、音响等)；③禁止在工作场地吸烟。

13）遵守和承诺对公司和客户的忠诚。

14）熟悉环境保护要求和本岗位卫生包干区的工作任务。

二、委派培训

委派培训是企业将员工送到总公司或相关高等院校进行培训。这类培训可以提高员工的工作技能，又可获得技能资格证书。

总公司培训的主要内容如下：

1）介绍总公司的核心理念、企业文化。

2）介绍总公司的品牌意识及运作标准要求。

3）改善岗位人员的工作态度、专业素养和能力。

4）学习怎样提高 4S 店的竞争力。

5）各岗位的技术培训。

经总公司培训，并考核或考试合格后，方可持证上岗。

有的企业把员工送到相关高等院校进行技能培训以获得资格证书。如丰田公司的做法是寻找优秀的教育资源，就近选择相关汽车专业的高等院校，向学校投资教学器材和教案（教材），这样 4S 店的培训得到多、快、好、省的发展。

关键岗位必须参加总公司规定的相关培训。

三、4S 店的内部培训

4S 店应根据企业业务发展情况制订人才储备和员工发展的计划。对员工进行业务培训，不断提高服务人员和维修人员的业务水平，打造一个客户完全满意，并能热忱地为客户服务的 4S 服务系统。

1. 内训师岗位设立

在大型企业中设立内训师岗位，并建立起有效的内训制度，内训师受人力资源部管辖。内训师分技术类内训师和非技术类内训师两类，技术类内训师一般由车间技术主管（技术总监、工程师）担任，非技术类内训师一般由资深业务员、副店长或店长担任。企业的内训师也可聘请高等院校教师担任。

内训师承担起整个 4S 店的员工培训任务，制订合理的培训计划，并跟踪监督员工在总公司培训课程的完成情况，及时向店长和总公司相关人员汇报，对本企业的培训负相关责任。

对本服务中心的培训效果应制定考核方案，并在培训计划中予以规划，培训成绩将被作为绩效评估的内容记录在案。

2. 培训计划的安排

表 1-4 为企业内训标准，4S 企业可根据员工及企业情况安排。

表 1-4　4S 企业内训标准

时　　间	培训级别	培训内容	培训课时
新进员工 1~3 个月内	基础培训	礼仪、素质、企业文化、基本工作技能	至少 10 小时
每年至少一次	专项培训	专业知识、工作技能提升的培训	至少 15 小时
每年至少一次	特别培训	新技能、新理念、新理论	至少 15 小时

全体员工年度平均内部培训时间不少于40小时/人，维修技工技术培训每月应在8小时以上。

3. 培训教材

培训教材一般由总公司售后服务部培训部门提供，也可由内训师选择书店提供的教材。培训教材一定要有针对性，根据员工的情况和培训进度选择不同的培训内容。

员工应经基础培训并有一定的工作经历后再被送到总公司进行技能培训。总公司培训中心将对内训内容进行考核，对参加总公司技能培训的人员进行培训前的考核，未通过考核的人员将无法参加后续培训，应返回4S店再进行内训。

第五节　财务及资金管理

一、财务管理基础

财务管理，俗称理财，指企业以货币为主要度量形式，组织财务活动、处理财务关系的一系列经济管理活动的总称，是企业管理的一个重要组成部分。可以说，只要有资金运动的地方，就必然有财务管理活动。在市场经济条件下，企业管理的核心是财务管理，财务管理的核心是资金管理。企业管理的目的是生存、获利及发展，作为企业管理系统的一个子系统，财务管理的目的是使得企业价值达到最大化。

1. 财务监督规定

1）财务部门及财务人员有权对公司的经营活动，实行财务监督。

2）财务人员对违反财务制度的经营业务，应不予办理。

3）财务人员对不真实、不合理的原始凭证，应不予受理。对记载不明确、不完整的原始凭证，应退回，并要求其补充、更正。

4）财务部门应定期和不定期地进行财务检查，要求做到实账相符，账、证相符，账账相符。如不符应查明原因，按有关规定进行处理。

5）财务部门应如实接受税务部门、审计部门的检查。

6）完善内部监督制度，钱账分管。

案例

某汽车维修厂是一家只有8名员工的小修理厂，老板既是管理者，也是采纳员，还是技术员，他整天忙于业务，无暇顾及财务，就将财务结算和配件管理都交给了会计，只是在收工时才问问当天的收入情况，然后让会计将当天收入存入银行账户。有两次老板发现会计有几笔钱没有上交，老板询问会计，会计都说忘了进账，老板催促之后，再没有放在心上。后来老板听说，会计和结算不能一个人干，这样有很多弊端，老板立刻清查财务账目，发现企业已亏损2万多元，老板找会计进行账目核查时，会计不承认账目有问题，又由于会计是自己的亲戚，只好解雇了事，自认倒霉。所以说，企业再小，会计和结算也不能一个人承担。

2. 货币资金管理规定

为规范货币资金管理，规范企业货币资金的收支行为，企业应制定货币资金管理规定，具体包括以下条款：

1）任何项目的货币资金收入，必须做收入凭证，所制收入凭证（发票或收据）上必须有收缴人与收款人签章。

2）均必须取得有效的原始凭证，否则不予支付。

3）原则上所有款项的支出，均必须经主管会计审核签章后，出纳方可支付。

4）出纳付款时，原则上应做到能用银行转的款项，不得使用现金支出。

5）任何款项的支出凭证上，必须有收款人签章。

6）出纳必须将当日的收支，逐项登入现金日记或银行存款日记，做到账、款相符。出纳必须及时将所有的有关收支凭证，交给主管会计进行账务处理。

7）银行存款预留印鉴必须分开保管，财务专用章由主管会计负责管理，不得随意使用。

8）日库存用现金原则上不得超过公司规定限额。

9）下班前应将留存现金存入银行，不允许现金在公司过夜。

10）任何人不得以任何形式和借口挪用公款。

案例

某汽车维修厂的结算员由于个人疏忽，在收款时收到一张50元的假币，他没有将假币销毁而是找给了另外一位客户，结果被这位客户当场识破，并发生激烈争吵，客户认为结算员在欺骗他，并由此对修理厂的信誉产生了很大的怀疑，使修理厂信誉受到损坏。

二、汽车4S企业资金管理

资金是企业营运的“血液”，资金的不足和资金运作梗阻都会造成企业营运的瘫痪。怎样确保资金有效运作和提高资金的周转效率是财务管理的主要内容。

汽车4S企业的资金管理应按如下规则运作：

1）严格按照总公司的有关财务管理规章制度运行。

2）与财务相关的票据应装订成册，以备检查。

3）财务报表要及时送交管理层，并备案以待查。

4）做好财务安排计划、周计划：每周五店长与财务部经理、销售部经理、配件部经理、售后服务部经理，讨论下一周的资金使用情况。

5）每月初店长与财务部经理、销售部经理、配件部经理、售后服务部经理，讨论下一月的资金使用情况，并保证公司订购配件的资金到位。

第六节　日常制度管理

案例

车主A的帕萨特轿车正在某维修厂维修，他想外出办事，便找业务经理借车，此时维修厂的车外出办事短时间不能回厂，车主A见车辆竣工区内停放着一辆已竣工的帕萨特车(车主为B)，便说借用此车去办事，一会儿就回来，业务经理说厂里有规定不能私自开客户的车。车主A又找到维修厂老板，老板感觉开一下客户的车是小事，便忘记了规章制度，答应了他的要求。

车主A外出办事闯了红灯，也没向维修厂交代。车主B将车开回的第二天，收到一张违章罚款单，说他某时在某地闯了红灯，车主B一看就愣了，他算了一下时间，闯红灯时他的车正在某修理厂。车主B非常气愤，找到维修厂理论。维修厂老板一听也懵了，急忙找到交通管理部门将这事进行了妥善处理。但车主B的愤怒一时无法平息，维修厂从此也失去了一位老客户。

一、工作日和营业时间的规定

特约4S服务中心的正常工作日和节假日的营业时间应明确地规定，并在营业大厅醒目位置的墙上挂置营业时间牌，使客户更加清晰方便地知道服务中心的营业时间。

下述规定是某总公司对其下属特约4S服务中心营业时间的最低要求，所有下属特约4S服务中心必须严格执行此项规定。鼓励特约4S服务中心提供更加方便、时间更长的售后服务工作。

1. 8：00~8：15 班前准备

1）车间准备、清洁工具、清洁地面、清理容器、更换工作服、移动夜间停放的车辆，便于维修工作的开始。

2）业务接待整理好自己的业务台和业务资料，整理上一工作日车辆情况，与各部门信息交流准备，更换好标准服装。

3）配件部门整理好仓库缺件资料和需订货清单，做好办公室和仓库的内部清洁和整理工作。

2. 8：15~8：30 班前晨会

1）车间总结昨天的处理情况，布置今天的工作，与各部门的相应信息交流。

2）业务接待与值班人员的工作交接，与各部门的相应信息交流。

3）配件部门与值班人员的工作交接，与各部门的相应信息交流。

4）汽车销售部门整理和清洁好各自的展位，为开门迎客做好准备。

3. 8：30~19：30 工作时间

1）中餐时间各部门安排值班人员，使企业运作照常进行，对有需要的客户安排中餐。19：30进场的车辆必须礼貌接车，安排修理。

2）19：30~22：00星月服务。主要接待预约服务，按预约安排修理工作。

3）22：00~8：00夜间值班。各部门值班人员处于待命状态，以处理应急修理，24小时热线电话保持畅通。

4. 节假日

各部门安排值班人员照常工作，24小时热线电话保持畅通。

二、会议制度

建立明确的晨/夕、周/月会议制度，及时对工作中出现的各种问题进行沟通、总结，提高销量及顾客的满意度。

表 1-5　特约售后服务中心经营月报表

一、人员编制及现况

	分类	职称	编制数	现员数
服务人员总数	间接人员	站长	1	
		车间主管	2	
		业务经理	3	
		配件经理	4	
		财务经理	5	
		内训师	6	
		索赔员	7	
		质量信息反馈员	8	
		业务接待	9	
		配件人员	10	
		质量跟踪员	11	
		其他人员	12	
		间接人员小计	13(1+…12)	同左
	直接人员	主修	14	
		一般维修工	15	
		学徒	16	
		一般维修工小计	17(14+…16)	同左
		主修	18	
		钣金维修技工	19	
		学徒	20	
		钣金技工小计	21(18+…20)	同左
		主修	22	
		喷漆维修技工	23	
		学徒	24	
		喷漆技工小计	25(22+…24)	同左
		其他(如洗车工)	26	
		直接人员小计	27(17+21+25+26)	同左
	合计		28(13+27)	同左

注:现员数系以当月底之实际在职人员数填入,如于该月之中离职,则不予计入

营业时间　0:00～0:00

24 小时热线电话 ______

业务大厅电话 ______

填表日期　年　月　日

二、维修容量

快速保养工位数	个
一般维修工位数	个
钣金工位数	个
油漆工位数	个
喷漆房	个
业务接待台(台数)	个
竣工位数	个
接车位数	个
车间总面积	m^2
接待大厅	m^2
客户休息区	m^2
其他停车区	m^2
仓库面积	m^2

三、营业收入

项目		钣金	油漆	一般维修		小计
				保养	修理	
服务收入	SGM 索赔					
	自费及保险					
配件收入	SGM 索赔					
	自费及保险					
合计						

四、服务台次

服务台次			指当月入厂实际台次
按维修类别分	快速保养		指当月入厂车辆按其实际维修种类划分为快速保养、一般维修、钣喷维修三种
	一般维修		
	钣喷维修		

五、其他数据

返修台次	
车辆投拆台数	
索赔成功率	
服务跟踪电话回访率	
服务跟踪顾客满足率	
* 本月的配件满足率	
本月的配件库存	
营业维修产值增幅率	
本月的车辆销售量	

* 配件满足率是指特约售后服务中心配件仓库对车间配件需求的满足情况。

1. 服务经理负责组织晨/夕、周/月会议

每日 8：15~8：30 召开班前晨会，每个营业日结束后召开夕会，每周五营业结束召开周会，每月最后一个工作日结束后召开月会。

2. 会议管理制度

所有会议应有考勤制度，并有专人进行会议记录，会议记录应有服务经理签字。

3. 会议内容

会议时间不宜太长，晨会以激励和安排工作为主；夕会、周会、月会应分别对当天、当周、当月的工作进行总结。

三、汇报制度

每月对汽车销售、汽车维修、配件供应的业务情况进行汇报，以便管理层及时采取针对性措施促进业务量的提高和工作程序的优化，为客户提供优良的服务，提高客户的满意度。

1）服务经理向店长及总公司区域经理递交服务经营月报表，及改进业绩考核的改进计划。

2）每月 10 日前递交上月的经营月报表，见表 1-5。

第七节 车 间 管 理

案例

某维修企业工资发放从 2001 年开始实行按工时计酬，激励作用很大。统计工时有统一的工时定额标准，员工都愿意抢活干。但运行一段时间后发现员工都愿意干保养、大修之类的活，而对疑难故障或检查异响之类的活却不愿干。为什么呢？疑难故障或检查异响要费很长时间诊断查找，找到故障后可能只紧紧螺栓或换个零件，工时很低，所以大家谁也不愿意干，就是逼着干也是简单应付。疑难故障排除能力是检验企业技术水平高低最重要的指标，都不愿意干势必影响企业声誉。针对这种情况，企业规定疑难故障或检查异响工时标准，按实际工作量计算，疑难故障排除根据具体情况奖励一定数量的工时。这样极大地调动了员工学习技术的热情。

在特约 4S 服务中心，车间的维修人员和工作人员是人数最多的部门，场地较大、人员众多、工种繁多。使这个团队整齐地运作起来，需要有一套严密的管理制度和协调机制。

车间管理中首先涉及的是合理调度即合理派工。随着汽车保有量的增加，汽车维修量也急剧上升，合理的车间调度，一方面可以激发员工的工作热情，减少员工间的矛盾和纠纷；另一方面可以缩短维修工期，提高客户对企业的满意度。

一、车间管理计酬方式

1. 计时工资制

将前台接待接到车辆的工作量用工时量来统计，修理工完成工作后，经检验员检验合格后被统计成工时量。返工的工时不计入工时统计量，超过两次返工，要倒扣工时。这种计酬方法有较强的激励机制，可以提高员工的工作积极性。在 4S 企业和汽车维修厂中常在钣金工和油漆工工种采用这种计酬工资制。

2. 基本工资加奖金

基本工资加奖金的计酬工资制，多用于车间的管理人员（如车间主任、安检人员、技术人员、附料和工具保管员）和机电维修工。机电维修工由于有技术高低的差别，因此采用不同的基本工资标准，当机电维修工完成一定的标准工时后，超额的部分按比例提取奖金；车间管理人员在车间完成一定的营业额，超额部分按一定比例提取奖金。

二、车间调度管理

1. 维修班组

车间主管将维修工组合成最佳作业班组，并设立作业班组长。作业班组长在组内有工资奖金的再分配权（车间主管进行指导）、生产指挥权。班组长负责全组的安全工作和维修质量工作。

当工作量较大时，各班组可以错开工作时间，以保证车间工位和车间设备的充分利用。

2. 维修技术控制

1）技术总管对车辆维修的质量总负责。

2）维修车间的员工休息室备有资料柜，柜内备有《维修手册》、维修数据表和总公司技术支持的通讯录等资料，使每位技术人员都能方便地使用这些资料。

3）对技术质量的控制可以提高“一次修复率”。

4）维修技工应严格遵守总公司维修手册的要求，使用技术合格的维修工具、测试设备要经常维护保养。

5）在维修车辆过程中遇到疑难杂症时，应向总公司售后服务部门申请技术支援。

6）实行三级检查制度：①车辆维修前的“初检”，确保维修作业的正确；②维修过程中的“中检”，以确保维修过程的安全和操作的正确；③车辆完工后的“完检”，确认车辆是否维修合格和正确。“完检”是车辆出厂前的最后一次检查。以上三项检查由技术部门的检验员和技术主管完成。

7）在预计时间内必须完成95%的工作量。

8）车辆一次修复率应保持在90%以上。

3. 维修状态管理

1）车辆的维修状态分为六种：①正在修理车辆；②待修车辆；③等待配件车辆；④等待答复车辆；⑤返修车辆；⑥完工车辆。

2）在车辆的仪表台上，放置车辆“作业单”或“问诊单”。可以确定维修作业的车辆开“作业单”，不能明确判断作业项目，须经检查后才能确定作业项目的车辆开“问诊单”。“作业单”和“问诊单”均由服务接待前台开出。

3）车间调度根据“问诊单”检查车辆，车辆维修项目确定后，调度可开具“施工作业单”，“施工作业单”下达前与服务前台沟通，在得到客户确认的前提下，方可进行施工作业。

4. 车间作业管理板

1）车间应有控制车间工作流程的管理系统，以合理的调度形式进行派工，提高车间的工作效率。

2）车间应有控制作业流程的管理板，将管理板放置在车间最明显处，车间调度经常检查施工单在管理板的走向，使车辆维修作业程序得以顺利进行。

3）车间作业管理板是白色、内有铁板的挂板，各种颜色的磁性压块可将施工单压在挂板上，每种颜色的磁性压块代表一个作业班组，管理板的样式设计可以见表 1-6。

表 1-6 车间作业管理板

<table>
<tr><th>作 业 班 组</th><th>班 组 彩 钮</th><th colspan="4">作业车辆项目</th></tr>
<tr><td>机电一组</td><td>○○○○○○○</td><td>钣 金 作 业</td><td colspan="2">油 漆 作 业</td><td>机 电 作 业</td></tr>
<tr><td>机电二组</td><td>○○○○○○○</td><td rowspan="6"></td><td colspan="2" rowspan="6"></td><td rowspan="6"></td></tr>
<tr><td>机电三组</td><td>○○○○○○○</td></tr>
<tr><td>机电四组</td><td>○○○○○○○</td></tr>
<tr><td>机电五组</td><td>○○○○○○○</td></tr>
<tr><td>机电六组</td><td>○○○○○○○</td></tr>
<tr><td>钣金一组</td><td>○○○○○○○</td></tr>
<tr><td>钣金二组</td><td>○○○○○○○</td><td colspan="4">超时作业</td></tr>
<tr><td>钣金三组</td><td>○○○○○○○</td><td rowspan="2"></td><td colspan="2" rowspan="2"></td><td rowspan="2"></td></tr>
<tr><td>油漆一组</td><td>○○○○○○○</td></tr>
<tr><td>油漆二组</td><td>○○○○○○○</td><td colspan="2">返工车辆作业</td><td colspan="2">完工车辆</td></tr>
<tr><td>油漆三组</td><td>○○○○○○○</td><td colspan="2" rowspan="2"></td><td colspan="2" rowspan="2"></td></tr>
<tr><td>油漆四组</td><td>○○○○○○○</td></tr>
</table>

4）车间调度员负责对作业管理板的管理。

5）车间调度员负责维持并审视所有车辆的日常维修记录，确认在营业时间内未完成的工作，查明未完工的原因，并采取措施尽快完工。

5. 维修调度（派工）

维修调度是指车间主管根据所接车辆情况，协调配件仓库和服务接待后，分派技工执行工作任务的过程。

维修调度人员所使用的派工单，见表 1-7。

表 1-7 派工单

车型________ 车号________ 维修类别________ 承修车间________ 班组________ 工单号________

序号	主要作业项目	作业要求	定额工时	要求完工时间	主修人竣工签字	检验员竣工签字
备注						

派工员________ 派工日期________

在派工单上应填明承修班组、主要作业项目和作业要求、定额工时及要求完工时间等。特约维修服务站一般不使用派工单，而使用委托书，表 1-8 是一汽-大众特约服务站任务委托书。在向各维修班组下达维修任务时，还应向承修班组交代具体的承修要求和注意事项等。

表 1-8　一汽-大众特约服务站任务委托书

客户：　　　　　　　　　　　　　　　委托书号：

地址：　　　　　　　　　　　　　　　生产日期：

联系人：　　　　　　　　　　　　　　送修日期：

电话：　　　　　　　　移动电话：　　　　　　　　约定交车：

牌照号	收音机密码	颜色	底盘号	发动机号	万公里	领证日期	付款方式
车型				旧件带走	是　否	油　箱	满　空
维修工位	维修项目名称		性质	工时	工时费	主修人	备　注
备件估价							

检查员：机修　　　　　钣金　　　　　油漆

注：客户凭此委托书提车，请妥善保管

站长：

地址：　　　　　　　　　　　　　　　服务顾问：

电话：　　　　　　　　　　　　　　　制单：

说明：请您带走随车贵重物品

同意以上的维修项目及费用请签字

请您结清费用后取车　　　　　　　　客户签名：________

姓名 / 工序	自检	互检	备注	增加修理项目	应修但未修理项目（我服务站为了您的行车安全，特别提醒）
机修					
钣金					
喷漆					
路试				客户签名：________	客户签名：________

为了使承修车辆在维修过程中达到质量最好、过程最短、耗时和耗费最低的目的，生产调度人员的基本职责就是要合理地处理好车辆维修过程中各生产环节之间的关系。为此，派工时应考虑如下事项：

1）该工作所需要的工种。

2）可以执行该项工作的人数。

3）能执行该项工作技工技术的高低。

4）派工时应了解维修员工的工作量，并确认完工时间。

5）要充分发挥技工的潜能，技术较难的工作派高技术等级的技工去做；简单的保养由低级技工完成。

6）根据各工种、班组的工作进度作适当的调整，各工种应进行有效的配合。

7）派工时应考虑所需工具和仪器的使用情况，使用同一设备和仪器的工作，派工时要错开时间段，不至于因设备和仪器而影响维修进度。

8）派工应以客户的交车时间要求为基准，及时地将工单派到适合维修该车辆技工手中，并合理地安排维修工位。

9）派工应掌握顺序，优先安排返修及预约车辆，普通维修车辆按先后顺序安排施工。

10）派工时要考虑同工种技工工作量的均衡，奖金差距过大会造成员工与管理层的矛盾。

11）派工时应注意对后备力量的培养，对新技工派工时，技术难度要由易到难，逐渐安排，使新技工也有一个技术提高的机会。

12）对一些重大作业和技术难度较高的作业，新技工作业时要指派技师和技术人员现场指导。

6. 次日工作计划

1）确保已预约的工作。

2）安排并督促“未完工”的工作。

3）确认有空档的技工。

4）确认工具有所需求的信息。

5）视情况预先采购工具和配件。

6）注意故障和困难的工作。

7. 统计“跨日完工”量

以日为单位统计无法当日出厂的“跨日完工”车辆数。依下列项目判断无法当日完工车辆的原因，并在以后的工作中不断改正。

1）人手不足、工作太多。

2）超额预约。

3）需要追加工作量。

4）低估修复所需时间。

5）工作安排不当。

6）客户提出额外工作要求。

7）指令/沟通不畅导致工作延误。

8. 积压车辆处理

由于零件缺货造成的作业中断会经常发生，客户对此虽可理解，但企业仍应及时与客户进行沟通并尽量减少客户的不便。例如必须抓紧订购所需配件，及时了解零件的到货情况，并优先考虑待件车辆的维修需求，一旦有货应及时投入维修，将延迟交车的时间减至最短。处理要求如下：

1）待件维修车辆的配件一旦到货后，应在当日或第二日予以优先维修。

2）应主动向客户详细说明工期推迟的原因并征得其谅解。

3）分析近几个月内的车辆积压情况，找出问题所在。

4）制订并实施相应的改进措施，防止积压情况的再次出现。

三、车间场地的管理

1）将车间所有物品归类：把永远不能使用的物品清理掉；把长期不用，但有潜在可用性的物品放置在指定地方；把经常使用的物品放置在容易取到的地方。

2）车间布置（设备、工位、工具车等）应有整体规划。

3）车间内区域划分应有标志，如快修区、一般修理区、钣金区、油漆区，并应设置标志牌；设备应放置在指定的地方并设置标志牌。

4）车间通道要畅通，不得有障碍物。

5）每个举升机地面凸起部位均以黄色边框警示，相邻工位间隔0.7m，在相邻通道间以黄色边框标志出工具车停放的位置，每个工位以黄色标线标志出三个配件箱（新件、废件、待处理件）放置位置。

6）每个工位配置一辆工具小车，车内放置一套常用工具。工具小车要摆放在规定的地方，不可随处乱放，工具小车内不可摆放配件。

四、维修作业管理

1）维修前，应对客户财产进行保护，如实施“三件套”防护。

2）维修工应按“维修施工单”上的要求进行作业，并在已完成的作业项目前打“√”确认。

3）维修作业必须按照规定的技术标准和规范进行，完成后应将结果，即调整后所测的符合规定要求的数据填入维修单。

4）维修工在进行作业时，应选用合适的工具和设备，防止野蛮施工，做到油、水、配件、工具不落地，保持场地整洁、文明施工。

5）如遇到疑难杂症等技术问题，应及时寻求技术支援乃至技术总监的技术指导或实行技术会诊，而绝不能拖延不报延误工期。

6）当维修项目需要调整时，维修人员应立即征求客户的意见，向客户说明维修中发现的问题、调整修理项目的必要性，并由接待人员或服务顾问与客户就维修项目、维修费用、交付时间的调整情况进行沟通，得到客户确认后，进行合同修订，然后再继续施工。

7）在客户取车前，维修工应妥善保管更换下的配件，以备必要时可让客户检查或交给客户。

第八节　质量管理

案例

G运输企业的一辆空调大客车在二级维护时，维修人员忽视了转向横拉杆球形节的检修工作，检验人员也没有检查横直拉杆及球形节状况，结果汽车在跑杭州的旅游班车途中，因球形节紧固螺栓锈蚀、松旷、螺纹拉损，从而切断安全销，球形节脱落，致使汽车方向失控而翻车，造成严重的机械伤亡事故。

一、质量管理概述

所谓质量就是指产品或工作的优劣程度。汽车维修是为了维持或恢复汽车完好技术状况和工作能力而进行的作业，它属于一项服务性的技术工作。从技术角度讲，汽车维修质量是指汽车维修作业对汽车完好技术状况和工作能力维持或恢复的程度；从服务角度讲，汽车维修质量是指客户对维修服务的态度、水平、及时性、周到性以及收费等方面的满意程度。

汽车维修质量管理是汽车维修企业管理的重要内容之一。汽车维修质量是对汽车本身质量的维持和保障，质量的好坏决定着汽车能否保持良好的技术状态安全地行驶。因此，汽车维修企业必须高度重视维修质量的管理，须采取严格的技术手段和管理措施，保证和提高汽车维修质量，保障人们的生命和财产安全。

汽车维修质量管理的主要任务如下：

1）加强质量管理教育，提高全体员工的质量意识，牢固树立“质量第一”的观念，做到人人重视质量，处处保证质量。

2）制定企业的质量方针和目标，对企业的质量管理活动进行策划，使企业的质量管理工作有方向、有目标、有计划地进行。

3）严格执行汽车维修质量检验制度，对维修车辆从进厂到出厂的维修全过程、维修过程中的每一道工序，实施严格的质量监督和质量控制。

4）积极推行全面质量管理等科学、先进的质量管理方法，从组织上、制度上和日常工作管理等方面，建立健全汽车维修质量保证体系，保障汽车维修质量。

二、全面质量管理

1. 全面质量管理的含义

汽车维修质量受维修企业专业技术、生产条件、经营业务、工作流程以及员工的思想与技术素质等因素的影响。要保证和提高汽车维修质量，必须对影响维修质量的各因素进行全面系统地管理，即动员维修企业全体员工同心协力，全面提高维修专业技术、经营管理和思想教育水平，建立健全客户接待、配件供应、维修操作、检验试验等活动全过程的维修质量保证体系，也就是全面质量管理体系，并使之有效运行。

全面质量管理的核心是管理的全员性、全过程性和全方位性，即“三全管理”：

1）全员管理，就是维修企业要充分调动全体员工的积极性、创造性和责任感，使人人关心维修质量、人人做好本职工作，全员参与维修质量管理。

2）全过程管理，就是要求把质量隐患消灭在维修过程之中，做到防检结合，以防为主，树立“下道工序就是客户”“努力为下道工序服务”的思想，各环节、各工序都要坚持高标准、高质量。

3）全方位管理，就是对影响维修质量的各方面因素进行全面系统地管理。

2. 全面质量管理的方法

随着汽车技术的发展，对汽车维修质量提出了越来越高的要求。影响维修质量的因素也是越来越复杂，既有物质因素，又有人的因素；既有技术因素，又有管理组织因素；既有企业内部因素，又有企业外部因素。要把这一系列因素系统地管理好，以提高维修质量，必须根据具体影响因素，灵活运用各种现代化管理方法，实行综合控制。在具体实施过程中，应注意以下几点：

（1）尊重客观事实，依靠数据说话　在维修质量管理工作中，要保持严谨的工作作风，要求实事求是、科学分析，用事实和数据说话，用事实和数据反映质量问题。

（2）遵循 PDCA 循环的工作程序　开展维修质量管理活动，必须遵循计划 P(Plan)、执行 D(Do)、检查 C(Check)、处理 A(Action)循环式的工作方式，分阶段、按步骤开展质量管理活动，促进质量管理水平循环不断地提高。

（3）应用科技学术成果　维修企业的全面质量管理是现代汽车维修技术和现代管理技术相结合的产物，因此也应该采用现代科技手段为之服务，如先进的检测手段、维修技术、计算机管理技术等。

三、汽车维修质量检验

汽车维修质量检验就是通过一定的技术手段对维修的整车、总成、零部件等的质量特性进行测定，并将测定的结果与规定的汽车维修技术标准相比较，判断其是否合格。

1. 汽车维修质量检验的任务

汽车维修企业中，维修质量检验工作的基本任务包括以下三个方面：

1）测定维修的整车、总成、零部件等的质量特性。

2）对汽车维修过程实施质量监督与控制。

3）对汽车(包括整车、总成、零部件)维修质量进行评定。

2. 汽车维修质量评定参数

1）一般技术要求，主要包括车辆外观、附件及装备、车身密封情况等。

2）发动机性能及运转情况，主要包括气缸压力、发动机功率、发动机转矩、发动机燃料消耗率、机油压力及起动性能、怠速性能、尾气排放性能、异响、四漏(漏油、漏水、漏气、漏电)情况等。

3）汽车动力性能，主要包括底盘输出功率、汽车加速时间、滑行性能等。

4）汽车燃料经济性能，用汽车等速百公里油耗量评价。

5）制动性能，主要包括制动距离或制动力、驻车制动器性能等。

6）转向操纵性能，主要包括转向轮侧滑量、前轮定位、转弯半径、转向盘操纵力等。

7）传动系工作状况、噪声以及灯光与信号状况等。

3. 汽车维修质量检验的方法

汽车维修质量检验方法，根据检验对象的不同通常可采用人工检视诊断法和仪器设备检测诊断法两种方法。

1）人工检视诊断法。人工检视诊断法就是汽车维修质量检验人员通过眼看、耳听、手摸等方法，或借助简单的工具，在汽车不解体或局部解体的情况下，对车辆的外观技术状况和可以直接看到、听到或触摸到的外在技术特性进行检查，并在一定的理论知识指导下根据经验对检查到的结果进行分析，判断其是否合格。

人工检视诊断法主要用于检验车辆的外观清洁度、车身的密封和面漆状况、灯光仪表状况、各润滑部位的润滑情况以及各螺栓连接部位的紧固情况等项目。

2）仪器设备检测诊断法。仪器设备检测诊断法是在汽车不解体的情况下，利用汽车检测诊断仪器设备直接检测出汽车的性能和技术状态参数值、曲线或波形图，然后与标准的参数值、曲线或波形图进行比较分析，判断其是否合格。有的检测诊断仪器设备还可以直接显示出判断结果。

仪器设备检测诊断法是现代汽车维修质量最主要、最基本的检验方法，汽车大修、总成大修和二级维护等作业中的主要检测项目都必须采用仪器设备检测诊断法进行检验。

4. 汽车维修质量检验的工作步骤

汽车维修质量检验是一个过程，一般包括如下工作步骤：

1）掌握标准。根据汽车维修技术标准和规范，明确检验项目、质量特性及参数，掌握检验规则和数据处理方法。

2）检测。按规定的检测方法对检测对象进行检测，得出维修质量的各种特性值。

3）数据比较。将所测得的维修质量特性数据与汽车维修技术标准进行分析比较，判断其是否符合汽车维修质量要求。

4）作出判定。根据分析比较的结果，判定本项维修作业质量是否合格。

5）结果处理。对维修质量合格的维修作业项目签署合格意见；对汽车维修竣工出厂检验合格的车辆，签发维修合格证；对维修质量不合格的车辆提出返工处理意见。

5. 汽车维修质量控制流程

汽车维修质量与维修过程中的各项作业质量密切相关。为了提高维修质量，提高客户的满意度，增加企业的经济效益和社会效益，目前各汽车 4S 企业都十分重视维修过程中的质量控制，普遍建立如图 1-2 所示的质量控制流程，实施基于自检、互检和专职检验的“三检制度”。

6. 汽车维修的质量检验

虽说质量不是检验出来的，但质量检验始终是质量控制中的重要环节，贯穿于整个汽车维修过程，可根据维修程序、检验对象和检验职责进行分类。掌握维修质量检验的类型及其检验内容，是做好维修质量检验的前提。按照维修程序，可分为进厂检验、零件分类检验、过程检验和出厂检验等。

（1）进厂检验　进厂检验是对送修车辆的装备和技术状况进行检查鉴定，以便确定维修方案。

进厂检验一般由接车员完成，必要时可请技术人员或检验人员协助完成，主要检验内容有以下几个方面：

1）车辆外观检视。

2）车辆装备情况检查。

3）车辆技术状况检查，并听取驾驶员或车主的情况反映。

4）填写车辆进厂检验单。

5）查阅车辆技术档案和上次维修技术资料。

6）判断车辆技术状况，确定维修方案。

7）签订维修合同，办理交接车手续。

某品牌 4S 店的汽车进厂检验交接单，见表 1-9。

在实践中，接车员对车主报修的项目能够认真检查，并做好记录，但对车主没有提及的部位与项目容易忽视。为了避免不必要的纠纷与误解，对车辆进厂时检验出来的问题应及时告知车主，请车主签字确认，并询问是否同意维修，这样有利于分清责任，增加企业收入。

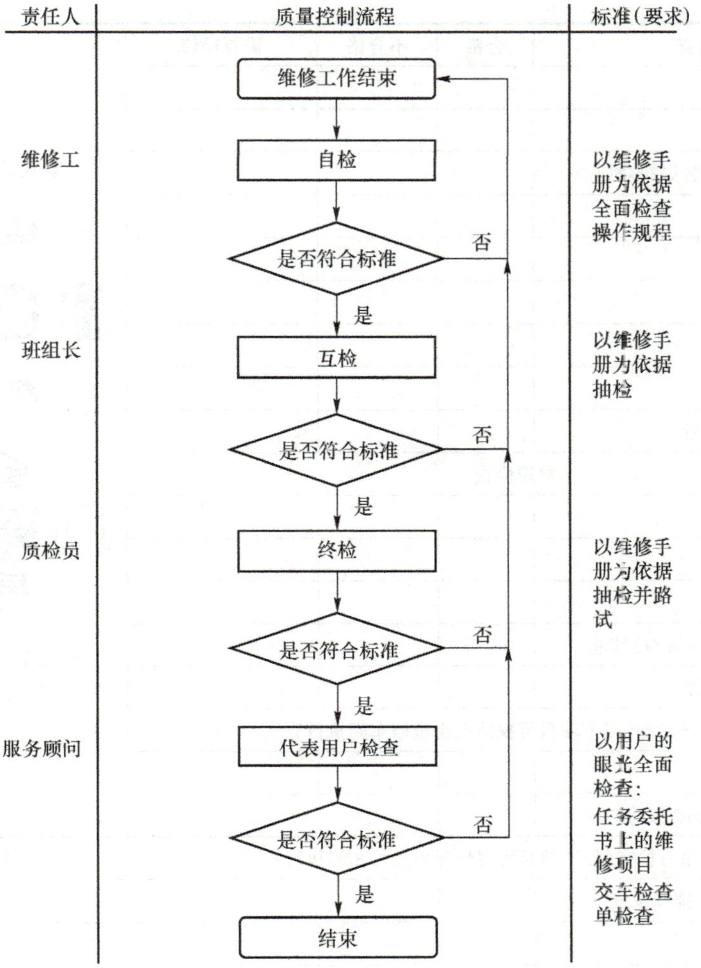

图 1-2 汽车 4S 企业维修质量控制流程

(2) 零件分类检验 指汽车零件清洗后，按照零件损伤程度及技术检验规范所制定的分类标准，将零件确定为可用、需修和报废三种类型，以便派工配料、安排计划。

判定被检零件类别的主要依据是汽车维修规范中所规定的“大修允许”和“使用极限”。凡零件磨损后，尺寸和几何公差在允许范围内，则该件为可用件。凡零件的磨损误差超过允许值，但还可修复使用的为需修件。凡零件损伤严重、无法修复或修复成本太高的为报废件。

表 1-9 汽车进厂检验交接单

日期		VIN 码		预约	□是 □否
客户		车型		车辆预洗	□是 □否
电话		公里数		最终预洗	□是 □否
随车工具		牌照号		接车时间	
备用轮胎		燃油	□E □1/4 □1/2 □3/4 □F	预计交车时间	

（续）

内部检查	合格	不合格	需要检修	车辆状况：□完好 □受损 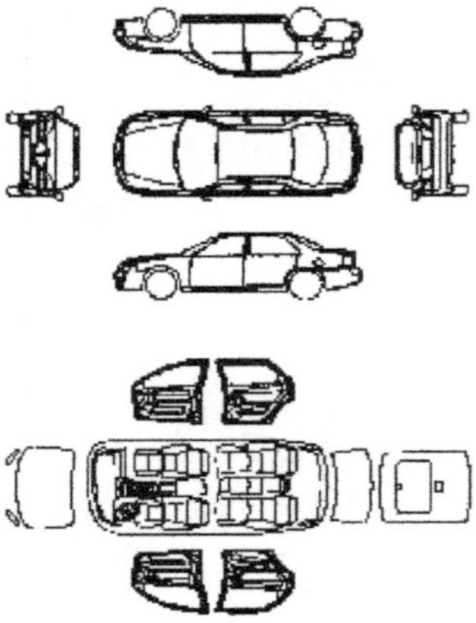 △划伤 ×脱落/开裂 ○凹凸 √撞击损伤
仪表显示				
内部/外部灯光				
信号系统（指示器/警告灯/喇叭）				
转向				
驻车制动				
空调—通风系统				
音响系统/导航系统				
电动/手动座椅操控				
电动天窗/车窗/后视镜				
常规检查				
蓄电池				
刮水器/片				
附件皮带				
发动机油/转向液/制动液/冷却液				
可察觉的各类油液渗漏				
半举升检查（以下项目可视情况由维修车间执行）				
减振器				
轮胎（气压 bar/花纹深度 mm）				
车辆全举升检查（以下项目可视情况由维修车间执行）				其他检查备注
发动机/变速器渗漏、排气系统				
前/后制动盘片				
前/后轴、悬架部件				
刹车油管、燃油箱/管路				

客户描述	服务项目			
	估价（元）		旧件处理	□带走 □不带
接车人签字：	客户确认签字：			

零件的检验分类是维修过程中极为重要的工序。检验分类的工作质量将直接影响维修质量和成本。因此，一般都采取集中检验的方法，即在整车和各总成分解清洗后，由几名专职检验员对集中在一起的零件进行检验分类。

（3）过程检验　汽车维修过程检验是汽车维修质量控制的关键，一般采用自检、互检和专职检验员检验相结合的方式。过程检验的主要内容：配合间隙大小；有调整要求的调整数据；重要螺栓、螺母拧紧力矩；主要零部件、总成的过程检验。对汽车转向、制动等系统的相关部件更需严格检查。

过程检验是汽车维修质量的重要保障，因此必须建立严格的检验责任制度，明确检验标准、检验方法和分工，做好检验记录，严格把握过程检验质量关。凡不符合技术要求的零部件、装配不合格的总成都必须修复、更换，不得流入下一道工序，也不得用作备用品。

某品牌4S店使用的汽车灯光调整检查记录表，见表1-10。

表1-10　汽车灯光调整检查记录表

任务委托书编号：	车辆底盘号：	日期：	质检员：	
			合格	不合格
01	轮胎充气压力正常	详见车上标志	□	□
02	散射罩不得损坏或脏污		□	□
03	反光镜和灯泡正常		□	□
04	车辆必须处于整车整备质量状态	如果燃油箱没有装满到90%，则必须给车辆进行配重	□	□
05	车辆必须行驶几米，或者多次压缩前后部悬架，使悬架调整到位	车辆和前照灯调整装置必须处于平面上，前照灯调整装置必须在距离前照灯前方30cm处，倾斜度必须已调整完毕，在前照灯上部刻有以%为单位的倾斜度。前照灯必须根据这一尺寸进行调整百分数以10m投影距离为基准。举例说明：当倾斜度为1.0 %时，距离也就是10cm	□	□
06	驻车制动器必须松开		□	□
07	采用手动调节前照灯照明距离的汽车：用于前照灯照明距离调节的旋钮必须位于-0-位		□	□
08	带前照灯照明距离自动调节的车辆：用-VAS5051-将它们置于基准位置		□	□
09	检查主前照灯的调整情况（用没有15°调整线的新的检查屏）		□	□
10	前雾灯的调整与前照灯调整同时进行		□	□
11	加装的其他系统的附加前照灯必须根据相关适用的准则进行检查或调整		□	□

（4）出厂检验　出厂检验就是在汽车维修竣工后、出厂前，对整车进行静态和动态的检查验收。通过检查验收，发现缺陷及时消除，使车辆达到整齐美观，机件安全可靠，操纵灵活，轻便舒适，经济性好，动力性强，技术性能指标合格，达到客户满意。

出厂检验的主要内容、步骤如下：

1）整车外观技术状况检查。

2）整车及各主要总成的装备和附属装置情况检查。

3）发动机运行状况及性能检验。

4）汽车运行状况及性能检验，可通过路试或上汽车综合性能检测线检验。

5）对检验合格的车辆进行最后验收，填写汽车维修竣工出厂检验记录单。

6）对维修质量合格的车辆签发机动车维修合格证。

7）办理汽车维修竣工出厂交接手续。

汽车维修竣工出厂检验是对汽车维修质量的最后把关，由汽车维修专职检验员完成。

检验人员必须依据汽车维修技术标准逐项、全面地进行检查。对验收检查中发现的缺陷和不合格的项目，必须立即进行处理，不允许有缺陷的车辆出厂。只有所有项目都达到汽车维修技术标准，质量检验人员才能够签发维修合格证。

第九节　部门之间的协调管理

汽车4S企业在运营过程中，常因管理体制不顺，权责划分不清，部门之间缺乏有效的沟通、协调，导致相互之间发生矛盾和冲突。如果不及时采取措施，排除各种障碍，理顺各方面的关系，日常运营效率将会受到严重影响。

为进一步落实岗位责任制，营造一种团结、务实、高效的工作环境，创一流的服务，就必须加强各部门的协调配合，确保公司各部门无障碍沟通，促进工作正常运转，实现决策管理的透明化、科学化和规范化。有关沟通、协调工作的责任分工如下：

1）总经理(店长)对部门之间的协调管理总负责。

2）服务经理应协调前台接待和车间的工作。

3）服务部门应与维修车间相互协调、密切配合。

4）车间应将维修中出现的影响客户维修费用、维修项目的有关信息及时反馈给前台接待。

5）服务经理负责车间与配件部门的协调工作。

6）客服部将跟踪服务所得到的信息及时反馈给前台接待和车间。

7）在车辆维修中，当特别订货的到货期变更时，配件部门应及时地通知服务前台，并由前台与客户联系，使客户得到知情权，以期得到客户的谅解。

8）配件经理应监控对车间工单配件的供应率。

9）行政经理(办公室主任)应协调后勤、保安和食堂的工作。

第十节　设 备 管 理

汽车维修设备管理是汽车售后服务企业维修生产必不可少的物质手段，也是衡量一个现代汽车维修企业维修能力的标志；维修设备管理水平的高低可以从一个侧面反映出一个企业的管理能力。

汽车维修设备管理是指通过一系列技术、经济和组织活动，使设备在整个寿命周期中费用最小，既对设备的选购、进厂验收、安装调试、使用、维护修理、更新改造和报废等全过程进行技术管理，还对设备的最初投资、维修费用的支出，以及折旧、更新、改造资金的筹措、积累和支出等进行经济管理。

现在汽车售后服务企业一般都建立了定机、定人、定岗的三定管理制度。为了提高效率，很多4S店在三定制度的基础上由专人负责汽车维修设备的管理，同时兼顾专用工具和资料的管理。

一、汽车维修设备的分类

依据汽车维修设备的结构、性能和工艺特征，分为汽车维修通用设备（也适用于其他行业）和汽车维修专用设备（只适用于汽车维修行业）两类，如图 1-3 所示。

- 汽车维修设备
  - 汽车维修通用设备
    - 机械冷加工设备（车、铣、刨、磨）
    - 机械热加工设备（锻、压、焊、铸）
  - 汽车维修专用设备
    - 汽车清洗设备（外部清洗、零件清洗）
    - 汽车补给设备
      - 加油设备
      - 充电设备
      - 充气设备
    - 汽车拆装设备、汽车整形设备（如车身整形）
    - 汽车维修专用加工设备
      - 气缸镗磨设备
      - 曲轴凸轮轴磨床及镗瓦机
      - 发动机冷磨热试设备
      - 镗制动鼓设备、摩擦片校铆设备
    - 汽车举升搬运设备
      - 举升设备
      - 搬运及装卸设备
    - 汽车检测设备
      - 发动机检测设备
        - 测功机、冷磨热试设备
        - 发动机综合检测设备
        - 油泵油嘴检测设备
      - 底盘检测设备
        - 底盘测功机
        - 制动检测台、侧滑实验台
        - 前轮定位仪、车轮平衡仪
      - 电气检测设备
        - 电控系统检测设备
        - 万用电器试验设备

图 1-3　汽车维修设备分类

1. 汽车维修通用设备

汽车维修通用设备是指性能基本相同、汽车维修行业通用的设备，主要有适用的钻床、电焊及气体保护焊设备、气焊设备、压力机和空气压缩机等。按照国家标准《汽车维修企业开业条件》要求，汽车维修企业应配备的通用设备有钻床、空气压缩机、电气焊设备、普通车床、砂轮机等。

2. 汽车维修专用设备

汽车维修专用设备是指针对各类车型维系生产的需要设计的非标准设备，按照设备的功能和作业部位的不同分为汽车清洗设备、汽车补给设备、汽车拆装整形设备、汽车维修专用加工设备、汽车举升搬运设备和汽车检测设备六类。

（1）汽车清洗设备　汽车清洗设备主要用于汽车车身、底盘外部和汽车零部件的清洗，按照用途可分为汽车外部清洗设备和汽车零件清洗设备。汽车外部清洗设备主要用于汽车日常维护和维修前的清洗，完成汽车车头、车身和底盘的清洗工作。汽车零件清洗设备利用清洗剂对零件表面进行喷洗，达到清除油污的目的。

（2）汽车补给设备　汽车补给设备是用以在汽车维修中做补给作业，即给各润滑部位加注润滑油或润滑脂、给轮胎补充压缩空气、给蓄电池补充电力等，可提高添加剂量的准确性，改善维修人员的劳动条件。

汽车补给设备按照用途可分为加油设备、充电设备和充气设备三类。

（3）汽车拆装、整形设备　汽车拆装、整形设备主要用于汽车总成和零部件的拆装和车身(架)变形后的恢复，可以减轻维修人员的劳动强度，保证维修质量，提高劳动生产率。

汽车拆装、整形设备主要包括电动扳手、气动扳手、轮胎螺母拆装机、U形螺栓螺母拆装机、液压机、半轴套管拉压器、车身校正器、齿轮轴承拉器和专用配件拆装工具等。

（4）汽车维修专用加工设备　此类设备主要用以在汽车维修过程中机械加工汽车重要基础件，恢复零部件的技术状况，其种类较多，但通常都按加工部位分类，主要有气缸体镗磨加工设备，曲轴、连杆及轴瓦加工设备，配气机构加工设备，制动系统加工设备等。

（5）汽车举升搬运设备　汽车举升搬运设备主要用于汽车维修生产中整车或配件运移设备部件的垂直、水平位移，以便进行拆装、修理和存放。其主要设备有龙门起重机、单臂液压起重机、二柱举升器、四柱举升器、埋入式液压举升机、液压千斤顶、前桥作业小车、后桥作业小车、变速器拆装小车和发动机翻转架等。

（6）汽车检测设备　汽车检测设备的作用主要有汽车维修前的故障诊断、维修检测设备过程中零部件的检验、修竣后的性能检测和汽车使用中的定期技术状况检测。汽车检测设备种类很多，一般分为发动机检测诊断设备、底盘检测设备、汽车电气及电控系统检测设备和零部件检测诊断设备，如图1-4所示的BOSCH FSA450手持式汽车分析仪，集成了四通道示波器、多功能万用表和发动机及点火分析仪。

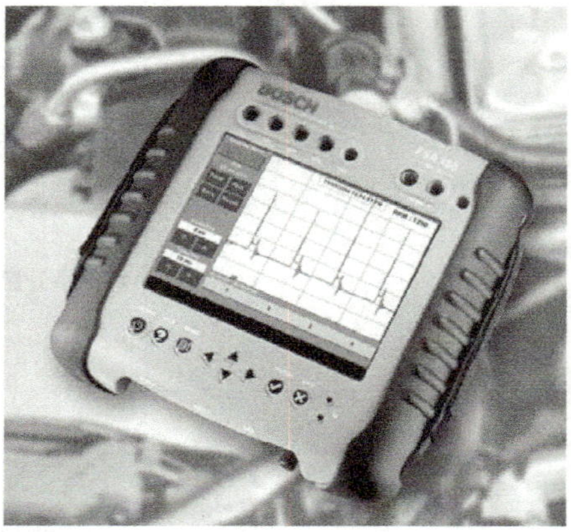

图1-4　BOSCH FSA450手持式汽车分析仪

二、汽车维修工具和资料

1. 汽车维修工具

按照各个汽车售后服务企业的实际情况，特别是对专一品牌经营的汽车4S店，一般在开业初期都会由厂家(如一汽奥迪、东风日产、上海大众、广汽丰田)根据各自品牌的车辆维修情况指定配置一些汽车维修设备、专用工具和各车型的维修资料让4S店进行选择或购买。汽车维修工具通常又分为以下两类：

1）通用工具，如各种测量工具和常用扳手等。

2）专用工具。专用工具(Standard Service Tools,SST)，也叫标准服务工具，它是专门针对某一类拆装或某一类车型开发使用的，如丰田汽车专用工具，配件编码为09213-54015，曲轴带轮固定工具。

2. 汽车维修资料

为了确保维修技师能够掌握最新技术信息和能够依照标准的步骤正确使用各种专用工具以及使用工具进行维修，汽车售后服务企业必须保证资料配备齐全，包括所有维修车型的修理手册、电气线路图、新车特征说明书等维修资料。

三、汽车维修设备管理要点

对于所有的汽车售后服务企业，一是都应该有一份设备、工具和维修资料的台账，台账是企业用以记录设备资产，反映这些资产增减情况的账目，一般按类别逐一登记，或是按车间或班组逐台登记；二是要建立技术档案或卡片，包括名称、规格、型号、厂牌、编号、维护情况，设备的主要技术参数和性能。所有资料都应该及时更新，由服务部保管，定期检查台账内容并确保企业备有必备的工具库存，实施定期维护并如实记录。

汽车售后服务企业的汽车维修设备管理主要有以下三个要点：

1. 建立设备管理台账

设备台账是掌握企业设备资产状况，反映企业各种类型设备的拥有量、设备分布及其变动情况的主要依据。设备台账一般有两种编排形式：一种是设备分类编号台账，它是以《设备统一分类及编号目录》为依据，按类组代号分页，按资产编号顺序排列，便于新增设备的资产编号和分类分型号统计；另一种是按照车间、班组顺序使用单位的设备台账，这种形式便于生产维修计划管理及年终设备资产清点。以上两种设备台账汇总，构成企业设备总台账。

汽车售后服务企业的设备种类较多，设备的价值各不相同，对于常用的、价值不太高的设备一般都划归不同的车间、不同的班组甚至不同的责任人管理。对于价值较高的设备一般都由设备管理专员专门管理。建立适应汽车售后服务企业的设备台账对于企业的资产管理具有十分重要的意义，同时也有利于设备的正常使用和维护。某汽车售后服务企业设备台账见表 1-11。

表 1-11 某汽车售后服务企业设备台账

序号	设备编号	设备名称	数量	型号规格	生产厂名	出厂日期	设备质量/kg	总功率/kW
1		汽车大梁校正仪	1	TECHER7	上海杜卡汽车设备有限公司	2011.8	2500	—
2		剪式举升机	4	FA-235cc	烟台安科液压机械制造有限公司	2011.8	2050	2.2
3		二柱举升机	10	TLT235SB	东莞市三和汽修焊接设备有限公司	2011.8	610	—
4		大力牌 DL-620SZR 四位一体轮胎拆装机	1	DL-620SZR	郑州超力汽保设备有限公司	2012.1	255	1.1/0.75
5		解码仪	1	X-431 3G 专家版	深圳市元征科技股份有限公司	2012.1	—	—
6		轮胎拆装机	1	TWC-502NIC	深圳市元征科技股份有限公司	2012.1	约 250	1.1
7		喷油器清洗机	1	CNC-801A	深圳市元征科技股份有限公司	2012.1	约 80	0.28
8		轮胎平衡机	1	KWB-402	深圳市元征科技股份有限公司	2012.1	—	—
9		冷煤回收加注机	1	VALUE-100	深圳市元征科技股份有限公司	2012.1	—	3/8HP
10		烤漆灯	2	TBM-222	深圳市元征科技股份有限公司	2012.1	—	1.6

2. 存放要点

1）状态良好。

2）容易取放。

3）不容易丢失或误用(有人看管或监督)。

4）放置在维修技师取用方便的地方。

5）工具应当存放在工具箱中或悬挂在钉板上。无法悬挂的特殊测试工具可放置在工具架上。将小型精致的工具放置在保存容器中。

6）可以在某些工具上刻字来辨别所属的经销店或所属班组。

3. 领用要点

必须进行设备工具的借还登记制度，有维修技师在取用和归还时所填写的“取用表”，也可采用铭牌制度，维修技师每人有一个金属铭牌，取用设备工具时，将铭牌挂在相应的设备工具存放位置上，归还时再将铭牌取下。

1）快速。维修技师必须能够取得所需工具而无需等待过久。

2）方便。必须容易管理及利用，首先不得将工具和配件直接放在地面上，以免丢失；其次要将工具和配件放在托盘里，以便马上拿到。

四、汽车维修资料管理要点

1）应建立独立的资料室或在工具间内设立资料专柜，用以存放维修技术资料，并由技术经理指定专人管理。

2）为方便员工学习和查阅，资料管理人员应分别存放管理类资料和技术类资料。所有资料应进行编码，并建立资料明细。

3）保证维修技术资料配置齐全、状态完好、可随时借阅，具有能阅读光盘版技术资料的设备。

4）维修技术资料应得到充分利用，技术经理应每季度抽查1~2个维修项目进行考核，维修人员应会查阅维修技术资料，并按维修资料要求进行相应维修。

5）汽车4S企业应建立完善资料借用、损坏与丢失赔偿制度，明确责任；管理人员依规定借阅技术资料，并认真做好借用登记。

第十一节 安全管理

案例一

叶先生的轿车是去年11月份买的。2月的一天上午，他开车来到4S店做首次维护，顺带贴膜和安装倒车雷达。同时他还向工作人员反映，车辆发动机声音比较响，希望也能一起查查。因为4S店做完这些要花四五个小时，叶先生还有其他事情，就把车钥匙留下后离开了，打算晚些时候再来取车。

大约过了半个小时，叶先生的手机响了，是4S店打来的，说车子出了点事故，请他回来一趟。叶先生觉得事情不妙，赶紧返回4S店。眼前的情景让他惊呆了：半个小时前还好好的轿车，现在却面目全非，车头凹进去了，驾驶室车门只能打开一半，散热器也被撞坏了。

4S店解释说，刚才员工开出去试车，在外面马路上和一辆皮卡车撞了，本方负全责，保险公司定损7000多元。这家4S店售后服务部的一位负责人说，客户的车子放在店里维护维修，如果店里的员工要开出4S店试车，必须填写“试车单”，并要有店内相关领导签字，同时一般还要征得车主同意，如果车主在场，就要车主签字，如果车主离开了，只是因为一些小问题进行路试的话，有时也不用告知车主。这位负责人还表示，会妥善处理此事，“无论什么原因，车主把车子委托给我们，我们都要承担一定的责任。我们已经提供了一辆临时代步车给车主，接下来的处理会和车主进一步协商。”

律师认为，根据相关法律规定，车主在将车辆送到4S店进行维修维护时，双方已经建立了合同关系，4S店负有车辆安全保管义务。4S店员工履行试车职务行为时，造成车主财产损失的，4S店应当对受损车辆进行维修，恢复原状，赔偿损失。车主还可以针对车辆受损造成的其他间接损失向4S店主张权利，如车辆修理期间的交通费、误工费，车辆受损贬值费等。另一方面，试车时发生车祸不同于普通车祸，保险公司普遍免责。保险条例规定，凡在汽车维护、维修、养护期间发生车祸，保险公司将不予赔偿。“没有办法，有关损失费用要我们4S店自己买单。”那位负责人表示。

案例二

H修理厂是当地一家很有名的汽修厂，经营业绩很好。一天，一名员工在使用汽油试验汽油泵时，由于油泵接线柱产生火花，引起油箱里的汽油燃烧，而现场没有放置灭火器，等员工到远处拿来灭火器，火势已不可控制，当场将一辆奔驰轿车烧毁，大半厂房化为灰烬。从此，H修理厂一蹶不振。

一、企业安全管理内容和基本原则

1. 汽车售后服务企业安全管理内容

结合汽车售后服务企业的生产过程，其安全管理涉及的对象包括办公室人员、维修车间人员、客户等所有出入企业的相关人员，由于其生产过程的特殊性，管理内容又包括常规安全、维修设备安全、维修作业安全、技术文件资料安全、路试安全等。

2. 企业安全管理基本原则

（1）“生产、安全两手抓”原则　一切从事生产、经营活动的单位和管理部门都必须管安全，在管理生产的同时认真贯彻执行国家安全生产的法规、政策和标准，制定本企业、本部门的安全生产规章制度，包括各种安全生产责任制、安全生产管理规定、安全卫生技术规范、岗位安全操作规程等，健全安全生产组织管理机构，配齐管理责任人员。

（2）“安全一票否决权”原则　安全工作是衡量企业经营管理工作好坏的一项基本内容。在对企业进行各项指标考核、评选先进时，必须要首先考虑安全指标的完成情况。安全指标具有一票否决权。

（3）“三同时”原则　凡是我国境内新建、改建、扩建的基本建设项目、技术改造项目和引进的建设项目，其劳动安全卫生设施必须符合国家规定的标准，必须与主体工程同时设计、同时施工、同时投入生产和使用。

（4）“五同时”原则　企业的生产组织及领导者在计划、布置、检查、总结、评比生产工作的时候，同时计划、布置、检查、总结、评比安全工作。

（5）“四不放过”原则　调查处理工伤事故时，必须坚持事故原因分析不清不放过、事故责任和群众没有受到教育不放过、没有采取切实可行的防范措施不放过、事故责任者没有被处理不放过。

安全管理没有终点！它贯穿在企业生命的每分每秒，是一个持续改善的过程。

安全生产与经济建设、深化改革、技术改造同步规划，同步发展，同步实施。

二、汽车售后服务企业安全管理法规

1）适用的国家法律，主要有《中华人民共和国安全生产法》《中华人民共和国消防法》等；实施细则《建筑内部装修设计防火规范》《公共场所阻燃制品及组件燃烧性能要求和标识》《劳动防护用品管理规定》等。

2）地方性法规，如《重庆市安全生产监督管理规定》《贵州省安全生产条例》《广东省工伤保险条例》。

3）国家质量监督检验检疫总局颁发的《汽车维修业开业条件》中，对汽车维修企业安全生产作了以下要求：

① 企业应具有与其维修作业内容相适应的安全管理制度和安全保护措施，建立并实施安全生产责任制。安全保护设施、消防设施等应符合有关规定。

安全生产责任制，即企业的各级领导、职能部门、工程技术人员和在一定岗位上的劳动者在劳动生产过程中对安全生产层层负责的制度，是企业的一项基本管理制度，也是安全生产、劳动保护的核心。

② 企业应有各工种、各类机电设备的安全操作规程，并将安全操作规程明示在相应的工位或设备处。

针对工种的如钣金工、机电工、钳工、焊工操作规程，针对作业的如喷漆、试车操作规程，针对设备的如举升机、空气压缩机操作规程。

③ 使用和存储有毒、易燃、易爆物品，腐蚀剂，压力容器等均应有相应的安全防护措施和设施。例如，气瓶的操作规程中应加入“开启时必须使用专用工具，操作人员站在瓶阀出气口侧面，禁止将头或身体对准气瓶总阀；气瓶应存放于阴凉、干燥、远离热源的地方，易燃气体气瓶与明火距离不小于5m”等内容。

三、汽车售后服务企业安全管理措施

（1）管理层面采取的安全措施

1）企业应在充分了解生产作业过程及其所涉及的人员、技术、设备的基础上，仔细甄别安全隐患，防微杜渐，从细小的地方做起，针对不同的工种、作业和设备，制定符合安全原则的操作工艺和规程；落实安全责任制，将管理、宣传、实施、监督等责任落实到具体的个人，并给予公示。

2）在公司内部进行全员安全培训，确保所有员工（包括新进员工）明确地知道安全生产的重要性，明确地理解公司的安全管理方针和理念，熟练地掌握本岗位和所操作机械设备的安全操作规程。

3）工作过程中，所有作业人员应遵章守纪，服从指挥，规范作业。

4）定期开展安全教育和整顿。对一段时间内发生的安全事故进行统计和公告，总结事故发生原因，改进相应操作和规定。根据人员变动等新情况对实施细则进行调整。变更内容同样需要公示。

（2）维修场地的安全措施

1）维修车间的平面布局合理，维修工位和车辆通道有合理的搭配，维修车辆进出方便。

2）每个维修工位要有足够的面积和高度。

3）维修车间通风、采光应良好。

4）维修车间的消防设施应齐全良好。

5）维修车间应有合理的供排水系统。

6）维修车间应采用合理的地面措施，防止打滑。

7）面积较大的维修车间应设有可供人员逃生的紧急疏通安全通道。

8）不要放置不必要的物品，以免成为步行或行驶中的障碍。

（3）维修人员的安全措施

1）特种作业人员须按照国家有关规定经专门的安全作业培训，取得特种作业操作资格证书，方可上岗。

2）企业应教育和督促全体人员严格执行本单位的安全生产规章制度和安全操作规程。

3）维修人员应了解其作业场所和工作岗位存在的危险因素、防范措施及事故应急措施，及时对企业的安全生产工作提出建议。

4）维修人员在维修作业过程中，应严格遵守本企业的安全生产规章制度和操作规程，服从管理，正确使用劳保用品。

5）维修人员应接受安全生产教育和培训，掌握安全生产知识，提高安全意识，增强事故处理能力。

6）企业管理人员不得违章指挥，不得侵犯维修人员合法利益。

（4）保护客户的安全措施

1）确保客户在经销店各区域不迷路。

2）确保客户不被放置的物品击中。

3）确保客户停车场无车祸。

4）确保儿童游乐区无危险。

（5）维修设备使用的安全措施

1）设备应经常维护，定期检查。

2）危及生产安全的工具设备应及时淘汰。

3）选购设备时优先考虑其安全性。

4）各设备使用时不得相互干涉。

（6）维修车辆试车或移动的安全措施

1）应有专门的制度针对试车或移动。

2）试车或移动应由安全意识和驾驶技术好的人员担任。

3）未经允许不得随意移动车辆或试车。

4）车间规划设计时应考虑车辆的专用通道、移动路线并设置限速牌、反光镜等。

(7) 危险品使用的安全措施　危险品使用的安全措施主要有以下几个方面：

1）危险品应存放于专门的危险品仓库，并有专人管理。

2）危险品在运输、使用、存放过程中应注意密封、轻拿轻放、避免高温等。

3）危险品附近应配备消防器材。

(8) 正确穿戴劳动保护用具　正确穿戴劳动保护用具应了解以下内容：

1）劳动保护主要是指在劳动生产过程中，实施的避免劳动伤害的制度上、措施上的行为。

2）劳动保护用品有六大类：头部护具类、呼吸护具类、眼(面)护具类、防护服类、防护鞋类、防坠落护具类。

(9) 急救措施　急救措施包括以下几个方面：

1）要配备急救箱，并将急救箱放置在容易辨认的场所。

2）急救箱中必须放入止血、消毒和烫伤类药品，以及绷带、创可贴等。

3）指定责任人，定期检查急救箱中药品，处理过期药，补充新药品。

第二章　企业形象打造

企业形象是指公众对企业风貌及产品质量在感觉上的综合印象，反映了企业的外部形象与行为特征。它包括企业在生产经营管理活动中，或者在处理周边关系中所表现出来的风貌、风格、风气、传统和习惯等。在当今市场经济不断发展、竞争日趋激烈的条件下，良好的企业形象是企业的最佳资产，起到“名牌效应”的作用，给客户以质量可靠、品质卓越的感觉。拥有强大的品牌，是所有企业追求的目标和价值的体现、创建强大的企业品牌是现代企业经营的手段，也是企业长期发展的经营支柱。

在现代企业生产经营活动中，企业形象的作用越来越大。企业形象是品牌经营的视觉体现(图2-1所示为某本田汽车4S店外观)，一个良好的企业形象是企业重要的无形财富，会增强客户对企业品牌的信任感。各汽车制造商对4S店的建筑物设计、布置、厂标、厂徽、标牌、悬挂物、服务程序及工作人员着装等都有统一的规定。统一的企业形象能将企业的经营理念、经营方针、价值观和文化特征表现出来。企业的外部形象和服务品牌可以将信息传达给社会大众，这种品牌信息又同时反馈给企业内部员工，使员工对企业的优秀品牌具有荣誉感，对企业有认同和归属感，增强了企业的凝聚力。此外，良好的企业形象不仅可以美化环境、净化风气、赢得更多客户和公众的支持，还可以为企业带来极高商誉和信用，使企业在相同的生产经营管理条件下增强筹资能力和筹才能力，从而提高企业的竞争力。

第一节　汽车4S企业CIS战略

汽车4S企业CIS(Corporate Identity Systems)战略，即企业形象系统，也叫企业识别系统。

企业形象系统(CIS)由三个层面组成：即企业理念系统(Mind Identity System,MIS)、企业行为系统(Behavior Identity System,BIS)、企业视觉系统(Visual Identity System,VIS)。

企业通过形象策划塑造出企业形象，将企业文化形成一个统一概念，并通过个性化、鲜明化的视觉形象(图形、图案)表达出来，再传达给社会、公众和企业员工，使之在公众心目中留下良好的印象。

一、企业理念系统(MIS)

企业理念系统是CIS的基本精神所在，是整个形象系统的最高决策层，它主要包括以下两个方面：

1. 基本要素

1）经营理念。它包括企业生存的意义、经营宗旨、经营方向、企业盈利及企业对社会

图 2-1 本田汽车 4S 店外观

承担的责任。不同的企业有不同的经营理念，如美国国际商用机器公司（IBM）的经营理念是尊重人、信任人；顾客至上，一切为顾客；追求卓越的工作。沈阳华晨金杯汽车有限公司的经营理念是不断创新，最大限度地满足客户需求。

案例

丰田汽车公司把所有理念的精髓归纳出一个理论，也就是丰田的服务理念：挑战、改善、现地现物、尊重和团队精神。挑战是为实现梦想用勇气与创造力去挑战。改善是经常追求革新并不断地致力于改善。现地现物是到现场、抓住事物的本质，找到真正的原因。尊重是尊重他人、致力诚信、相互理解。团队是大家团结协作、共同提高，为实现共同的目标而努力。

2）发展战略。每个企业都要为了长远经营和兴盛发达而制定各种发展战略，如人才资源战略、市场战略、竞争战略、产品质量战略和企业成长战略等。

3）企业精神。企业精神是指企业员工在长期生产经营的过程中，以及正确的价值观念体系的支配和滋养下，逐步形成和优化出来的群体意识。

4）价值追求。在企业里，全体成员应形成明确的、共同的价值追求。沈阳华晨金杯汽车有限公司的企业核心价值观是诚信、沟通、进取、共赢。

5）行为准则。企业应制定行为准则，更好地规范和约束企业行为。

6）发展目标。

2. 应用要素

1）信念、信条。

2）警语。

3）口号。

4）标语。

5）守则。

6）企业歌。

二、企业行为系统（BIS）

企业行为系统是指企业在其经营理念的指导下形成的一系列经营活动，由于企业行为系统是在不同于其他企业的经营理念指导下形成的，所以在经营活动的重点和具体方法上明显有别于其他企业。企业行为系统分为内部行为活动和外部行为活动两类。

1. 内部行为活动

1）教育培训。企业必须注重对员工的服务态度、工作精神、迎接技巧、电话用语等方面进行培训。

2）礼仪。

3）服饰。

4）身体语言。

5）福利待遇。

6）工作场所。

7）环保观念。

8）研究发展。

2. 外部行为活动

1）营销观念。

2）公共关系。

3）银企关系。

4）公益活动。它包括赞助社会公益事业、文化教育事业、体育等。

5）促销活动。它包括建立和提高企业及其产品的知名度、信誉度和美誉度，取得社会的谅解，建立信息沟通网络等。

三、企业视觉系统（VIS）

企业视觉系统是在企业经营理念的基础上，根据经营活动的要求，设计出识别符号，以刻画企业的个性、突出企业的精神、凸显企业的特征，目的是使企业员工、消费者和社会各界对企业产生一致的认同感。企业视觉系统的具体内容包括以下两个方面：

1. 基本要素

1）企业名称包括企业全称、简称。

2）企业品牌标志。

3）企业和品牌标准字体。

4）企业标准色。

5）企业造型、印象图案。

6）宣传标语、口号。

以“广汽本田企业形象识别”为例介绍。

（1）企业中英文全称 广汽本田汽车有限公司的中英文全称，如图 2-2 所示。

广汽本田汽车有限公司

Guangqi Honda Automobile Co.,Ltd.

图 2-2 广汽本田企业中英文全称

使用要求如下：

1）制作时，企业中文全称采用文鼎特粗黑体，企业英文全称采用 Helvetica（海尔维希）粗体。

2）企业的中文全称字体与英文全称字体长度相等，但整体上以凸显中文视觉形象为主。

3）当企业中英文全称被用于厂区大门、商务中心大门时，英文全称应全为大写；除上述情况外，企业英文全称应为大小写结合。

（2）企业简称 为了与企业标志、企业中英文全称造型结构形成统一，“广汽本田”是广汽本田汽车有限公司的唯一简称，如图 2-3 所示。

企业中文简称的标准字为特殊艺术字体，以网格制图规定企业中文简称的造型比例、结构空间以及笔画粗细等。

广汽本田

图 2-3 广汽本田企业简称（横版）

使用说明如下：

1）企业标志是唯一代表企业的标志。

2）企业简称标准字仅作为企业简称，禁止其作为企业标志应用，并且不能被应用于企业标志的所有应用范围。

3）目前，横版企业简称标准字仅用于 Honda 产品车尾标，竖版企业简称标准字仅用于广州电视塔竖式霓虹灯广告。

广汽 HONDA

感 世 界 而 动

图 2-4 广汽本田企业标志与企业品牌口号组合

（3）企业标志与企业品牌口号 广汽本田汽车有限公司的企业标志与企业品牌口号，如图 2-4 所示。

企业标志是唯一代表企业的标志，使用企业标志主要为了区别于其他企业，无传播企业品牌精神的作用。企业标志使用在公司旗帜、制服、建筑物等场合，也用于广汽 Honda 不能全面管辖的单位，如特约店、供应商等。

（4）Honda 产品标志 Honda 产品标志，如图 2-5 所示。

注意：产品标志有别于企业标志，统领了从属于 Honda 品牌的所有产品。

图 2-5 Honda 产品标志（3D 金属效果）

（5）Honda 产品标志色彩规范 Honda 产品标志以 3D 金属效果为基本型，在无法清晰呈现情况下，可按照图 2-6 所示的使用 2D 的产品标志。

使用说明如下：

1）2D 标志是白底红字（企业标准色）为基本色使用。当背景

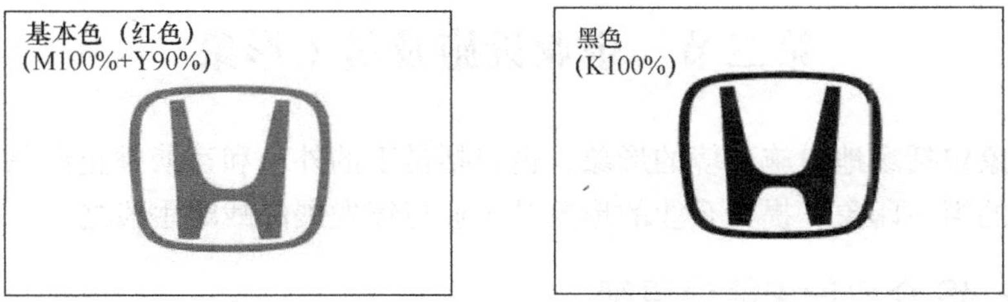

a)　　　　b)

图 2-6　Honda 产品标志色彩规范

a）2D 标志的基本色　b）2D 标志的辅助色

色为红色时，可使用白色标志。

2）在黑白印刷时以黑色或白色为辅助色。

3）在需要提升档次感的场合，可以使用金色或银色，如贺卡、邀请函、台历等。

2. 关系要素

1）办公用品类：包括信封、印刷品专用信封、信纸、专用便笺、函、便条、介绍信、名片、名片簿、名片盒、公司专用笔记本。

2）事务用品类：包括公司简介、企业证照、文件类、各类规章文件、公司专用请柬。

3）交通运输工具类：包括各类货运车辆，大、中、小型客车，班车，小轿车，专用宣传广告车和特种车辆。

4）指示、标识类：包括公司招牌、旗帜、各部门及科室铭牌、大门及各种入口指示、楼层指示牌、路牌、禁令标志、建筑物外观、室外照明、铭牌霓虹灯。

5）广告展示陈列类：包括广告礼品，展览会展位设计、陈列，业务洽谈室风格，报纸、杂志、电视等传媒广告编排，广告片头片尾设计、图案，单页广告宣传资料、广告海报、邮寄广告、广告手提袋、广告横幅等。

6）商品及包装类：包括各种包装纸、袋，办公场所、营业场所、车间内部装潢等。

7）服饰类：包括工作服、工作鞋、工作帽、领带、胸针、皮带、广告衫、T 恤等。

8）计算机网页。

9）音乐。

10）礼品贺卡、打火机、挂历等。

11）其他。公司出版物，接待客户用家具、桌椅、茶具、餐具、烟灰缸。

案例

某维修厂属于二类维修企业，位于连接两座城市的必经之路上，企业的规模、设备和技术水平在当地都屈指可数。一天，一辆宝马与一辆奥迪 A6 在门前道路附近发生碰撞，该修理厂业务主管找到两位车主，希望两辆车能在本厂维修。两位车主看了一下他们的厂房形象，对他们能否维修这样的高档轿车表示怀疑，最后将车拖到外地维修厂进行维修。发生这件事时该厂老板触动很大，他将厂房进行了重新设计、装修，并将一辆旧奔驰 S560 轿车停放在维修车间的屋顶上，过往的人们远远就能看到，这对宣传企业起到了极好的作用，从此企业的生意就越来越好了。

第二节　企业设施及员工形象

企业的形象包括场地设施环境的形象，也包括员工的外表和言谈举止形象。企业的形象是客户对企业的第一印象，提升企业的形象是企业持续发展的战略手段之一。

一、汽车 4S 企业设施建设原则

特约 4S 服务中心，除了在整体店面设计上严格按总公司的形象设计要求外，还应塑造优秀企业员工的形象，力图把形象这属于静态的因素变成动态的竞争优势，成为赢得客户认同和信任的条件。特别是企业的一线服务人员，对客户的影响最大，企业应该特别注重业务接待人员形象素质的塑造。

特约汽车 4S 服务中心的建设和硬件设施应遵循如下原则：

1. 安全性原则

特约 4S 服务中心在选址、工作系统的安全管理、安全设施及安全警示、员工人身安全保护措施等方面都应符合安全原则。

2. 环保性原则

在特约 4S 服务中心的运作过程中，生产和生活所排放的垃圾、废气、废液都应得到有效的处理和回收。

3. 美观舒适性原则

特约 4S 服务中心的建设和硬件设施应遵循美观舒适性原则，员工在优美舒适的环境中工作心情愉悦，可以提高工作效率，减小疲劳程度；客户在优美舒适的环境中得到星级宾馆式接待，有宾至如归的感觉。

二、外观形象

1）特约 4S 服务中心内所有的外观形象应严格按照总公司的标准设计与布局。

2）统一使用总公司标准的标记、标志，规格、规范按总公司的要求办理，标记和标志整洁、明亮、醒目。

3）特约 4S 服务中心的外部招牌应符合总公司的整体识别标准。

4）特约 4S 服务中心内的环境和设施应始终保持清洁整齐。

5）特约 4S 服务中心应在入口的附近设立入口标志、箭头或其他指示性标志，便于客户寻找。

6）特约 4S 服务中心的车辆出入口应方便车辆出入，有出入道路标志，没有交通障碍，如图 2-7 所示。

7）环境光照不足时，特约 4S 服务中心应对招牌、入口指示、接待区域指示等进行补充照明，保证本中心各项设施及外观环境在任何时间均易于识别。

8）应有醒目的区分标志，以方便客户的识别。

9）特约 4S 服务中心的各处围墙和护栏不可残缺、陈旧、锈蚀，厂房墙面如新、玻璃清洁、绿化完整、环境优美。

图 2-7　某特约 4S 服务中心入口

三、员工形象

1）特约 4S 服务中心员工的着装样式应统一，由企业统一定制。

2）员工的工作装分冬季和夏季两种，服务接待人员的服装一般是工作套装或西装；维修人员的服装为工作装。

3）各公司对服装的样式和色泽都有一定的规定，图 2-8 所示为日本丰田公司业务接待人员的冬季和夏季的着装。丰田公司维修人员的服装色泽，按岗位不同（检查人员、领班、维修人员）着装的颜色不同，在车间内一眼就能识别哪些人员是管理层，也会激励员工的奋发竞争精神。本田维修人员着白色工装，给人以技术精湛、年轻充满活力的感觉。

a)

b)

图 2-8　丰田公司员工着装

a）冬季着装　b）夏季着装

4）特约4S服务中心的工作人员在工作时间必须佩戴胸卡，胸卡应标明姓名、岗位等。

5）接待人员必须热情、及时地接待顾客（在前台接待一章中有详细的论述）。

6）特约4S服务中心的工作人员不得在工作场合谈论以及表达对总公司和公司产品不利的言论。

7）员工仪表的基本要求：①发型整洁和庄重；②衬衫每日烫平，服装一周内至少更换两次；③女士应施以淡妆，不可浓妆艳抹；④指甲不宜过长；⑤工作时间不可戴有色眼镜；⑥工装口袋不宜放东西；⑦尽量不戴戒指；⑧必须穿深色袜子，皮鞋每天必须擦亮。

8）企业内外的广告要求：①特约4S服务中心所做的一切广告和宣传必须符合总公司的要求；②店内外不得张贴与总公司和特约4S服务中心无关的宣传广告；③所有的广告、宣传应以诚实和专业的方式发布；④及时更换新的宣传资料和道具。

四、接待大厅

业务接待大厅是客户第一次来到的地方，其布局的合理、整体的干净度给客户留下对企业的第一印象。在星级大厅得到星级周到的服务，可以体会到企业对客户的关怀，可以增强客户对企业的信任度。

1. 接待大厅的外部要求

1）特约4S服务中心接待大厅外部招牌应符合总公司的要求。

2）门头字体应清晰明亮，并保持清洁。

3）所有的招牌、广告必须保持清洁和新颖，不可褪色和陈旧。

4）通往特约4S服务中心的出入驾驶通道有出入道路标志，方便车辆出入，没有交通障碍。

5）必要时设专门人员指路。

2. 接待大厅的内部要求

1）在业务接待大厅内明显处张贴服务中心平面图。

2）张贴总公司的索赔条例。

3）明码标价，将主要常用配件的价格表、维修工时一览表张贴在接待大厅内。

4）张贴总公司特约4S服务中心和快修店在全国各地的地址和客户支援中心电话号码。

5）张贴特约4S服务中心车辆维修业务流程表。

6）张贴特约4S服务中心组织机构图。

7）地面、墙面(包括玻璃)应干净、整洁，有专人负责打扫。

8）大厅内光线明亮，所有的照明设备完好有效，每周检查数次。

9）空气保持清新，空调及通风设备完好有效，每天检查一次。

10）设有客户休息室，休息室内有功能完备的音响和电视，每天检查一次；休息室内有一些服务设施，如小卖部等。特约4S服务中心应免费向客户提供茶水和中午就餐。

11）服务区有星级洗手间，洗手间应无气味，并提供洗手液和净手纸，为客户提供方便。

12）在大厅内展示最新式配件，配件展示柜应始终保持清洁和光亮。

13）服务大厅内需要进行绿化布置，摆放一些观赏植物。

14）接待大厅有安静和谐的接待环境。

15）为了制造和谐温馨气氛，可不定期地播放一些轻音乐，声音应轻微柔和。

3. 维修接待区

1）接待区设有服务经理室。经理室应窗明几净，至少办公室的一面是玻璃幕墙，从室内一眼就能看清营运大厅的运作情况。经理室是作为服务经理接待客户的地方，办公室内设有小型谈判桌和一定数量的座椅，用来接待客户投诉和举行小型会议，如图 2-9 所示。

图 2-9　服务经理室

2）大厅内设有多个接待台，用以接待客户。接待台位的要求如下：

① 接待台设有业务接待（包括咨询）、索赔接待、事故车接待、保险业务接待。

② 接待台的尺寸和规格（各公司有规定）有统一的标准，台上放置计算机、电话和相关办公用具。

③ 台前放置客人坐的高位椅。

④ 台前放置接待项目牌和接待人员名片盒，接待客人时应自我介绍，并递上名片。名片有两种，一种是接待员名片，另一种是总公司特约服务中心和快修店在全国各地的地址和客户支援中心的名片，并放置烟灰缸一个。

4. 销售营业区

1）在接待大厅内设有销售部经理办公室和洽谈室。

2）在大厅的显著位置设有 3~4 个汽车展位，展位上展览总公司的名牌和最新产品。

3）在展位的旁边设有 2~3 个洽谈席位，每个洽谈席位配置玻璃桌和座椅 4~5 个，玻璃桌上放置烟灰缸 2 个和一束鲜花。

5. 客户休息区

维修服务的性质决定了一般的维修和保养都在半个小时以上，客户需要在售后服务中心停留较长的时间。客户休息区为客户提供舒适的休息等待环境，可以使客户体验到售后服务中心对客户的关怀。

休息区的要求如图 2-10 所示：

1）客户休息区应保持明亮、干净，空气清新，无噪声，应装有空调，使客户有一个良好的休息环境。

2）休息区应宽敞，与接车区相近，或有一个通畅的视觉能看到接车区。

图 2-10 客户休息区

3）应在休息区与车间设有玻璃墙，使客户能够看到自己的爱车被保养和维修的情况。

4）墙上悬挂有关汽车品牌和产品的信息或照片，以及特约店的发展史。

5）在客户等候车辆维修期间，应免费提供茶水、报刊读物等，报纸、刊物应充足并及时更换。

6）在休息区应放置资料夹，夹内放置一些广告宣传单页，便于客户拿取。

7）客户休息区根据面积的大小，适当放置符合总公司规定的桌子、椅子、沙发。每个桌子配置 2~4 把椅子，桌子中央摆放鲜花。

8）客户休息区适当配置纸巾盒、烟灰缸和纸篓，并安装吸排烟机。

9）设有电脑、电视机、影碟机等娱乐设备，并提供免费上网服务。

10）有条件的售后服务中心可以设置其他功能区和儿童娱乐区。

11）有条件的售后服务中心可以将吸烟区和非吸烟区分隔开来，非吸烟区应悬挂禁烟标志牌。

12）客户休息区应绿化、摆放观赏植物或盆景。

6. 其他

1）接待大厅门口应放置雨伞架和雨具，为客户提供方便。

2）在大厅的门口清晰明显处张贴服务中心的营业时间，24 小时急救电话。

3）在大厅门口应放置地毯，地毯应每天清洗。

4）雨天在门口处应放置防滑警示牌。

5）大厅的中部设有收银室。收银室设有一定的安全防范装置和电子监控设备。

五、配件仓库

1）配件仓库进口处应留有可以让送配件车辆进出的通道，还要有一定面积的卸货处理区。

2）配件仓库应有足够的仓储面积和高度，以保证进货、发货通道畅通。

3）配件仓库的地面强度应能承受一定的重压。

4）库房内应单独设立危险品放置区，并要有明显标志，且与其他配件相隔离。

5）配件仓库应有足够的通风、防盗设施，并保证光线明亮。

六、车间

1）工作灯应使用36V安全电压。

2）钣金车间、喷漆车间与维修车间应分开，以防噪声和其他污染。

3）安全操作规程应上墙。

4）灯光设施齐全。

七、洗手间

1）有清晰、标准的标志牌指引，男女标志易于区分。

2）洗手间有专人负责清洁，门口应有擦脚地毯。

3）洗手间必须保持干净、整洁、无异味，空气清新，要求有通风换气装置。

4）洗手间内光线充足，梳洗台上方安装大幅梳妆镜及镜前灯，地砖为防滑砖。

5）洗手间隔间内须附挂钩，门上须装自动复位器。

八、停车区

停放场地要合理布局以减少交通混乱，提高场地利用率，以便给顾客带来方便、有序的感觉。

1）车辆停放区域的标志应清晰规范，应清楚划分客户停车区、接待停车区域（接车区域、待修区域、竣工交车区域）。

2）停车区规划井然有序，出入口应便于车辆进出，宽度大于6m。

3）停车位标志明显，在地面上应用油漆画出停车线。

4）客户停车区要有专人负责管理，协调、指示客户车辆入位，防止出现碰撞和剐蹭。

九、厂区道路

1）道路旁要有标志，方便车辆出入。

2）转弯处应设置反光镜。

3）道路宽敞处应设置限速标志。

第三节　维修车间设置

案例

某汽车4S店于2003年成立，该店运营几年下来，在汽车销售和售后服务业务方面都取得了较为优异的业绩，当售后客户的增加，汽车售后服务业务取得的利润达到公司总体利润的一半以上时，公司的管理者却对以下问题头痛不已。

（1）车间拥堵　该店建立初期没有树立生产线的意识，工位不明确，随着客户量的增大，维修车间变得拥堵不堪。该店多次改造扩建车间，但现在需要花费数倍的人力来挪动车辆，效率低下。

（2）客户满意度持续下降　由于车辆在维修工程中耗费的非修理时间过长，客户往往花更多的时间等待车辆的挪动和洗车等环节，客户满意度持续下降，增加了公司管理运行的成本。

维修车间的合理布局、环境的舒适度对维修的工作效率有直接影响。维修车间员工的一切活动都在客户的目视之下，因此车间整体的布局和整洁程度，在很大程度上影响客户对企业的满意度和信任度，如图 2-11 所示。

图 2-11　维修车间

一、车间设施功能定位与区域划分原则

汽车售后服务企业车间按照设施功能定位和区域划分，包括维修车间、钣金车间和喷漆车间，其功能定位和区域划分一般应遵循以下原则：

1. 保证整个维修过程顺畅

1）对于机器设备及工作区域作适当的安排，以最短搬运距离为原则。

2）尽量减少搬运的动作。

3）保持良好的工作环境，以防止配件、维修件在运送过程及储存时造成的损坏。

4）适当的工作流程安排，使每一项工作易于识别。

2. 维修车间布置的弹性

使车间的布置能适应未来企业规模的改变需要，也就是预留空间以供扩充之用，或利用非永久性的隔间墙。

3. 有效地利用各项机器设备

适当地选择安排各项机器设备与工作，充分有效地运用机器设备，使固定成本投资得以减少。

4. 充分有效地利用车间的空间

在各工作区域内，各项作业操作灵活方便的原则下，使空间使用最小，也就是使车间中每一作业空间所花费的成本最低。

5. 充分有效地运用人力

要充分有效地利用人力支持，消除人力和时间上的浪费，其方式如下：

1）尽量以自动化或机械化的设备代替人工操作，避免重复性的搬运。

2）人力与机器设备应保持质量的平衡。

3）减少人员的走动。

4）实行有效的奖励政策。

6. 减少各项搬运动作

使各项搬运距离减少到最小和减少搬运的次数。

7. 提供舒适、安全、方便的工作环境

应该注意车间内光线、温度、通风、安全、粉尘、噪声等事项，以提供作业人员舒适、安全、方便的工作环境。

二、车间设施与布局

1）车间的外观形象应符合总公司的要求。

2）维修车间应保证明亮，应尽量多采用自然光照，并配备足够的人工照明。

3）车间应保持清洁整齐，在维修车辆时做到三不落地（水、油、物），地面有污物应及时清除。

4）车间应悬挂限速标志。

5）车间地面应采用涂刷树脂漆或采用水磨石地面，防止泥砂和便于拖扫。

6）车间的入口处应画有车辆行驶箭头和行驶路线。

7）为了防止噪声和油漆污染对维修区的影响，一般将维修区和钣喷区分隔开。

8）为了有效利用场地资源，维修工位数确定应综合考虑场地规模、业务环境、工作效率等因素，维修停车位（修前、修后）数量一般为车间维修工位的1/6或1/8，其他专用车位根据实际需求而定。钣金与油漆工位数一般依据实际业务量确定，一般为全部维修工位的1/3。

9）车间的地面有足够的强度，应能够保持长期使用；同时，地面应涂以总公司规定的颜色，并划好工位线。

10）车间设有2~3个大门，车辆进入门和驶出门应该专用。

11）车间的车用道应至少7m。

12）在维修场地上，举升机凸起的部位均以黄色边框警示，相邻工位间隔0.7m，在相邻通道间以黄色分区边框标志出工具车停放位置，在工位的底线处以黄色分区边框标志线标出三配件箱（新件、废件、待处理件）的放置处，如图2-12所示。

13）车间管线应架设合理。

14）压缩空气管线接口和电力输出线应安装在离地面1.2m处，各管线用不同的颜色区分开来，如图2-13所示。

15）车间通风良好，有排风设备。

16）炎热的夏季各工位配置驱暑排风扇。

17）车间的地面应配置地沟。地沟的盖板应有足够的强度。地沟不可直接与下水道相通，应有沉淀池和废水处理装置。

18）车间应有足够的木屑（用桶盛装）用以清除地面油污；车间有收集废机油的装置，每日完工废机油必须搬离修理间，并在存放处挂有“严禁明火”警示牌。

19）车间设置附料、工具保管仓库。保管仓库隶属车间领导管理，保管仓库保存修理工维修时发放的附料和专用工具及检测仪器。

20）维修员工应统一着装，工作装要穿戴整齐，经常保持服装的清洁，服装定期由企业安排清洗。严禁工装不整或穿拖鞋上岗。

21）油漆工、钣金工等特殊工种，在喷漆和电焊作业时要带好防毒面具和面罩，保护员工的人身安全。

图 2-12 维修车间两柱举升机

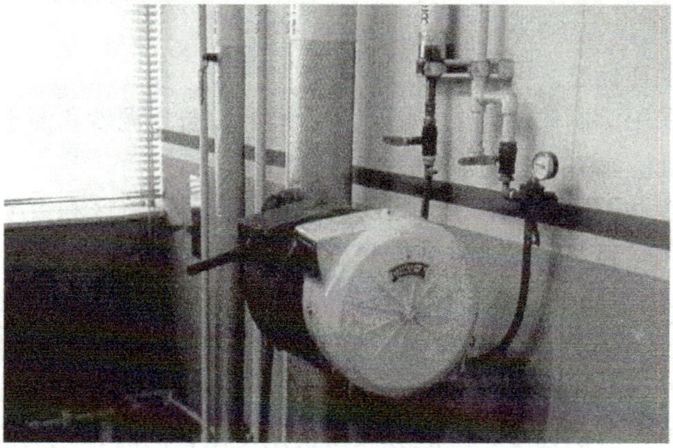

图 2-13 压缩空气管线接口和电力输出线

22）车间内安放足够的消防设备。消防设备应放置在明显处，便于拿取。消防设备要定期检查和更换。

23）预检工位的设立：

① 车间内应设立 1~2 个预检工位，预检工位的尺寸应大于 3.5m×7m。

② 预检工位应布置在车间入口和接待区附近。

③ 预检工位应配备车辆举升装置，在地面上应有蓝底白字的醒目标记。

24）快速保养工位：

① 应配备 3~6 个快速工位，工位的尺寸应大于 3. 5m×7m。
② 快速工位应有“快速保养”字样的醒目标志牌。
25）一般维修工位如图 2-14 所示。

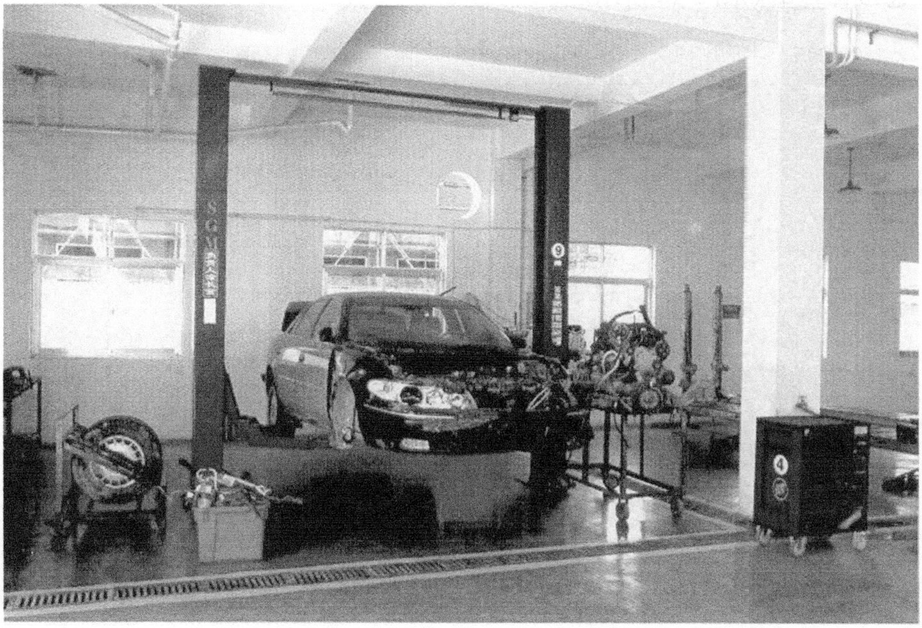

图 2-14　维修工位

① 一般维修工位尺寸应大于 3. 5m×7m。
② 根据维修和检验的要求，举升机有两柱式和四柱式两种，根据业务量安排。
26）四轮检测工位如图 2-15 所示。

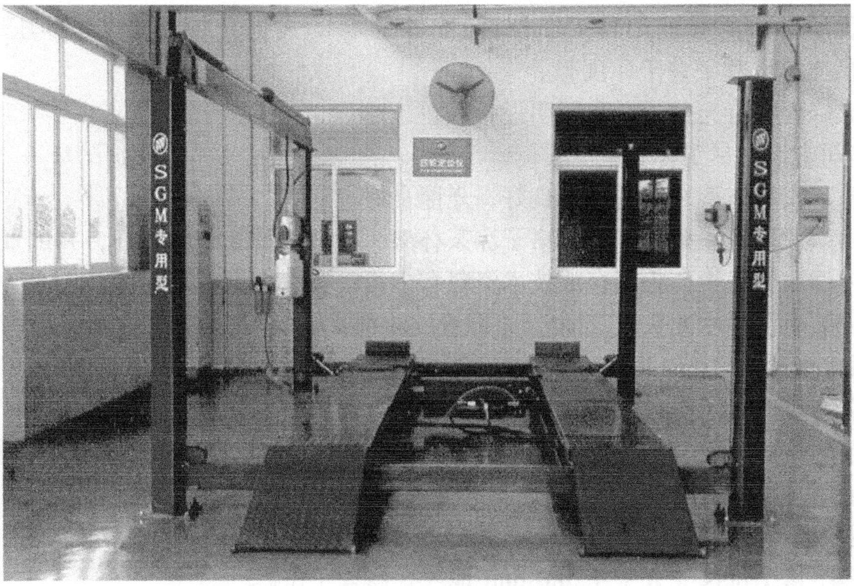

图 2-15　四轮检测工位

① 四轮检测工位尺寸应大于 3.5m×7m。

② 四轮检测工位中四轮检测仪使用的频率较高，可以用来检查四轮定位情况、大梁变形情况，并可进行灯光校对等多项工作。四轮检测仪要由专人操作。

27）总成修理室如图 2-16 所示。

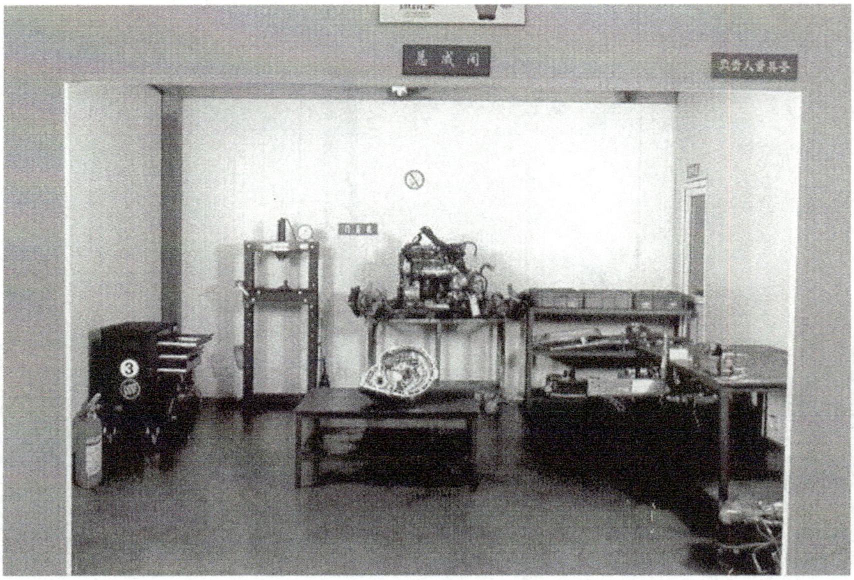

图 2-16　总成修理室

① 一般特约维修中心都设置总成修理室。总成修理室靠近一般维修工位，面积在 30m^2 以上。

② 总成修理室的地面和工作台、工作凳由易于清洗的材料覆盖（如覆盖镀锌薄钢板等）。

③ 配置所必需的修理工具工作台、工作凳、移动式提升装置、液压冲压装置（液压机）、发动机支撑架和平台千斤顶等。

④ 总成修理室有充分通风和照明设备。

28）车间内设有员工休息室。

① 休息室安装空调，室内通风良好，光照良好。

② 室内摆放固定座椅若干以及桌子和茶杯架，为每位员工配置茶杯，并配置饮水机。

③ 室内摆放资料柜，柜内存放技术资料和书籍；资料柜由专人保管。

④ 室内装有洗手水龙头 2~3 个，并配置洗洁剂或肥皂。

29）钣金修理工区。

① 钣金修理区由于噪声大并且使用明火，应远离机电作业区。

② 设损坏检验工位，工位尺寸大于 3.5m×7m，工位应在入口附近，便于运输。

③ 安装举升机两台以上。

④ 一般钣金修理工位 4~5 个，尺寸大于 3.5m×7m。

⑤ 车体维修工位尺寸大于 4.5m×8m（地坪式修理工位）。

⑥ 大梁校正仪（校正平台）包括附件，一般占位大于 5.5m×8m，如图 2-17 所示。

图 2-17　大梁校正仪

30）油漆工区。

① 油漆打磨工位，四周设有排水沟，并有多个水龙头。打磨工区的墙壁在离地 1.8m 的高度由瓷砖砌成，防止水渍和灰尘的生成，并易于清洗。

② 压缩空气接口和电力输出接口离地须 1.5m 以上。

③ 喷漆工位尺寸应大于 3.5m×7m，打磨工位上也可进行喷漆作业。

④ 喷漆工位内设有试喷板(可作遮挡飞漆用)。

⑤ 烤漆房：根据工作量可安装 1~2 间烤漆房，如图 2-18 所示；房顶和壁上设置白色荧光灯，确保光照度为 800~1000lx；烤漆房的进排气和噪声应符合环保要求；烤漆房内应有灭火器和油水分离器，灭火器要定期检查和更换，油水分离器在喷漆前应放出积水。

图 2-18　烤漆房

31）调漆房如图 2-19 所示。

① 调漆房尺寸应大于 3m×6m。

② 要引入自然光线，夜间调漆应在热炽灯下。

32）车间辅室安装有剥胎机、轮胎动平衡机、制动器修磨机等机械，用以维修轮胎和制动器等。

图 2-19 调漆房

第四节 5S 管理

5S 管理也称为 5S 活动，它是指对生产要素（主要是物的要素）所处的状态不断地进行整理、整顿、清洁、清扫和提高员工素养的活动。5S 是取整理（SEIRI）、整顿（SEITON）、清洁（SEISO）、清扫（SEIKETSU）和素养（SHITSUKE ）以上 5 个单词的第一个字母“S”而成。目前一些企业在实践中又加入了安全（SECURITY），形成了 6S 管理，是对 5S 管理内容的丰富和发展。

一、5S 的内容

5S 活动提出的目标简单而明确，就是要为员工创造一个干净、整洁、舒适、合理的工作场所和空间环境。5S 的倡导者相信，保持工厂干净整洁，物品摆放有条不紊、一目了然，能最大限度地提高工作效率和员工士气，并且让员工工作得更安全、更舒适，从而将资源浪费降到最低点，见表 2-1。

表 2-1 5S 的内容

5S 项目	定 义	说 明	效 果	目 的
整理 SEIRI	清理杂乱	分类整理，清理出要与不要的物品，不要的予以撤除处理	作业现场没有放置任何妨碍工作或有碍观瞻的物品	降低作业成本
整顿 SEITON	定位定容	规划安置，将要留用的物品加以定位和定容	物品各安其位，可以快速、正确、安全地取得所需要的物品	提高工作效率

（续）

5S项目	定　义	说　明	效　果	目　的
清洁 SEISO	无污无尘	清扫工作场所，把物品、设备、工具等弄干净，并去除污源	工作场所无垃圾、无污秽、无尘垢	提高产品质量
清扫 SEIKETSU	保持清洁	保持工作现场无污无尘的状态，并防止污染源的产生	明亮清爽的工作环境	激励工作士气
素养 SHITSUKE	遵守规范	使大家养成遵守规定、自觉自发的习惯	全员主动参与，养成习惯	防治工作灾害

1. 整理

整理就是把工作中的任何物品区分为常用的、不常用的和不用的，一般可作如下处理：

1）常用的：放置在工作场所容易取到的位置，以便随手可以取到，如工具、油底壳和抹布等。

2）不常用的：储存在专有的固定位置，如发动机吊装架和量具等。

3）不用的：应及时清除掉，如废机油、废旧料和个人生活用品等。

通过整理要达到工作场所无任何妨碍工作、妨碍观瞻、无效占用作业面积的物品，以腾出更大的空间，防止物品混用、误用，创造一个干净的工作场所，这是树立良好工作作风的开始，正如有些日本企业的口号“效率和安全始于整理”。

2. 整顿

把需要的人、事、物加以定量、定位地布置和摆放，以便在最快的速度下取得所需物品。

把工作场所需要的物品加以定量、定位。

1）物品摆放位置要科学合理，对放置的场所按物品使用频率进行合理规划。如经常使用的工具要放到维修工人工具柜，不常使用的专用工具要放到工具库。

2）物品摆放要有专用位置，如蓄电池充电室、专用设备存放架、总成修理间等。

3）物品摆放要目视化，要在显著位置做好适当的标志。

通过整顿把有用的物品按规定分类摆放好，并做好适当的标志，杜绝乱堆乱放、物品混淆不清，避免该找的东西找不到等无序现象的发生，以便使工作场所一目了然，整齐明快的工作环境可以减少寻找物品的时间，消除过多的积压物品。

3. 清扫

将工作场所内所有的地方清扫干净，包括工作时产生的灰尘、油泥，工作时使用的仪器、设备和材料等。

1）清扫地面、墙上、顶棚上的所有物品。

2）清理、润滑仪器设备和工具等，对破损物品进行修理。

3）对洒漏的机油、防冻液等进行清扫，防止污染环境。

通过清扫使工作场所保持一个干净、宽敞、明亮的环境，以维护生产安全，保证工作质量。同时也可以发现问题。例如，发现了滴漏的废机油，要检查是维修时车辆的润滑系统存在问题，还是盛机油的容器泄漏造成的。清扫时在地面上发现了螺母，就应马上追查螺母的来源。

4. 清洁

清洁的目的是消除工作场所产生脏、乱、差的源头。经常性地做整理、整顿、清扫工作，并对以上三项进行定期与不定期的监督检查。

1）落实5S工作责任人，负责相关的5S责任事项。每天上下班花3~5分钟做好5S工作。

2）经常性地自我检查、相互检查，专职定期或不定期检查等。

3）要求不仅物品、环境要清洁，而且员工本身也要“清洁”，工作服要清洁，仪容仪表要整洁。

4）员工不仅形体上要清洁，而且精神上要“清洁”，要礼貌待人，友好和善。

5. 素养

素养即教养，是5S管理的核心和精髓，没有员工素养的提高，5S管理不能顺利开展，也不能坚持下去。

素养要求员工：工作时精神饱满；遵守劳动纪律。素养的目的是要每个员工都养成良好的习惯，遵守规则，积极主动。

二、5S管理的作用

想象一下作为一名顾客，你走进一家汽修企业并发现以下现象：

业务接待厅：业务接待员有礼貌地向您问好，并迅速为您办完登记手续。顾客休息室舒适、明亮，接待员为您倒上茶水，听着优美的音乐。

厂区：厂区规划合理，生产车间、货仓、宿舍、餐厅、球场、停车区、草地等，这些映入您的眼帘，顿时觉得心旷神怡。

办公室：各个写字间宽敞、明亮、有序，办公人员各司其职，办公用品摆放整齐，电话铃声井然有序，没有半点喧闹嘈杂。

生产车间：生产现场工作区、通道、物料区、总成维修区、废料区、工具柜等合理规划，各种物品摆放整齐并有明显的标志，地面上干干净净，没有配件、工具放在地上，车辆的维修进度表及时反映生产进度等。

员工：员工穿着整洁的工作服，每个人情绪看起来非常饱满，维修工人动作熟练，维修工作有条不紊。

到这样一个环境优美、管理有序、员工精神饱满的汽车服务企业，顾客首先就会产生好感，对这家企业会产生充分的信心，很愿意与这样的企业进行合作。这一切，首先是推行5S的效果，这些只是表面能看到的5S的作用，归纳起来5S具有以下作用：

1. 提升公司形象

1）整洁的工作环境，饱满的工作情绪，有序的管理方法，使顾客有充分的信心，容易吸引顾客。

2）5S做得好，原来的顾客会不断地免费进行宣传，会吸引来更多的新顾客。

3）在顾客、同行、员工的亲朋好友中相传，产生吸引力，吸引更多的优秀人才加入公司行列。

2. 营造团队精神，创造良好的企业文化，加强员工的归属感

1）共同的目标拉近员工的距离，建立团队精神。

2）容易带动员工积极上进的思想。

3）取得良好的效果，员工对自己的工作有一定的成就感。

4）员工们养成了良好的习惯，容易塑造良好的企业文化。

3. 提高工作效率，减少浪费，降低成本

1）经常习惯性地整理整顿，不需要专职整理人员，减少人力。

2）对物品进行规划分区，分类摆放，减少场所的浪费。

3）物品分区分类摆放，标识清楚，找物品的时间短，节约时间。

4）物品摆放整齐，不用花时间寻找，工作效率自然就提高了。

5）减少人力、减少场所、节约时间就是降低成本。

4. 保障工作质量

工作养成认真的习惯，做任何事情都一丝不苟、不马虎，质量自然有保障。

5. 改善情绪

1）清洁、整齐、优美的环境带来良好的心情，员工工作起来更认真。

2）上司、同事、下级谈吐有理、举止文明，给人一种被尊重的感觉，容易融合在这种大家庭的氛围中。

3）工作环境优美，工作氛围融洽，工作自然得心应手。

6. 保证生产安全

1）工作场所宽敞明亮，通道畅通。

2）地上不会随意摆放、丢弃物品，墙上不悬挂危险品，这些都会使员工人身、企业财产有相应的保障。

案例

某修理厂管理混乱，物品随意摆放，就连顾客的车钥匙也被到处乱放。有一天终于出事了，一辆东风本田思域轿车来厂大修，一连几天钥匙都放在桌子上，这事被一位常来厂的比亚迪车主发现了，就趁人不备偷出钥匙出去配了一把。本田思域轿车大修出厂后第三天就被盗了，当地公安机关立即组织大量人力物力侦查此案，五天下来一点线索也没有。后来有人提出，车停在居民区内，日夜有保安值班巡逻，并且思域轿车的车门锁、点火开关锁都很坚固，若是破坏锁偷盗不大可能，因此认为此案应从车钥匙入手：一是查找开锁高手；二是查找配钥匙的专业人员。于是，公安人员拿着思域轿车的钥匙进行调查，最后在一个配钥匙的小店找到了线索，据店主回忆，几天前有一个人开着比亚迪轿车来配过钥匙，车牌号记不清了。公安人员一查配钥匙的日期正好是思域轿车在修理厂大修的日期，于是就找到修理厂进行核对，很容易就查到了比亚迪车的车主信息，侦破了此案。

由此案可以看出，修理厂管理上的混乱给了不法分子可乘之机，不仅对车主不负责任，不能使客户满意，而且对修理厂本身也造成了很坏的影响。此后在大家的街论巷议中，修理厂的信誉日趋低下，没有人再敢把车开到这里来修理，生意一落千丈。

三、5S 管理的实施

1. 5S 管理实施应注意的问题

5S管理推行容易，在较短的时间内就可收到明显的效果，但要坚持下去，持之以恒，不断改进却不容易。很多企业实行过5S管理，但有不少半途而废的。

在开展5S管理的过程中，要始终贯彻自主管理和优化管理的原则，从我做起，从优化做起，并注意以下问题：

1）5S管理要长期坚持，整理、整顿不能平日不做，而靠临时突击将物品整理摆放一下；创造良好的工作环境，不能靠购置几件新设备、刷刷墙面；素养形成更不能靠一个会议解决问题。

2）5S管理要依靠全体员工自己动手，持续推动，并在实施过程中不断培养全体员工的5S意识，提高5S管理水平。

2. 5S实施步骤

（1）成立组织　企业领导必须重视此项工作，把5S管理纳入议事日程，企业一把手任组长，车间、配件、服务主管任组员，可根据需要设立副组长或秘书。小组主要负责如下工作：

1）制定5S推行的方针目标。

2）制订5S推行的日程计划和工作方法。

3）负责5S推行过程中的培训工作。

4）负责5S推行中的考核及检查工作。

（2）制定5S管理规范、标准和制度　成立组织后，要制定5S规范及激励措施。根据企业的实际情况制定发展目标，组织基层管理人员进行调查和讨论活动，建立合理的规范和激励措施。

1）5S规范表。规范表的内容将在后面具体介绍。

2）标准、制度。制定工作场所必要物品定位标准、工作场所清扫标准和清洁制度、检查考评制度、岗位责任制和奖惩条例等。

（3）宣传和培训工作　很多人认为维修工作的重点是质量和服务，将人力放在5S上纯粹是在浪费时间；或者认为工作太忙，搞5S是劳民伤财；又或者认为搞5S是领导的事，与我无关等。因此，要推行5S管理，就应做好宣传和培训工作。宣传和培训包括如下内容：

1）5S基本知识，各种5S规范。

2）为什么要推行5S，5S有什么功效？

3）推行5S与公司、个人有什么关系等。

4）将5S推行目标、竞赛办法分期在宣传栏中刊出。

5）将宣传口号制成标语，在各部门显著位置张贴宣传。

6）举办一些内容丰富的活动，如结合实践编辑一些对5S宣传有益的节目，举办5S知识问答比赛等。

宣传和培训的对象是全体干部和员工，培训的方法可采取逐级培训的方式。

（4）推行

1）由最高管理层作总动员，企业正式执行5S各项规范，各办公室、车间、货仓等对照适用于本场所的5S规范严格执行，各部人员都要清楚了解5S规范，并按照规范严格要求自身行为。

2）此阶段为推行5S活动的实质性阶段，推行的具体办法可以是样板单位示范办法，即选择一个部门作示范部门，然后逐步推广，也可以是分阶段或分片实施(按时间分段或按位置分片区的办法)，还可以是5S区域责任和个人责任制的办法。

（5）实施

1）整理。区分需要使用和不需要使用的物品。主要有工作区及货仓的物品，办公桌和文件柜的物品、文件、资料等，以及生产现场的物品。对于经常使用的物品要放置于工作场所近处，对于不经常使用的物品要放置于储存室或仓库，不能用或不再使用的物品要废弃处理。

2）整顿。清理掉无用的物品后，将有用的物品分区分类定点摆放好，并做好相应的标志。方法为清理无用品，腾出空间，规划场所；规划放置方法，物品摆放整齐；给物品贴上相应的标志。

3）清扫。将工作场所打扫干净，防止污染源。方法是将地面、墙上、天花板等处打扫干净，将机器设备等清理干净，将有污染的物品处理好。

4）清洁。保持整理、整顿、清扫的成果，并加以监督检查。

5）素养。人人养成遵守5S的习惯，时时刻刻记住5S规范，建立良好的企业文化，使5S活动更注重于实质，而不流于形式。

（6）检查　检查分为定期检查和非定期检查两类。

1）定期检查。

① 日检：由各部门主管负责，组织班组长利用每天下班前的10分钟，对辖区进行5S检查，重点是整理和清扫。

② 周检：由各部门经理负责，组织主管利用周末下班前的30分钟，对辖区进行5S检查，重点是清洁和素养。

③ 月检：由总经理牵头，组织部门经理利用月底最后一个下午，对全厂进行5S检查。

2）非定期检查。一般是企业中、上层在维修工作繁忙或接到客户、员工投诉，或者下情上达的渠道受阻时，临时对基层进行的5S检查。

不论定期的还是不定期的，以上检查都必须认真做好记录，及时上报和反馈，与5S标准比较，凡不合格项必须发出整改通知，限期整改验收。

（7）考核

1）早会考评。利用每天上午上班前的早会时间，简明扼要地对前一天或前一周5S检查情况进行小结，表扬做得好的，指出存在的问题和改进方法。

2）板报考评。利用统计图表，鲜明直观地将每天、每周、每月的检查评比结果公布于众，让每个员工都知道自己所在的部门、班组的5S做得是好还是差。

3）例会考评。利用每周或每月的生产例会，把5S检查的结果作为一个议题在会上进行讲评，重点是树立典型，推广经验，解决带普遍性或倾向性的问题，提出下周或下月5S活动的重点和目标。

4）客户考评。利用客户问卷表、座谈会、意见箱等形式广泛收集、征求客户对本企业5S活动的意见，让客户来考评哪个部门、班组做得好，哪个部门、班组做得差。

5）奖惩考评。按5S奖惩制度，对5S做得好的部门、班组或个人进行表扬和奖励，对做得差的进行批评和处罚，并把5S活动的考评结果与员工的加薪、晋级和聘用直接挂钩

（8）坚持PDCA循环，不断提高5S水平　所谓PDCA循环，是由美国统计学家戴明博

士提出来的，所以又称为“戴明环”，它反映了质量管理活动的规律。PDCA 循环是提高产品质量，改善企业经营管理的重要方法，是质量保证体系运转的基本方式。它可以概括为“一个过程，四个环节，八个步骤”。一个过程即管理过程，四个环节又称为 PDCA 循环，四个环节分八个步骤进行，如图 2-20 所示。

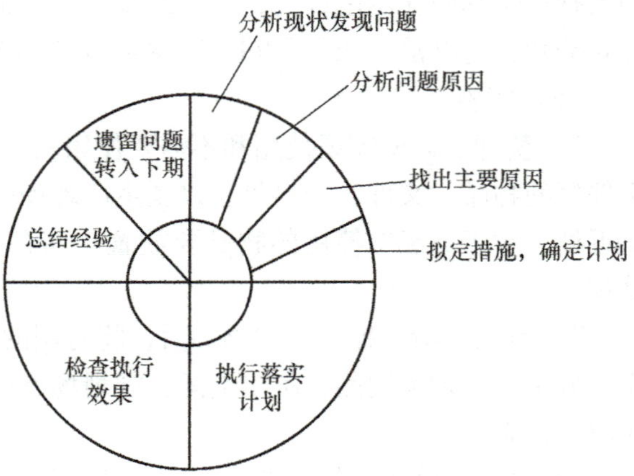

图 2-20　PDCA 循环的八个步骤

5S 活动的目的是要不断改善生产现场，5S 活动的坚持不可能总在同一水平上徘徊，而是要通过检查，不断发现问题，不断解决问题，要在不断提高中去坚持。因此，在推行 5S 活动后，要检查、要考评，要针对存在的问题和企业发展的需要，提出改进的措施和计划，并组织实施。通过 PDCA 循环可以使 5S 活动得以坚持，使其水平提高。

需要强调的一点是：各汽车 4S 企业因其经营规模、背景、架构、企业文化和人员素质的不同，推行时可能会有各种不同的问题出现，因此要根据实施过程中所遇到的具体问题，采取可行的对策，才能取得满意的效果。

四、5S 推行要领

1. 整理的推行要领

1）对工作场所（范围）全面检查，包括看得到的和看不到的。

2）制定“要”与“不要”的判断标准，见表 2-2。

3）不要物品的清除。

4）要的物品调查使用频率，决定日常用量。

5）每日自我检查。

表 2-2　要与不要物品的界定及处理方式

使用频率	衡量标准	处理方式
高（经常使用）	每小时使用 每天至少使用一次 每周至少使用一次	放在作业区附近或身边（由个人保管）
平均（偶尔使用）	一个月用 1~2 次 2~6 个月用 1~2 次	放在一个固定区域，如工具室（统一保管）
低（很少使用）	一年使用 1~2 次或一年也用不到 1 次	放在仓库内归还原保管单位或放在较远的地方（由专人负责）
无（从来不用）	已经无法使用的物品或被淘汰的旧物	丢弃或报废（依公司规定处理）

因为不整理而发生的浪费如下：

1）空间的浪费。

2）使用棚架、柜橱的浪费。

3）零件、产品变旧而不能使用的浪费。

4）放置处变得窄小。

5）连不要的东西也要管理的浪费。

6）库存管理和盘点花时间的浪费。

2. 整顿的推行要领

1）前一步骤整理的工作，要落实。

2）需要放置物品的场所，要明确。

3）摆放要整齐、有条不紊。

4）地板画线要定位。

5）场所、物品要标示。

6）制定废弃物处理办法。

整顿的结果要成为任何人都能立即取出所需要的东西的状态。要站在新人、其他现场的人的立场来看，使得什么东西该放在什么地方，更为明确。要想办法使物品能立即取出使用，提高效率。用后要能容易恢复到原位，没有恢复或误放时能马上知道。

3. 清扫的推行要领

1）建立清扫责任区(室内、外)。

2）开始一次全公司的大清扫。

3）每个地方都清洗干净。

4）调查污染源，予以杜绝或隔离。建立清扫基准，作为规范。

清扫就是使现场成为没有垃圾、没有污脏的状态。虽然已经整理、整顿过，要的东西马上就能取得，但是被取出的东西要有能被正常使用的状态才行。而达成这样的状态就是清扫的第一目的，尤其目前强调高品质、高附加价值产品的制造，更不容许因有垃圾或灰尘的污染，而造成产品不良的现象发生。

4. 清洁的推行要领

1）落实前3S工作。

2）制定目视管理及看板管理的基准。

3）制定5S实施办法。

4）制定稽核方法。

5）制定奖惩制度，加强执行。

6）高阶主管经常带头巡查，带动全员重视5S活动。

5S活动一旦开始，不可在中途变得含糊不清。如果不能贯彻到底，又会形成另外一个污点，而这个污点也会造成公司内保守而僵化的气氛。要打破这种保守、僵化的现象，唯有花费更长的时间来改正。

5. 素养的推行要领

1）制定服装、工作牌等识别标准。

2）制定公司有关规则、规定。

3）制定礼仪守则。

4）教育培训，净化员工心灵，培养员工的责任感，激发其热情。

5）推动各种激励活动。

6）遵守规章制度。

7）例行打招呼、礼貌运动。

素养就是教大家养成能遵守规定的习惯，本意是以4S(整理、整顿、清扫、清洁)为手段完成基本工作，并借此养成良好习惯，最终达成全员“品质”的提升。

五、5S常用管理技巧

1. 早会

早会由中、基层管理人员负责，定时、定期举行，一般包括教育、理念及目标等内容，频率一般为每周3~5次，每次10分钟左右。

早会的作用有以下几个方面：

1）通过早会使4S教育始于教育，终于教育。

2）通过早会可以传播企业文化。

3）通过早会可以实施追踪与管理。

4）通过早会可以给主管及员工提供良好的锻炼机会及轻松的沟通氛围。

2. 点检表

点检表起初主要用于设备管理，现在被企业的经营管理等各个方面所采用，其主要内容有点检项目、方法、周期、记录、异常情况记录及处理情况等。

点检表的作用有以下几个方面：

1）使设备隐患和异常及时被发现并得到解决。

2）保证检查和维护的质量，降低突发性事故发生的可能性，有利于增加产量和低维护费用。

3）有利于推行各种经济责任制，提高工作效率。

4）有利于建立完整的设备技术资料档案。

3. 目视管理

利用形象、色彩等各种视觉感知信息来组织现场生产活动，达到提高劳动生产率的一种管理方式。目视管理有三个要点：无论是谁都能判断；能迅速判断，精度高；判断结果不会因人而异。

目视管理的作用有以下几个方面：

1）目视管理形象直观，能提高员工的生产效率。

2）目视管理能对员工产生良好的心理效应。

3）目视管理透明度高，能起到激励员工的作用。

4. 作业标准化

对工作方法进行分析总结，将最正确、最经济、最有效的工作方法加以文件化，并教育员工在作业中遵照执行，即作业标准化。

作业标准化的作用有以下几个方面：

1）将作业标准维持在最佳状态，避免工作出现偏差。

2）减少因员工流失给企业带来的技术损失。

3）为教育训练员工提供良好的教材。

5. 头脑风暴法

头脑风暴，即无限制的自由联想和讨论，其目的在于产生新观念或激发创新设想。

头脑风暴法的作用有以下几个方面：

1）联想能产生新观念。

2）畅所欲言能提出大量的新思路。

3）集体讨论问题能激发人的热情。

4）竞争意识能开动思维机器。

6. 生产现场 5 分钟 5S 活动

1）检查你的着装状况和清洁度。

2）检查是否有物品掉在地上，将地上的物品捡起来，如零件、废料等。

3）用抹布擦净仪表、设备、机器的主要部位及其他重要地方。

4）擦净洒落或渗漏的水、油或其他脏污。

5）重新放置那些错位的物品。

6）将标牌、标签等擦干净，保持字迹清晰。

7）确保所有工具都放在应放置的位置。

8）所有非必需品都要处理掉。

六、5S 管理实务

1. 5S 检查要点，如下：

1）有没有用途不明之物。

2）有没有内容不明之物。

3）有没有闲置的容器、纸箱。

4）有没有不要之物。

5）输送带之下、物料架之下是否有置放物品。

6）有没有乱放个人的东西。

7）有没有把东西放在通道上。

8）物品有没有和通道平行或呈直角摆放。

9）是否有变形的包装箱等捆包材料。

10）包装箱等是否有破损（容器破损）。

11）工夹具、计测器等是否放在规定位置上。

12）移动是否容易。

13）架子的后面或上面是否放置东西。

14）架子及保管箱内之物是否有按照所标示物品置放。

15）危险品是否有明确标示，灭火器是否有定期检者。

16）作业员的脚边是否有零乱的零件。

17）同样的零件是否散放在几个不同的地方。

18）作业员的周围是否放有不必要的物品（工具、零件等）。

19）是否有在工场通道处摆放零件。

2. 5S 管理规范表

5S 现场管理规范见表 2-3。

表 2-3 管理规范表

序号	项　目	规 范 内 容
1	整理	工作现场要区分用与不用的物品(如旧件、垃圾)，定时清理
2		物料架、工具柜、工具台、工具车等的正确使用与定时清理
3		办公桌桌面与抽屉定时清理
4		配件、余料、废料等放置清楚
5		量具、工具等正确使用，摆放整齐
6		车间不摆放不必要的物品、工具
7		将不立即需要(三天以上)的资料、工具等放置好
1	整顿	物品摆放整齐
2		资料、档案分类整理后放入卷宗、储放柜、书桌
3		办公桌、会议桌、茶具等定位摆放
4		短期生产不用的物品，收拾定位
5		作业场所予以划分，并加注场所名称，如工作区、待修区
6		抹布、手套、扫帚、拖把等定位摆放
7		工具车、工作台、仪器、废油桶等定位摆放
8		通道、走廊保持畅通，通道内不得摆放任何物品
9		所有生产使用工具、零件定位摆放
10		划定位置放置不良品、破损品及使用频率低的东西，并标识清楚
11		易燃物品定位摆放
12		计算机电缆绑扎良好、不凌乱
13		消防器材要容易拿取
1	清扫	地面、墙壁、天花板、门窗要清扫干净、无灰尘
2		过期文件、档案定期销毁
3		公布栏、记事栏内容定时清理或更换
4		下班前，确实打扫和收拾物品
5		垃圾、纸屑、烟蒂、破布等扫除
6		工具车、工作台、仪器及时清扫
7		废料、余料、待料及时清理
8		地上、作业区的油污及时清理清除
9		带油污的破布或棉纱等清理清除
1	清洁	每天上下班前 5 分钟做 5S 工作
2		工作环境随时保持整洁、干净
3		设备、工具、工作桌、办公桌等保持干净无杂物
4		花盆、花坛保持清洁
5		地面、门窗、墙壁保持清洁
6		墙壁油漆剥落或地面画线油漆剥落需修补

（续）

序号	项　目	规范内容
1	素养	遵守作息时间，不迟到、早退、无故缺席
2		工作态度端正
3		服装穿戴整齐，不穿拖鞋
4		工作场所不干与工作无关的事情
5		员工时间观念强
6		使用公物时，用后保证能归位，并保持清洁
7		使用礼貌用语
8		礼貌待客
9		遵守厂规厂纪

某品牌汽车4S店的车间5S管理检查标准，见表2-4。

表2-4　车间5S管理检查标准

班组：　　　　　　　　　　组长：　　　　　　　　　　检查人：

5S内容	工作内容及标准	得　分						存在问题
整理	将不再使用的废件或零件包装等按公司要求方式废弃	▲						
	将不能使用或已损坏的设备进行维修，若无法维修的，按公司要求的方式报废	■						
	将不经常使用的设备进行分类编号，整齐存放于固定地点	■						
	将经常使用的设备和工具进行分类整理，整齐放于易找的地点	▲						
	车间的地面尽量少放置与修车作业无关的东西	▲						
整顿	工具箱按要求摆设，不能乱摆乱放	▲						
	将经常使用的辅料要分类存放，并有利于寻找	▲						
	工具箱上严禁置放任何无关的废料，领料全部放在储物桌上	▲						
	在维修作业时严禁将旧件和工具散落于地面，应分类放在储物桌上，以备分类处理	▲						
	应定期清洗与保养工具箱和工具，做到坏工具及时得到维修或调换	■						
	车间内的垃圾桶不要装得太满，要及时倒掉	▲						

（续）

5S 内容	工作内容及标准	得	分					存在问题
清扫	车间地面应保持干净、整洁	▲						
	地面无油迹和污迹，能做到车走地净	▲						
	车间过道应保持干净，散落的废物废料及时得到清扫	▲						
	员工休息室应保持干净、整洁、卫生；地面无杂物、碎纸，尽量营造一个安静卫生的氛围	▲						
	门后禁止存放垃圾，笤帚、墩布等，清洁用具整齐放于门后	▲						
清洁	每天上班前对自己的卫生区进行清扫，上班时间随时保持	▲						
	下班前整理好自己的工具，并擦拭干净放于工具箱内	▲						
素养	上班时间佩戴工作证，穿戴整洁的工作服，仪容整齐大方	▲						
	不留怪异发型，不佩戴怪异饰物；男性不留胡须	▲						
	虚心请教，热爱学习，员工关系融洽	▲						
	说话讲文明，不说脏话，团结互助，勇于挑战	▲						

注：以上是车间 5S 管理检查项目。对以上项目，应该分为每天做的和每周做的，以达到节省资源，提高效率，提高员工素质的目的。每天做的以▲为标记，每周做的以■为标记。

第三章　汽车销售业务接待

汽车 4S 企业具有品牌和服务优势，对客户来说，汽车 4S 企业可以提供让客户放心的原厂配件，以及汽车制造商认可的维修服务；而对汽车制造商来说，汽车 4S 企业是他们的信息触角，可以收集到客户的需求和市场信息，同时保证汽车制造商在售后方面的收入和利润。

汽车 4S 企业销售顾问面对的是完全不同的客户，在不同时间、不同状态下会有不同的需求和表现。作为销售业务高手，既要满足客户的需求，又要达到销售的目的；既要让不同层次的客户满意，又要为汽车 4S 企业赢得利润。

第一节　我国汽车销售模式及汽车消费结构

一、汽车销售模式

随着我国经济的快速发展，汽车工业发展迅速，2012 年我国的汽车产销双超 1900 万辆，产销量居世界第一位，相应在全国范围内的汽车市场也蓬勃发展起来。归纳起来，我国汽车市场经营模式有四种：

1. 品牌专卖模式

目前，4S 店是我国汽车的主要销售模式，它是指集整车销售、零配件、售后服务和信息反馈“四位一体”的汽车特许经营模式。由于汽车专卖店减少了汽车经营的中间环节，汽车产品质量、价格有独特优势。在售后服务上也能够满足消费者的高质量要求，4S 汽车专卖店正在我国各地迅速发展起来。值得注意的是，目前，4S 模式的功能正在被进一步拓展。例如，最近提出的“6S”理念在“4S”的基础上增加了个性化售车(self-hold)、集体竞拍(sale by amount)两种方式。图 3-1 所示为某品牌 4S 专卖店。

图 3-1　某品牌 4S 专卖店

4S 汽车专卖店也有它的不足之处，一是 4S 专卖店代理商一般没有太多的自主权，厂家会统一规定整个专卖店的内部装修、形象塑造，规范专卖店的经营、销售和服务等项目以及销售团队的素质、服务流程的控制；二是由于厂家之间竞争与攀比，4S 店越建越豪华，在店内购物，享受超级贵宾服务，由于 4S 企业投入成本高而销售汽车品种少，在今后买方的汽车市场中，要收回企业的成本周期很长。此外，

4S 企业经营汽车品种少，不利于客户对汽车进行比较与挑选。

2. 汽车交易市场

汽车交易市场在改革开放初期，曾经发挥过重要的作用，由于“品牌管理办法”的推出，汽车交易市场一度发展缓慢，经营困难。但最近几年在我国又有了很大的发展，如北京亚运村汽车交易市场，如图 3- 2 所示。随着市场的成熟度越来越高，经营与管理的分离得到了大多数人的认可，管理者主要为经销商和消费者提供服务。汽车销售市场的发展也为各种特许经营店创造了良好条件。

3. 汽车超市

汽车超市是近两年发展起来的多品牌或某个品牌全系车型汇聚，集汽车销售和休闲于一体，同步销售的一种汽车销售模式。这种销售模式投资少、运营成本相对较低、品牌集中度高，可以为消费者提供多品牌、多车型和一站式选购服务。同时，汽车超市还是集整车销售、维修服务等为一体的专业服务店，并努力营造一种舒适、便利的购车、修车环境，这将是一种有着巨大发展空间和潜力的新兴汽车销售模式。图 3- 3 所示为长安汽车超市。

图 3-2 北京亚运村汽车交易市场

图 3-3 长安汽车超市

4. 普通经销商模式

普通经销商是指多品牌销售，有什么资源就销售什么车的销售门店。这种模式并不是我国汽车销售的主流形式，主要是作为汽车销售专卖店等主流销售模式的一种补充存在，以填补主流销售模式不能覆盖的区域空白。

怎样进一步提高汽车专卖企业经营和服务效益是企业经营者和学者共同研究的课题。在所有汽车营销模式中哪一种营销模式最好，自市场与专卖店 20 世纪之争以来，至今仍无定论。

二 、近年来汽车销售趋势

根据我国汽车市场调查，我国 2000 年以前私人拥有的汽车大部分是货运汽车，轿车除部分企业主外只有少数明星才拥有，在全国轿车保有量中私人轿车只占 4. 5%。

2000 年以后轿车如潮水之势涌入家庭。2007 年 1~8 月统计表明私家车已占轿车保有量的 32%，这些私家车 60%是 2001 年以后购置的。调查表明 46%有车族将在 2007 年以后有更换新车愿望。随着我国汽车市场的对外开放，人们买车已经理性起来，过去热销的轿车市场有所降温。由于轿车进入普通家庭只是开始，随着人们生活水平提高、收入增加，庞大的几亿家庭购车大军在不久的将来将冲击我国汽车市场。

据中国汽车工业协会发布数据，2013 年 11 月，汽车生产 1998.93 万辆，同比增 14.34%；汽车销售 1986.01 万辆，同比增 13.53%。全年突破 2000 万辆已成定局，我国连续五年全球产销量第一，汽车社会早已悄然而至。

三、近年来汽车消费变化

1. 购车对象发生了变化

根据北京亚运村汽车市场售车统计，2008 年上半年市场所售汽车 60%是私人购买。汽车是一种价格较高的商品，随着社会的发展、人们收入水平的提高，买得起用得起汽车的人群不断壮大。过去以单位、机关为购车主力，现在已转化为广大民众成为购车主力，杭州机动车保有量已突破 100 万辆，平均每 3 人就有一辆车，今后这种现象将更加明显。

2. 青壮年是购车的主力军

根据统计，我国个人轿车购买者 82%是 26~45 岁的年轻人，他们接受新鲜事物快，尤其白领阶层，他们收入高、工作节奏快，对汽车需求更迫切。在有车族中男性比率远大于女性，但这一比率正在缩小。我国老年人虽然也有购车经济实力，但是由于传统观念的束缚，宁愿把钱存到银行里生息，也不愿去购车消费。在美国，高档轿车拥有者多数是老年人。这是由于美国遗产税高，他们年轻时迫于工作压力，在社会竞争中与各种势力抗衡，而到老年时他们要享受人生快乐，有的老年人虽然没有丰厚经济储备，但他们还是愿意用房屋抵押贷款来购买高级轿车。我国正步入老龄社会，促进老龄人群的汽车消费也是我国社会进步与发展的象征。

3. 主导车型由经济车型向中高端车型转变

随着我国人均收入的提高，加之工作节奏加快，越来越多的人选择购车代步，这些人的购车心理价位在 5 万元~15 万元之间；大多数购车者希望自己能拥有 10 万元~20 万元的汽车。购买对象已经由低价的经济车型向中高端车型转变。

4. 年龄不同，喜欢的车型各异

年轻人购车大多数买不起豪华高档轿车，但是他们思想活跃，希望自己的座车样式新颖、独特、奇异，色泽上力求鲜艳、靓丽，喜欢对汽车进行外饰加工，如加装大包围、尾部装饰导流板、车体贴饰或彩绘等。

中年人一般事业有成，相应经济基础也比较雄厚，他们希望自己的座车高贵、典雅、气度不凡，主要选择深色轿车，一般以 20 万元~25 万元轿车价位为选择档次。他们对售后服务要求很高，并注重汽车品牌。

5. 节油、低排量车受欢迎

由于油价的攀升，燃油消费已成为汽车消费的主要支出，因此中低收入的家庭喜欢购买低排量省油汽车，尤其是女性更是喜欢小巧玲珑的汽车。小排量混合动力车成为人们的新宠，这类汽车将成为研制和开发的热门。目前各地对小排量汽车上牌禁令已解除，小排量汽车的销售趋势不可阻挡，各汽车制造厂商都推出了自己品牌的节油低排量车。

第二节 销售员的服务礼仪规范

随着中国汽车市场进入成长后期，汽车市场竞争日趋激烈，汽车企业面临的外部环境变化迅速。在汽车售后服务中，企业所拥有的人力资源就成为竞争的焦点。汽车销售作为汽车制造后市场的第一环节，其环节畅通与否，对汽车售后服务的全过程流通起着关键的作用。其中，汽车销售人员的素质高低直接影响企业的销售业绩。因此，高素质汽车销售人员是企业提升管理水平和在市场竞争中立于不败之地的必要条件。在销售过程中，专业销售人员能够及时向企业提供各种市场信息，为企业制定正确的营销策略、开发新产品提供依据。在市场竞争愈加激烈的今天，汽车销售员的作用日显重要，因而需对汽车销售员的行为规范提出更高的要求。

荀子曾说："人无礼则不立，事无礼则不成，国无礼则不宁。"我国素有礼仪之邦的美誉，礼仪文化源远流长，并有着完备的礼仪体系。作为一名专业的汽车销售员，其销售业绩与销售员的良好个性有很大的关系。汽车销售员需要多方面地注重自己的基本礼仪，掌握销售的工作技巧，并根据不同的推销对象，巧妙而灵活地采用不同的方法和技巧，吸引客户，促其作出购买决定，达成交易。

一、汽车销售员的基本礼仪与形象

礼仪通常是指在较大或较隆重的场合，为表示重视、尊重、敬意等合乎社交规范和道德规范的举止要求，是社会交往中对礼遇规范等方面应遵循的礼貌、礼节的要求。仪表一般是指人的外表风度，主要包括体态容貌、服饰、姿态和行为风度等。一个人仪表的美丑，的确不能绝对反映这个人内心世界的善恶，但它却是人的心理状态的自然流露，它与人的思想修养、道德品质、生活情调、兴趣爱好、情感反应有着密切的关系。

汽车销售员每天要面对许多顾客，顾客对销售人员和企业的第一印象好坏主要取决于销售人员仪表的形象。销售人员的形象对顾客产生直接的视觉影响，是企业的"门脸"，无时无刻不在代表着企业的形象。但许多汽车销售公司的员工职业素质较低，在礼仪、言谈等方面缺少相关的培训，与客户见面时不懂得礼貌用语、微笑，不会打招呼。众所周知，一名懂礼貌、有修养、活泼而不轻浮、谦逊而不自卑、直率而不鲁莽、敏捷而不冒失的销售员是销售成功的主要因素。

1. 健康的体魄

销售人员，必须经常锻炼身体，促进健康。健康的体魄，是仪表美的一个重要因素。有了健康的体魄，就会满面红光，神采奕奕。由于工作性质的特殊性，汽车销售员需要四处奔走，经常上门为消费者服务。如上牌、提货等，需要马上出动，为客户解决困难，如果没有强健的身体，则难以胜任汽车销售员的工作。

2. 端庄的仪表

一个人的长相是无法随意改变的，但是，人的外表有九成是被衣服所塑造的，因此，在什么场合该穿什么衣服便成了一门很重要的学问。得体的穿着可以让顾客心情放松。这就要求销售人员的服饰整洁大方、整齐合体，与环境和谐合拍，色调要清新明快，富有生活气息，使人产生协调感、愉悦感。

汽车销售员在着装时要注意服饰与脸型、服饰与肤色、服饰与年龄之间的搭配；仪容要整洁、化妆要适度。除了要有整洁的服饰之外，销售员还要注意容貌的修饰，要定期理发；牙齿要洁白，不能有口臭；手要经常清洗；指甲要修剪；衣服领口要干净，使人感到舒适，以利促使成交。

3. 文雅的行为风度

人的行为风度能体现人的心理特征，反映人的精神面貌和文明程度。它是人们在待人接物中表现出来的站立、行走、动作、言谈举止、语音声调和面部表情的姿态。通过一个人的行为风度，往往可以看出这个人的自我品质修养的水平。高雅文静的举止谈吐同样可以令客户倾倒。

案例：世界著名汽车推销员——椎名保九

椎名保九先生是日本丰田汽车公司的专职销售员，由于推销汽车功绩显著，被誉为“汽车推销大王”。椎名保九先生非常注重自己的着装和仪表，他在家里时衣着可以随便，但是只要是去上班或接待客户，他一定是衣冠楚楚，仪容经过精心梳理，皮鞋也打理得乌黑锃亮，看上去一副学者气派。用他的话来说，自己的整洁是对客户的尊重，可增加客户的亲和力。

椎名保九先生知识渊博，尤其是关于丰田汽车从设计、生产、保养和使用，无一不知无一不晓。他待人诚恳，与客户交谈时，微笑着倾听客户的讲话，从不打断客户的谈话。他说，客户讲话越多，自己就能越了解客户情况，越能了解客户的心理和需求。此外，他还创造了“火柴盒推销术”，许多客人因为椎名保九先生的诚恳和受到这个火柴盒的感动而再次来店购买汽车。

二、语言表达技巧

在汽车营销公关实务中，直接交往的主要工具是语言。语言是表达思想、交流信息的主要工具；语言运用的好坏直接关系到信息传播的准确度，从而给营销公关目标的实现产生深刻的影响，有时甚至是成交与否的决定性因素。

一名具备良好语言表达能力的汽车销售人员，能够创造出和谐的销售气氛，可以引导顾客正确地认识商品，使销售工作顺利地进行。一名不会表达与沟通的汽车销售员，不论付出了怎样的努力，都无法让更多的人去理解和分享，那就几乎等于白做。因此，汽车销售员要对汽车营销中的公关语言予以充分注意，要努力提高正确使用公关语言的艺术修养，以取得理想的公关效果。

1. 介绍要得体

“接近客户的前30秒，决定了销售的成败”，这是成功销售人员共同的体验。有效地接近客户是成功推销的基础。初次和客户见面，第一个程序当然是介绍。介绍时要得体，介绍语言要简洁明了，能清晰地说出自己的名字和企业名称，客户一听就明白，并使客户对你有所了解，产生与你继续交谈下去的兴趣。

2. 称谓要合适

初次见面，称谓合适与否关系到交际的气氛。所谓称谓合适，即对交际对象的称呼要符合对方的实情，使对方接受并感到愉快。作为汽车销售员，在交往过程中，要巧用“我”字。所谓“巧用”，一是对“我”字不宜过分强调，过多使用，避免突出自我；二是不要突出自我的印象，即不要把重音放在“我”字，要语调平和，给人以谦和的感觉。

3. 人名要熟记

心理学家指出，在人们的心目中有许多很美好的东西，其中自己的姓名是最美好、最动听的东西。也就是说，当你自己的姓名被初次认识的人很快地说出来时，这时的姓名对你来说简直是一种令人欢快的音乐。作为汽车销售人员，熟记人名是其职业的基本功。

三、谈判中的语言艺术

1. 热情、礼貌用语

语言表达是否热情，是公众评价服务质量的重要尺度之一。这里指的热情用语，主要包括说热心话、说贴心话、说真心话。

（1）热心话　就是说话主动热情，能表示为顾客提供更多的售后服务。

（2）贴心话　销售员能说理解话、体贴话，能够将心比心地换位思考问题，为顾客着想，为顾客讲话。

（3）真心话　作为销售员，给客户的首要印象是你的言行是否诚恳。销售员应实事求是地向顾客流利地宣传产品的功能、风格，使客户感到“一分钱，一分货”，在介绍产品时，要注意说明该产品可能给顾客带来的好处，将其与客户熟悉的产品进行比较，让顾客感到汽车销售员的确是自己的好参谋，真心地为己服务，进而产生强烈的信任感。

销售人员除了要热情诚恳外，还必须讲究文明礼貌，文明礼貌表示对他人充分的敬重和理解。销售员在销售过程中用词要文明、高雅，要勤用敬称、善用敬语，它能满足对方的自尊心理需求，给他人带来精神上的愉悦。

2. 清晰、准确用语

语言表达要清晰、准确、重点突出，能起到说服消费者的作用。销售员尽量不用模棱两可的双关语，更不要用土语方言，以免引起不必要的误会。例如，有位北方顾客在广州购车，购车完毕，售货员向顾客说了声“吴该”（意思是“谢谢”），顾客理解为“不应该”的意思，结果引起了一场不必要的纠纷。

3. 风趣、幽默用语

销售员语言幽默、语调柔和、速度适中，顾客听了感到温暖、亲切，能感染顾客，并能起到吸引顾客的作用。

4. 灵活、诱导用语

营销中的服务用语，首先要知人。只有知人，才能使服务有针对性且有效。销售人员应针对不同文化背景、不同身份的顾客使用不同的称呼、不同的语言来满足他们的需要。如对前来购车目的性明确的顾客，应该说：“欢迎您来我们这里！您有什么需要我解答的问题？”而对只是来参观汽车的顾客，应该说：“您需要了解什么？我给您介绍！”在询问过程中，不要让询问语表现为赤裸裸的买卖关系，询问语要让顾客能产生一种尊重感。

对于新顾客，由于汽车销售员对其不甚了解，可以使用事先设计好的能引起顾客兴趣、刺激顾客购买欲望的推销语言，投石问路，进行试探；然后根据其反应再采取具体推销措施。销售员应少说话，直截了当地请顾客发表意见，自己以问答的方式真诚地同顾客交换意见和看法。

语言表达能力要求汽车销售人员要讲普通话，吐字清楚，简明扼要，不啰唆，不滔滔不绝，也不可一声不吭、沉默寡言。在销售过程中，要做到口齿伶俐、反应敏捷、洞察准确、性格温和，不要过于急功近利；要做到不管市场是热是冷，都要常“走亲戚”，把老顾客当知己，把新顾客当朋友。

四、非语言表达方式

非语言是相对于语言而言的，是指通过身体动作、面部表情、语音语调等传递出的信息。非语言的表达方式，古已有之。《礼记·乐记》记载：“说之，故言之；言之不足，故长言之；长言之不足，故嗟叹之；嗟叹之不足，故不知手之舞之，足之蹈之也。”美国学者米迪皮尔认为，即使是最保守的看法，在某一交往过程中，35%的社会信息是通过语言传递的，其余65%的信息是由非语言手段传递的。非语言行为在沟通中可以起到支持、修饰或否定语言行为的作用。神态、感情、动作是沟通思想感情的非语言交往手段，形体表达有时比语言表达更为重要。语言在沟通中只起到了方向性作用，而非语言行为才准确地反映出话语的真正思想和感情。

1. 非语言表达的方式

（1）标记语言　标记语言是用手势、代号等代替文字语言的特殊标记系统。比如聋哑人的手语、交通警的指挥手势、裁判的手势以及人们惯用的一些表意手势，如表示“赞同”的“OK”和表示“胜利”的“V”等。它也可以采用概括性图案加以表现，例如交通标志中火车、机动车的禁止通行图案等。此外，还有许多相当抽象的视觉符号，如基督教的“十”字、美元的“$”符号以及许多现代企业的标志。

（2）动作语言　除了语言表达外，某些特别的身体动作，也能表达很多相关的信息。例如，通过调查表明超过半数的人认为握手能表达你的自信和能力。所以，你要注意，为了避免和那些不愿意握手的顾客之间出现尴尬的局面，男性可以保持右手臂微曲放在体侧，当对方伸手时，有所准备。作为汽车销售员应时刻注意顾客的动作语言，为顾客排忧解难。

（3）物体语言　人们的衣着打扮等都能透露出很多信息。比如，总是把自己的物品摆放很整齐的人，能看出他是个干净利落的人；一名男性购买者，穿衣追求质地，追随时尚，可以断定他一定是有品位的男人。

一名优秀的汽车销售员应做到“五到”，即“耳到”“口到(声调)”“手到(用肢体表达)”“眼到(观察肢体)”“心到(用心灵体会)”。

2. 非语言表达的类型

按照表达媒介的不同，非语言沟通可以分为身体语言、音调语言、空间语言、时间语言四大类。

（1）身体语言　身体语言又称肢体语言，是指借用人体的动作、姿态、表情、着装等形式表达特定的感想、态度。相关的研究发现，人们在沟通时，产生的效果有7%来自于说话的内容，38%取决于声音(音量、音调、韵脚等)，而有55%取决于肢体语言(面部表情、身体姿势等)。身体语言是所有非语言沟通形式中内容最丰富、最复杂、使用最频繁的形式，包括表情、手势、方位、眼神、点头、接触、仪表等多种形式。

（2）音调语言　音调语言又称辅助语言，是指以音调、语气的高低、强弱变化来表示一定的含义。音调语言在口语表达中具有非常重要的作用，有时甚至是决定性的作用。人的注意力是非常有限的，很容易产生疲劳感，如果一个人持续以相同的语音语调讲话，听众很容易厌倦。音调语言讲究的是声调的高低、强弱、快慢、停顿等。如语调适当、语速适中，能表现出说话者的诚心，使对方感到温暖，缩短双方的心理差距。

（3）空间语言　个人空间实际上是一种心理空间，它代表人与人之间的亲密程度。按照亲密程度的不同，个人心理空间可以分为亲密距离、私人距离、社会距离和公共距离四种类型。汽车销售员要正确把握与顾客之间的空间距离。如面对面的方位会使人们之间产生比较强的距离感和戒备心，不利于展开轻松、愉快的谈话；沟通较好的方式是在一张矮桌或茶几的旁边，两个人呈略小于90°的角度分别坐在沙发或椅子上交流。

（4）时间语言　时间作为一种客观现象，在沟通活动中成为了一个重要的因素，它是因人们对使用时间的方法和态度不同即时间观念不同而产生的。我们通常把那些做事很快、遵守时间的人称为时间观念强的人。因此，作为一名汽车销售员应具备较强的时间观念。

3. 非语言表达方式的体现

面部表情、眼神、手势、形体动作构筑了沟通的桥梁，是成功的重要因素之一，非语言的表达方式是人们相互沟通的重要“桥梁”。

（1）表情　表情是所有非语言沟通形式中最重要、使用最频繁、表现力最强的形式。所有非语言沟通中，人们认识最趋一致的就是脸部表情，因为这是最显眼而且一目了然的神态。通过面部表情能准确灵敏地看出对方的种种情绪。生活中，我们常说“某人一脸的沮丧”“某人阴沉着脸”“某人喜上眉梢”“某人乐眯了眼”等。

笑容是最复杂的身体语言之一，没有人能说得清人类有多少种笑容。我们经常用微笑、狂笑、苦笑、勉强的笑来形容不同的人或相同的人在不同场合的笑容。笑容也是所有身体语言中受主观意识控制最弱的一种形式，没有人能够完全控制自己的笑容。因此，笑容是识别、窥探别人内心的一种非常有效的手段。销售人员应时常表现出真诚的微笑，让人感到礼貌、热情和友好。

皱眉通常表达一种痛苦、无奈、深思、百思不解的感受。当表现出严肃、愤怒、疑问、忧愁时，面部往往表现出肌肉绷紧、眉头紧皱。

嘴部动作常常是同笑容、皱眉等其他面部表情联系在一起的。事实上，人的面部表情是一个统一的整体，是不能分开的，例如，一个人不能紧闭着嘴笑。

辨认表情的诀窍，在于分析脸部的几个重要线条：嘴角(上扬或下垂)、嘴形(张开或紧闭)、眉毛(上扬或下垂)、眼角(上扬或下垮)、眼睛(睁大或微眯)以及额头(眉毛上扬则额间有横纹,眉头紧皱则眉间有直纹)。分析顾客表情的变化对辨认其情绪很重要。例如，点头表示同意，皱眉表示怀疑和不满。销售人员的面部表情应该是诚恳坦率、轻松友好的，而不应该摆出一副盛气凌人的嘴脸，也不应显出自负自矜的面孔，那样就会从心理上把对方拒之于千里之外。

（2）眼神　俗话说：“眼睛是心灵的窗口”。通过眼神，可知对方的状态。在与人交际沟通时，要特别注意观察体会对方的眼神，并善于利用自己的眼神表情达意，影响对方心理。

销售员在与客户交流时要时常露出友好的目光，不能经常出现眼神飘忽、东瞧西看的神态。作为汽车销售员要注意顾客的眼神变化，例如，顾客总是望着天花板或是看着地面，表明对谈话没有兴趣；不断地看表，表示对谈话不耐烦，希望对方赶快结束谈话。

（3）手势　手也会说话，手是人的第二副面孔。与声音相比，手势具有很大的优点，如清晰明确，不会像声音那样被听错。例如，客户向你摆摆手时，你应该很识趣地打住话题，换其他话题；当客户不停地搓着手时，表示他的焦急、不耐烦。销售人员应运用柔和的手势，柔和的手势表示友好、商量；强硬的手势则意味着“我是对的，你得听我的。”

（4）姿势　这里的姿势是指整个身体躯干的姿态。不同的姿势可能代表着不同的含义。正确的姿势应该是全身站立，头部保持直立。因为从身体的姿势，双方可以更直观、更形象地判断你为人、做事的能力，看出你的自信和热情，从而获得十分重要的“第一印象”。与顾客交谈，要注意自己的姿态，身体略微倾向对方，表示热情和兴趣，善于倾听对方，显得恭谦有礼。作为销售人员，姿势应该是落落大方、自然得体、由衷而发的，而不应该是矫揉造作、生硬僵滞的。

（5）声音　汽车销售人员要注重通过交流声音来传达感情、交流信息，这样往往能起到事半功倍的效果。双方在交流过程中，要注意语气。销售人员在介绍自己的产品时，抑扬顿挫的声音表示你的热情，有时语气的突然停顿是为了造成悬念，吸引客户的注意，千万不能经常叹气或大声夹带着愤怒。只要不是矫揉造作或“作秀”，巧用声音往往会产生一些意想不到的效果，拉近顾客和销售员的感情距离。

（6）着装　销售员外表的美丽漂亮不是最重要的，而他的个性和气质，才是决定销售人员成功的内在因素。作为一名销售员，要重视非语言表达中的仪表体态语言。因为，恰当的仪表体态语言，在一定程度上反映了销售员的内涵和修养。庄重而落落大方应该是销售员最得体的一种境界。男性销售员，一般着西装，但在外出服务时可以依照环境穿着随意大方一些的便装；女性销售员，不宜满身珠光宝气，要创造一种与环境气氛相协调的氛围。

要成为一名优秀的汽车销售员，除了妙用一些语言及非语言技巧之外，关键还是销售员自身所具有的知识底蕴和文化修养，既然从事这个事业，销售员在工作和生活中，要不断地磨炼和提高自己，做工作和生活中的有心人，把做事和做人联系起来，在生活中捕捉灵感，在点滴中积累经验，在偶然中发现真理，在实践中领悟成功。通过自身不懈的努力，提高水平，树立自身“品牌”形象。

案例：仪容仪表

据统计，构成顾客第一印象的要素及比重如下：

1）仪容：穿着、发型、服装等，占60%。

2）态度：问候、姿势、肢体语言等，占20%。

3）言谈举止：使用词汇、语调、脸部表情，占15%。

4）谈话内容：实质内容、心口如一，占5%。

顾客对您的第一印象中，有80%是来自您的仪容和态度。不管您说了什么，如果您的仪容不整，顾客就不会向您购买汽车，请您维修车辆。记得随时检查自己的仪容和态度，才能给别人留下良好的第一印象，也才会有更多人欣赏您和您推销的汽车。

第三节　汽车销售员的知识结构

汽车销售人员和管理人员经常要同形形色色的顾客打交道。因此，作为汽车销售员，不仅要具备一般的市场营销知识、心理学知识、合同法知识及汽车专业知识，并且还应掌握扎实的汽车专业知识，才称得上是一个合格的汽车销售员。

一、汽车销售员应具备的知识和能力

汽车销售人员和企业其他工作人员的工作性质是不同的，往往要独立应付各种各样的事务，需要把自己的知识、经验灵活地运用到具体工作中去。因此，汽车销售人员需掌握推销的基本知识，包括建立以客户为中心的营销理念，分析研究营销环境，调查和选择营销机会，制定和实施营销战略等一系列专门的营销知识。

1. 汽车销售员应具备的基本知识

一名合格的营销员，应该全面掌握一些市场营销知识、企业知识、产品知识、消费者知识、法律知识，并能准确地判断客户类型，有效地解决客户问题并及时地促成客户交易。

（1）市场营销的基本知识　掌握市场营销的基本知识，包括了解汽车商品的市场营销环境；熟悉市场行情、价格、费用(利息、仓储、运输费等)；了解税收、保险、购置费、付款(贷款)方式等一系列业务及相关政策。

（2）企业知识　作为一名汽车销售员，应熟悉企业文化，掌握企业的发展历史和规模、在同行企业中的地位、销售策略和服务项目、交货方式和付款条件等情况。企业文化是一个企业在创立、发展、壮大过程中形成的价值观、发展观、社会责任感和使命感，是一个企业品牌的社会影响力量，它在企业发展中具有重要的作用。好的企业文化使一个企业具有较强的竞争力，可以有效整合企业的各种力量，从而影响企业的战略实施和产品的质量。

（3）消费者知识　推销学要求营销者要善于了解、分析消费者的各种特点，要懂得社会学、心理学、行为科学的一些基本知识；善于分析现实消费者和潜在消费者的需求情况，了解购买者的心理、性格、习惯、爱好，针对拒绝购买者的心理障碍，采取不同的推销对策。

（4）法律知识　汽车销售涉及许多法律问题，如合同、交通、环保、金融、保险、保护消费者权益等法律法规，故要求汽车销售人员具有较全面的法律知识。

2. 汽车销售员应具备的能力

（1）恪守诚信和必要的交际能力　在营销活动中，信誉是一种财富，俗称“金字招牌”，知名企业为维护这块“金字招牌”而奋斗不已，所以汽车销售人员应该重视这无形的“财富”。汽车销售人员应该遵守商业道德，合法竞争，维护消费者的合法权益；必须虚心听取消费者的意见，严肃认真地对待消费者的投诉。

汽车销售人员因工作需要，需要与各种各样的人打交道，这就要求汽车销售人员要了解顾客不同的心理特征和行为特征，要清楚如何与不同职业、不同地位的人打交道。现代营销要求汽车销售人员“主动出击”，不断拓展自己的交往范围。在与顾客交往中要“入乡随俗”，以听众的姿态，善于寻找契机；遵循人际交往的礼仪，以随和、热情、诚实的形象，博得汽车购买者和其他人员的信赖和好感。

（2）良好的语言表达能力和文字表述能力　汽车销售员是一个强调沟通和推销技巧的职业，也是制造商和消费者信息沟通的桥梁。口头表达能力是销售人员的基本要求。在客户面前，汽车销售人员就是专家，要能够回答客户的每一个问题；即使在一些方面并不了解，也要以适当的方式向客户解释并加以解决。一名优秀的汽车销售员应是富有鼓动激情的“辩才”，同时又是最忠实的听众，善于聆听顾客的意见，这样才能维持和发展与顾客之间长期稳定的关系。

文字表述能力要求汽车销售人员掌握应用文体的格式和特点，熟练运用语法、修饰、逻辑等知识进行写作（汇报总结、计划方案等），做到文字准确、简洁、生动。

（3）灵活的自控应变能力和准确的判断能力　汽车销售人员在工作中难免会遇到一些态度粗暴、吹毛求疵的客户。作为汽车销售人员要有很强的自控能力，以自己的冷静，使对方平静；用自己的和颜悦色，消除对方的“火气”。自控并非目的，而是为了在各种突发情况下保持清醒的头脑。对消费者的不同要求能作出迅速准确的反应，即理解和领会消费者的购买意图，并能迅速给予答复或提供所需的服务。所以，自控以后还需应变，应变需要理智和机智。

销售人员的观察力和判断力是营销沟通活动中的潜在能力。汽车销售人员不仅要了解客户所需求的商品，还需要通过消费者的言行举止和表情来观察判断其来意和心理倾向。汽车销售员要善于察言观色，善于洞察他人心理活动，也要善于站在对方立场上思考问题，善于倾听，以充分调动对方的积极性，让对方产生如遇知己的感觉，把顾客的手势、反应、脸色、心境等表现，迅速在头脑中形成影像并加以整理，作出准确判断，判断哪些顾客有购买欲望，哪些顾客有购买力。对于那些详细询问产品情况或者故意挑刺的客户，千万留意了，这些是你的准客户。怎么留住他们，就看你的应答技巧了。

（4）敏锐的洞察能力和创新开拓能力　汽车销售员几乎天天与市场打交道，市场的变化、市场信息的捕捉，要靠他们职业的敏感性和较高的悟性。敏感性强，才能观察到目前市场上商品供应和需求的构成变化；悟性好，才能预测未来市场上商品供应的趋势和消费需求的发展动向，并能准确快速地反馈给本企业作为制定商品经营策略的依据。

汽车营销活动是在市场瞬息万变的情况下进行的，作为汽车销售人员必须具有较强的创新开拓能力。所谓创新，首先，要不安于现状，不满足现有经验，要善于独立思考；第二，要视野广阔、兴趣广泛，善于学习、善于思维，融会贯通、扬长避短；第三，不能固守“思维定势”，要以敏锐的思维从事物中发现不足，寻找对策；第四，要持之以恒，“十年磨一剑”，要善于接受新事物，开拓创新，不墨守成规。

（5）具有较强的处理客户异议能力　异议就是准顾客对汽车销售员提出不同意或反对的意见。一名成功的汽车销售人员首先应认识到顾客异议是交易得以进行的信号。因为他们知道，如果他们能够满足一位顾客的真正的需求，他们就又向做成这笔业务迈进了一步。汽车销售员应把握主动权，按照需要引导谈话走势，对顾客提出的各种疑难问题要区别对待。

“不要害怕异议！”这是业务员接受训练时常听到的一句话。作为汽车销售员更要欢迎异议，对各种异议不要争论、不要反击，要提供更多的令人信服的信息。只要认真倾听，真诚欢迎，并审慎地回答，才能圆满地应对。但真能做到不害怕异议的业务员毕竟是少数，如果能体会到异议的背后隐藏着机会，就会降低对异议的恐惧。

二、汽车销售员应掌握的汽车知识

人们常说，隔行如隔山。任何一个行业的销售人员必须是本行业产品的准专家。汽车作为一种技术含量较高的产品，不仅需要汽车销售员掌握一些基本的营销知识和销售技巧，还需要销售员懂得汽车商品的基本知识。汽车销售员必须掌握车辆的相关知识，熟悉汽车结构原理、主要性能、各种配置保养检测知识，了解各种汽车的型号、用途、特点和价格，只有这样才能当好顾客的“参谋”，及时回答顾客提出的各种问题。

汽车是由成千上万个零部件所组成的结构复杂的交通工具。根据其动力装置和使用条件等不同，汽车的具体结构可以有很大的差别，但是，汽车通常是由发动机、底盘、车身及电器设备四大部分组成。

1. 发动机

汽车上使用的发动机普遍为往复活塞式内燃机。发动机是将燃料的化学能通过燃烧转换为机械能并驱动车轮的机器，是汽车的动力装置。汽车内燃式发动机按所用燃料不同主要分为汽油机和柴油机两种，汽油发动机主要由曲柄连杆机构、配气机构、燃油供给系、冷却系、润滑系、点火系和起动系二大机构五大系统组成。而柴油发动机由于采用的是压燃方式，所以无点火系。

2. 底盘

汽车底盘接受发动机传送的动力，传递后驱动车轮，使汽车按照驾驶员的操纵意图，保证汽车的直线行驶、转向行驶、起步、停车等。底盘主要是由传动系、行驶系、转向系和制动系四大部分组成。汽车车架是安装底盘的基体，发动机、车身、电器与电子设备及各种附属设备都直接或间接地安装在车身上。保证汽车乘坐的舒适性、安全性、可靠性，主要取决于底盘的结构。

3. 车身

车身是驾驶员工作的场所，也是承载乘客和货物的部件。它有承载式车身和非承载式车身之分，现代轿车多采用承载式车身。车身主要包括发动机罩、车身本体及副车架，还包括驾驶室和货箱以及某些汽车上的特种作业设备。

4. 电器设备

传统电器设备主要由电源组(蓄电池、发电机)、起动系、照明和信号装置、仪表、刮水器、空调、音响设备、电动门窗、中控锁等组成。现代汽车的电器设备更多地运用了各种电子控制系统，如汽车导向导航系统、多媒体娱乐系统、车载网络智能通信系统、安全气囊、电子巡航控制系统等各种人工智能装置，未来的汽车将是装在四个车轮上的计算机。

第四节　汽车销售员的行为规范分析

一、汽车销售员的基本行为规范

一名具有良好行为规范的销售员，会给顾客一个好的印象，使顾客心情愉快，双方之间产生亲切感和信任感，有利于促进交易的成功，有利于建立起企业的信誉，甚至会对企业产生意想不到的长远影响。反之，销售人员态度恶劣，行为粗暴，不仅会使顾客产生反感而影响买卖的成交，还会使企业的信誉一落千丈，甚至因损害顾客的心理而给企业以后的经营造成严重的后果。为了使每一名销售人员都有良好的行为规范，我们必须重视销售人员的基本行为规范的培养。

1. 具有高尚的职业道德素质和良好的个人品行

职业道德素质是销售员个体心理素质的核心内容，其高低程度直接决定了其他素质的发展，决定了企业满足消费者需要的程度。良好的职业道德素质主要包括注重信誉、文明经商和优质服务等内容。销售人员职业道德素质的形成与提高，具有深厚的心理学基础。在整个销售过程中，通过认知活动，可以使销售人员树立正确的思想观念和敬业精神；通过情感活动，可以使销售人员对本职工作和消费者产生深厚的情感及热情；通过意志活动，可以使销售人员发扬为实现企业目标，更好地为消费者服务而坚忍不拔、持之以恒的精神和斗志。汽车销售员要具有“十六字”职业道德，即“实事求是、真诚可信、勤奋好学、精益求精”；要做到对企业忠诚，对客户诚实，对竞争、竞标公平，具备敬业精神和高度的责任感、成就感。

汽车销售员的单独业务活动较多，在工作中，要有良好的个人品行，不利用职业之便坑蒙拐骗顾客，不侵吞企业利益；要知法、懂法、守法，按照经济法等有关法律规范推销商品。一名专业的汽车销售员的个人品质应做到诚实、正直、自信。

2. 具有强烈的事业心和责任感

作为一名汽车销售员应该要有献身于推销事业的工作精神，要不怕吃苦，任劳任怨，全心全意为客户和消费者服务，有取得事业成功的坚强信念，要有“过千山万水、进千家万户、尝千辛万苦、讲千言万语、想千方百计”的敬业精神。

汽车销售员的责任感主要表现在：忠实于本企业，忠实于自己的顾客。每个汽车销售员的一言一行，都代表着企业的形象，都必须为所在企业负责，为树立企业的良好信誉作贡献，绝不允许有损害企业利益的行为发生。同时，汽车销售员要对顾客的利益负责，真心真意满足顾客的需要，帮助顾客解决困难和问题。

3. 具有正确的职业动机

每一名汽车销售员选择从事汽车营销工作，都具有他个性色彩的职业心理动机。我们把它归类，可分为以下几个类型。

（1）经济型动机　具有经济型动机的汽车销售员，把自身所从事的汽车销售职业，主要看做是谋生的手段，以取得理想的经济报酬为主要目的和动力。所以，对金钱的追求和满足就成了他们从事销售工作的主要动力。只要经济报酬合适，这些人对待工作一般都能认真负责，对待顾客的态度也比较好；奖金增加一些，干得会更好一点。但这种类型的人雇佣思想浓，缺乏远大理想，只关心个人利益。“按酬付劳”就是他们人生观的主要表现。

（2）个人奋斗型动机　这种类型动机的人，把自身所从事的销售职业，主要看作是自我发展和成就的阶梯，以谋求个人的前途和社会地位。他们工作认真负责、积极热情、富于朝气，有比较强烈的上进心和事业心；对顾客主动热情；平时喜欢独立思考，爱学习，力求以个人的勤奋和聪明才智，掌握更多的文化知识和更高的专业技能，以赢得广大顾客的赞扬和领导的好感。但此类人由于是以个人奋斗为主要动力，事事计较个人荣誉地位的得失，自尊心和虚荣心都很强，不容易接受批评。当工作有成绩时会骄傲自大、目中无人；当工作受到挫折时则悲观消极，工作情绪不够稳定，波动较大，容易见异思迁。

（3）兴趣型动机　具有兴趣型动机的人从事本职工作不为名、不为利，把销售工作看成是种娱乐活动，以满足个人的兴趣为目的。他们生性活泼、性格开朗，对待工作认真热情，不管领导在场不在场，工作态度和行为都是一样主动；但由于思想上缺乏远大目标，所以不能将情趣与志趣结合起来，所以工作遇到困难时，往往不够耐心，情绪有时会有明显的波动。

销售人员良好的行为和态度，来自正确的职业心理动机，作为销售员要有正确的世界观、人生观，要有远大的理想，热爱本职工作，树立正确的职业动机。

4. 具有现代市场营销观念

现代市场营销观念应成为汽车营销活动的重要指导思想。汽车销售员要把这一思想贯彻到整个营销过程中去，销售员把消费需求视为企业营销的目标，把消费需求的满足程度视为检验营销活动的标准。在工作中，要主动发掘顾客的潜在需求，不断创造顾客新的需求，善于把企业利益和顾客的利益协调一致，既当好企业的汽车销售员，也当好顾客的服务员和参谋；当企业利益与顾客利益发生矛盾时，应做好协调工作，从顾客利益出发，调整企业的经营。

5. 具有良好的心理素质

生理学中所说的素质，是指人生而具有的、具有遗传特性的某些解剖生理特征，尤其是神经系统、感觉器官、运动器官等的解剖生理特点。心理素质是指人们心理活动的能力，是人们应付、承受和调节各种心理压力与进行正常心理活动的能力。它主要体现在人们的情绪调节和心理行为活动的稳定性方面。可见，心理因素不仅决定着一个人的个性、气质等方面的特性，还会对人处理各种问题、应付各类事件，以至于事业的成功与发展都会产生重要影响。

随着市场竞争日益激烈，汽车销售人员更应具备良好的心理素质。首先应具有自信的心理素质，自信的心理是销售人员建立在周密调查研究和全面了解情况的基础之上，而不是盲目的自信。自信的心理是汽车销售人员职业心理的最基本要求，是销售人员发展自己和成就事业的源动力。作为汽车销售人员，除了应具有自信的心理之外，还应具有热情的心理，这要求汽车销售人员必须对工作充满极大的热情，积极拓展工作渠道。我国学者马谋超总结出成功的销售人员应具备以下心理素质：①良好的人际关系；②悟性与良知；③体察自己的预感、直觉和潜意识提供的信息；④充分的自信；⑤富于冒险精神；⑥良好的态度倾向；⑦既是专家又是杂家；⑧诚实坦白，光明正大；⑨灵活、适应性强；⑩执著、守信、付诸行动。

6. 稳定的情绪和坚强的意志

情绪是指与生理需要是否获得满足相联系的倾向，它是由意境所引起并随意境而变化的。在商品销售过程中，各种各样的情况都可能出现，如很顺利地成交，使人感到高兴；无端受到指责，使人感到委屈等。这些情况的出现，必会引起销售人员情绪的波动。销售人员情绪的波动会使消费者的情绪在不知不觉中受到感染。因此，营销活动要求销售人员必须保持稳定而乐观的情绪，切忌浮躁。

意志是确定目的并选择手段以克服困难、达到预定目的的心理过程。任何事业的成功都要付出艰辛的努力，都需要超强的意志。在营销活动中，作为销售人员，要想不断地克服来自各种主客观原因造成的心理障碍，同时在复杂多变的营销环境中，努力实现和消费者的沟通，完成销售商品的任务，就要具备觉悟性、果断性、坚持性和毅力等意志品质。

7. 完美的气质和豁达的性格

气质是一个人生来就具有的心理活动的特征。气质虽然不能决定销售人员的经营业绩，但却能影响其情感和行动，以及影响商业经营活动的效率。就销售人员而言，由于其职业的需要，有时需要对自己的先天气质进行自觉的扬弃与改造，发扬其积极的一面，抛弃其消极的一面，使自己的气质带上理智的色彩，形成一种完美的气质。

性格是人对现实的稳定态度和与之相适应的习惯化的行为方式。销售人员的性格是决定其行为倾向最重要的心理特征之一。优秀的销售人员一方面要具有谅解、诚恳、谦虚、热情等性格特征，要像尊重“上帝”一样尊重每一位消费者，要对消费者怀有一片真心；另一方面销售人员要具有独立性、事业心、责任心等性格特征，以符合销售人员的角色行为和心理要求。

二、提升汽车销售员素质的途径

人的素质是在社会实践中逐渐培育和成熟起来的。汽车销售员不仅是企业的代表，也是消费者的顾问。为此，汽车销售员须有较高的思想水平和业务能力。但是，汽车销售员不是先天就具备推销素质，而是靠自身的努力去成熟完善的。只要认真学习、努力实践，就可以提高和改善素质，就可以成为优秀的汽车销售员。

1. 提升汽车销售员素质的重要性

在汽车销售员选拔工作完成以后，公司对新录用的汽车销售员必须进行严格的培训，使其具备本企业产品销售的基本知识和基本技能，并逐步成为一名优秀的汽车销售员。对于原有的汽车销售员，为了使他们能够适应新形势的需要和不断提高他们的业务能力，也要经常加以培训。

1）通过提升汽车销售员素质，使汽车销售员能适应市场新的要求，并随着经济发展不断适应其变化。

2）通过提升汽车销售员素质，使汽车销售员适应产品复杂多样化的需要。汽车产品品种规格越多，产品技术性越高越复杂，推销起来难度越大，这就要求汽车销售员应吸收新知识，掌握新技术的操作，才能更好地熟悉产品、推销产品，更好地为顾客服务。

3）通过提升汽车销售员素质，开发人力资源，提高企业经营效益。劳动者是生产力中最活跃的因素，增强劳动者的体力，开发劳动者的智力，是提高销售效率进而提高销售效益的一个重要方面。而智力的开发，又主要依赖于对文化科学知识的掌握和运用。

4）通过提升汽车销售员素质，培训团队合作精神，提高企业的信誉。有一个关于“交换”的说法，两个人相互交换了一个苹果，结果每个人手中还是只有一个苹果；两个人互相交换一个思想，结果两个人就共有了两个思想，这就是沟通与合作的结果。合作可以达到1+1>2 的效果。现代企业之间的竞争，实质上就是业务技术能力和管理水平的竞争，是人才的竞争。汽车销售员是企业中接触顾客最多的员工，其工作态度的好坏，对企业的信誉影响最大。因此，如管理人员认为有必要改善服务态度时，则需考虑对汽车销售员进行培训。

销售人员应该定期接受培训，以提升其素质和业务水平；企业应该制订详细的培训计划和明确的培训目标，并由经验丰富的专业人员指导培训。

2. 提升汽车销售员素质的方法

（1）“师傅带徒弟”法　这是指派新录用人员在现场跟随有经验的汽车销售员一起工

作，以便通过言传身教而提高受训者的专业技能，而不是强迫受训人员过早地投入现场工作。缺点是缺乏实践和切身体会，不易引起受训人员的足够重视。

（2）模拟法　这是指由一些销售人员直接参与，具有一定真实感的训练方法。其具体形式较多，“角色扮演”“比赛”等就是其中一些常用的方法。“角色扮演”模拟法是由受训者扮演汽车销售员进行推销活动，由有经验的汽车销售员扮演顾客。引入过去销售中遇到的难于处理的情况，让受训者去处理，训练其销售技能。“比赛”模拟法用得比较多，例如，有效地安排时间比赛会，内容可选用推销过程中的一些实际问题：旅行时间、等待时间、洽谈时间、选择潜在顾客、掌握达成交易的时机等。

（3）“内训”与“外训”相结合　“内训”是指由企业内部实施的培训，内容涉及日常管理中关于企业忠诚度、销售专业知识、技巧等。“外训”是指企业先派人员参加总公司培训班的专业训练，参加高等院校组织的销售人员培训班、专业技能拓展训练班。

3. 提升汽车销售员素质的内容

（1）培养和提高销售人员对企业经营活动的兴趣　要培养和提高销售人员对企业经营活动的兴趣，主要应从以下几方面入手。一是运用宣传教育和社会团体的影响力，帮助销售人员树立正确的信念，使其充分认识到企业经营活动的崇高性。二是帮助销售人员充分认识本职工作的社会意义以及在社会再生产中的重要作用，以激发其从事企业经营活动的积极性。三是通过物质奖励和精神激励的办法，帮助销售人员获得生活与工作条件一定程度上的满足，提高其从事企业经营活动的期望值，培养他们从事企业经营活动的兴趣。四是进行工作再设计，帮助销售人员激发积极的专业兴趣。如通过实行工作轮换制，使销售人员对所从事的工作经常保持新鲜感；通过授予一定的自主权，使销售人员能有发挥工作潜能的更大空间。

（2）实际销售技能和管理技能的培养　如果把学识比作斧背，那么实际能力就是斧刃。汽车销售员能否在推销工作中“斩断乱麻”，除了要求“斧背”厚实外，就要看“斧刃”是否锋利。

1）创造能力。汽车销售员应该具备很强的创造力，这样才能在激烈的市场竞争中异军突起，出奇制胜。创造过程首先是自我斗争过程，销售员要逐步养成独立思考及行事的习惯和能力；其次，在推销业务中，要创造性地运用各种促销方式，发展新客户、开拓新市场。

2）操作能力。操作能力包括掌握市场调查及预测的方法，熟悉市场信息的搜集、整理和传递程序；能根据市场信息制定正确的销售方针、策略和方法；能及时、全面、正确地填制各种有关的原始记录；有一定的写作能力，能撰写条理清楚、层次分明、表达准确、合乎规范的业务分析报告。

4. 汽车销售员素质的提升途径

若要提高销售人员的专业技能和职业素养，可从以下几个主要方面开展工作。

（1）制订科学的培训计划　根据企业的实际需要，具体确定企业汽车销售员培养和训练的方法、内容、步骤等工作方案。制订的计划应以满足企业生产和经营发展需要为总目标。要把培训计划纳入企业总体计划统筹考虑，使培训计划与总体计划中的其他内容相互配合与协调。培训计划的制订，要坚持从实际出发、实事求是、量力而行；培训计划的实施要综合考虑人才需要、资金、培训力量和政策影响等多方面因素。

（2）建立健全的培训管理制度　为保证培训工作制度化、正规化、经常化，有必要建立一系列健全的管理制度。这些制度主要包括人员培训责任制度、新员工上岗前的初培训制度、外培训制度、后续培训制度、人员培训考核制度等。

(3) 制定完善的考核方法　考核是一种激励，企业应该为销售人员提供一种具有激励作用的薪酬制度。也就是说销售人员卖的产品越多，他们得到的薪酬越多。佣金制度对人们工作有激励作用。对汽车销售人员的考核应遵循以下原则：

简单：考核的方法、过程要简单，易于操作。

实用：考核的方法要实用，便于解决实际问题。

鼓励：考核的目的是要调动员工的积极性，重在鼓励表扬。

宣传：考核要大力宣传企业部门、员工的优秀成果，树立典型，总结经验找差距。

三公：公平、公正、公开。

(4) 建立正确的评价体系　对培训效果，要进行认真的评价，以利于提高培训工作质量。培训效果的评价，主要有以下两方面。

1) 培训结束时的评价。其内容主要包括受训人员的学识有无增进及增进多少、受训人员技能有无增强及增强多少、工作情绪有无提高及提高多少等。

2) 培训结束回岗位工作后的评价。其主要内容包括工作态度有无改变、改变的程度如何、维持时间有多久、工作效率有无增进、增进的程度如何、培训目标是否达到等。

通过评价体系可以使销售人员自觉地掌握行为标准，形成一个自我控制体系，从而促进其是非观念和名誉心理的健康发展。

第五节　汽车销售市场调研

随着汽车消费市场逐步成熟，消费者也越来越理性，汽车销售人员需要更好地了解购买者对不同的产品和宣传的反应如何。市场调研是营销管理者的起点，汽车销售人员需要更多更好的信息，企业要从调研中寻找营销机会，避开或降低风险，并在此基础上作出企业的营销决策。

一、汽车市场调研概述

市场调研是用科学的方法，对信息进行收集、分析、整理和设计的过程，是了解市场发展变化的本质及其发展规律的一种理性认知活动。汽车市场调研就是对汽车客户及购买力、购买对象、购买习惯、未来购买动向和同行业的情况等方面进行全局或局部的了解。

调研是为了汽车销售计划制订、营销决策的形成获得必要的信息。市场调研除委托专业调研公司进行调研外，汽车4S企业通过信息部和销售人员进行社会调研，使企业员工了解市场和掌握市场的变化，更好地制订销售计划和营销策略。

按照调研内容划分，汽车市场调研主要包括以下几个方面。

1) 汽车市场营销环境调研，如国际国内汽车产业发展宏观环境、政策法律规定、竞争状况。

2) 汽车及零部件市场需求调查。

3) 营销组合策略调研，如调查价格走势、产品开发和技术发展趋势、产品与服务质量状况。

4）竞争对手调研。

5）客户购车心理与购买行为调研。

二、市场调研的方法和步骤

市场调研过程一般分为准备、实施、总结三个阶段，如图 3- 4 所示。

1. 准备阶段

（1）确定市场调研目标　市场调研的第一步是根据对基本情况的分析，确定市场调研目标。市场调研涉及的内容十分广泛，不可能面面俱到，只能对企业经营活动的部分内容进行调研。只有确定了调研的目标和基本指导思想，实际的调研活动才会更有针对性，调研效果才会更好。通常调研目标和指导思想由企业营销主管部门提出，主管领导批准实施。

（2）成立调研小组　在确定了调研工作的目标后，市场调研的第二步就是成立调研小组，对市场调研所达到的目标进行全方位、全过程的计划或策划，形成市场调研计划任务书。通常调研计划任务书应包括市场调研主题介绍、市场调研提纲的拟定、调研小组介绍、市场调研对象选择、调研方法和形式的选择、调研时间进度表和调研经费预算等内容。

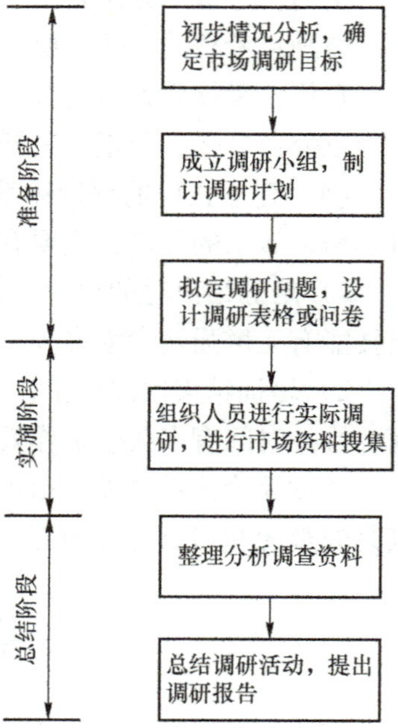

图 3-4　市场调研的基本步骤

（3）拟定调研问题　市场调研的最终目标是通过对多个问题的答案分析来实现的，通常表格是调研的基本形式和工具。调研表格题目选择合适与否直接关系到调研目标是否能达到。拟定调研问题的水平能反映出调查小组整体的工作水平并影响到最终调研结果，因此拟定好调研题目十分重要。

以上步骤均属于调研工作的准备阶段。在该阶段为保证调研工作有计划、顺利地进行，还应对相关工作人员进行必要的培训，尽最大可能估计调查过程中可能出现的各种状况，提前计划好应对措施。

2. 实施阶段

通过充分的准备工作以后，市场调研活动就进入了实施阶段即资料的搜集阶段。对市场资料的搜集是整个调研工作中最复杂、工作量最大、耗费人力物力最多的环节，它能否按计划顺利进行是决定最终调研质量好坏的关键。

对市场资料的搜集通常有两种方式，即文案调研和实地调研。文案调研也可称为对二手资料的搜集，即对各种现成资料的搜集㊀。文案调研能够搜集到行业或企业经营环境等方面的信息和情报，虽然这种信息通常比较笼统，但搜集成本较低，并且这些信息或情报往往能起到事半功倍的效果。实地调研是在确定的市场调研计划指导下，调研人员通过深入调查现

㊀　二手资料的来源主要有企业内部资料和企业外部资料两个渠道。

场，与被调查对象进行最直接的接触和观察，获得第一手资料。相对文案调研而言，实地调研所提供的资料更具体、更实际、更有针对性。实地调研的方法主要有观察法、访问法、实验法和座谈会议等。

3. 总结阶段

（1）整理分析调查资料　通过实际的调查，调研人员可以获得各种资料和信息包括统计数据、问卷调查、二手资料及其他信息资料等。由于这些原始调查资料具有分散性大、个性化强等特点，因此不能直接提供市场调研目标所需的信息，必须经过必要的筛选、整理和分析，总结出几种具有代表性的观点和意见，为撰写调研报告和最终作出正确的市场营销决策作准备。这个环节主要是通过对原始调查资料进行筛选、整理和提炼，使其条理化、系统化。首先，筛选就是从所有调查资料中选出对调研目标有价值的资料；其次，就是把筛选出的有用资料进行整理、归类；最后，就是把整理好并进行归类的资料，用形象的图表或语言进行总结说明。

（2）总结并撰写调研报告　总结调研工作并撰写调研报告是调研活动的最后环节，是整个市场调研工作最终结果的集中体现。一份好的市场调研报告应满足主题突出、结构合理、文字流畅、选材适当、重点突出和整洁清楚等基本要求。

三、市场调查问卷设计

调查问卷，又称问卷或调查表（questionnaire），是调查者根据一定的调查目的和要求，按照一定的理论假设设计出来的，由一系列问题、调查项目、备选答案及说明组成，是向被调查者收集资料的一种工具。问卷设计是市场调查中的一项重要内容，问卷设计的好坏直接关系到调查的质量。设计问卷前应做好充分准备，对调查过程及调查对象的心理状态做到心中有数。

1. 问卷设计要求

一份好的问卷，首先应满足以下要求：

1）必须将所需要获得的信息转变成一组调查对象能够并愿意回答的问题。

2）有利于激发、促进并鼓励被调查对象参与到访谈中来，愿意合作，并最终完成访谈。

3）便于填写、编码、录入与分析。

4）有效地控制回答误差和成本。回答误差包括调查对象不准确的回答，或他们的回答被错误地记录或被错误分析时所导致的错误结果。

此外，为便于阅读和作答，问卷的版面应整齐、美观，问卷的长度也不宜太长。

2. 问卷设计原则

在设计问卷时，一般应遵循以下原则：

1）换位思考，为被调查者着想，方便、易懂、易填、有趣；

2）紧扣主题，避免无关问题，注意质与量的平衡。

3）结构合理，层次清楚，逻辑性强，避免大幅度跳跃。

4）统筹考虑，设计时充分考虑问卷填写、运输、编码、录入和分析等各项后续工作。

3. 问卷的类型与结构

一般来说，依据问卷的填答方式将问卷分为两类，一是自填问卷，问卷由调查者发给或邮寄给调查对象，调查对象根据实际情况自己填写。二是访问问卷，调查者按照事先设计好的问卷或问卷提纲向调查对象提问，然后根据调查对象的回答，问卷由调查者填写。这两类问卷在其形式、设计和要求方面都有一定的差别。自填问卷应该比较短，其内容应当相对简单；而访谈的问卷可以比较长和复杂。

一般的调查问卷由以下几个部分组成：

1）问卷说明。问卷说明意在向被调查者说明调查的意图、填表须知和时间。问卷说明一般都在问卷开头，以便让填表者了解调查的目标和内容。

2）调查对象的基本信息。

3）主要问题。问题是调查问卷的核心部分，一般涉及有关事实、看法、态度和知识等内容，通常依据其内容将问题分为事实问题和主观问题两大类。在设计问题时，通常要考虑问题的内容、类别、格式、措辞和顺序。

4）调查者情况。

案例：汽车购买调查问卷

尊敬的女士/先生：

您好！我是××市场调查公司的调查员，我们正在进行一项有关汽车购买的调查，目的是想了解汽车消费者的购车心理与购买行为，以便制定出合理的营销方案。您的回答无所谓对错，只要真实地反映您的情况和看法。我们对您的回答完全保密，请您放心填写。调查需占用您的宝贵时间，在此向您表示衷心的感谢！

填写说明：请您按实际情况问答，在所选择答案的题号上打“√”，如需填写文字内容，请在横线上填写您的意见，我公司对有效问卷将赠送精美礼品一份。

1. 您是否已经购买汽车？

□是　□否　□打算购买

2. 您是否有购买汽车或更新汽车的想法？

□有　□没有

3. 如有，您准备何时购车或更新汽车？

□半年内　□1年内　□两年内　□三年内　□其他________

4. 如果您购买汽车，预期价位（不含税）是多少？

□5万以内　□5万~10万　□10万~20万　□20万~50万　□50万以上

5. 请问您购车的用途：

□旅游休闲　□个人代步　□商务应酬　□其他________

6. 您的汽车消费理念是：

□方便快捷　□速度激情　□品味生活　□时尚浪漫

7. 您喜欢的车系：

□欧系车　□美系车　□日韩系　□法系　□中国自主

8. 请问您购车时会选择哪种类型的车？

□微型车　□紧凑型车　□豪华车　□SUV(多功能运动型车)　□其他________

3 CHAPTER

9. 您计划从何种渠道购车？

□4S 店　　□二级经销商　　□展销会　　□其他________

10. 您买车或换车时，首先考虑哪三个要素？

□车价　□性能　□外观　□内饰　□品牌知名度　□售后服务质量　□油耗

11. 您最喜欢的颜色：

□红　□白　□黑　□银　□其他________

12. 你通过何种途径了解汽车信息？

□报纸　□电视　□展销会　□网络　□广播广告　□朋友介绍

13. 您在决定购买汽车时，谁的建议对您的购买决定影响最大？

□亲戚、朋友推荐　□厂家的广告宣传　□经销商的介绍、推荐　□媒体、网友的评价

14. 最吸引您的促销方式：

□降价　□送售后服务　□送礼品　□增值业务　□其他________

15. 您会选择何种付款方式？

□一次性付款　□商业按揭购车　□信用卡分期付款　□其他________

16. 您是否会考虑购买二手车？

□会　　□不会　　□不确定

17. 如果考虑二手汽车，原因是什么？

□价格便宜　□只是代步工具　□刚学会开车，练手没必要买新车　□其他________

18. 您最需要汽车销售商提供的服务：

□售前服务　□代办手续　□保养维修　□技术咨询　□汽车救援

19. 您认为汽车购买后的主要花销在哪方面？

□保养、维修　□停车费　□燃油费　□保险费　□装潢　□其他________

20. 您最担心购车后出现的问题：

□汽车质量　　□售后服务　　□安全性　　□其他________

您的个人情况：

性别：□男　　□女

年龄：□30 岁以下　　□30~40 岁　□40~50 岁　□50 岁以上

文化程度：□高中及以下　□大专　□本科　□研究生及以上

您的职业：□学生　□公务员　□个体或私营业主　□企业蓝领　□企业白领　□企业高级主管　□专职人员（律师/医生/教师等）　□自由职业者　□离退休人员或家庭主妇　□其他

您的月收入：□2000 元以下　□2000~5000 元　□5000~8000 元　□8000 元以上

非常感谢您的参与，祝您心情愉快，工作顺利！

调查员：　　　　调查地点：　　　　调查日期：

第六节　销售接待流程

品牌汽车的推销，除厂家及代理商的促销活动，如广告、信息发布、媒体的宣传外，大量的促销和销后服务工作还是由4S店来完成，而汽车销售员肩负着这项重要的工作。销售员是销售过程中的主体，是联系企业与顾客的桥梁和纽带，他既要对企业负责，又要对客户负责。销售员通过销售过程中的个人行为，使顾客对企业产生信赖感，并促使这种信赖感向市场扩散，从而为企业赢得广泛的声誉，建立良好的形象。

汽车销售过程不是单纯地卖汽车，而是一个比较复杂的过程，包括寻找客户、接近客户、了解客户需求、车辆展示、异议处理、与客户达成交易、售后服务等多项程序。一般来说，汽车销售流程可用图3-5表示。

一、客户开发

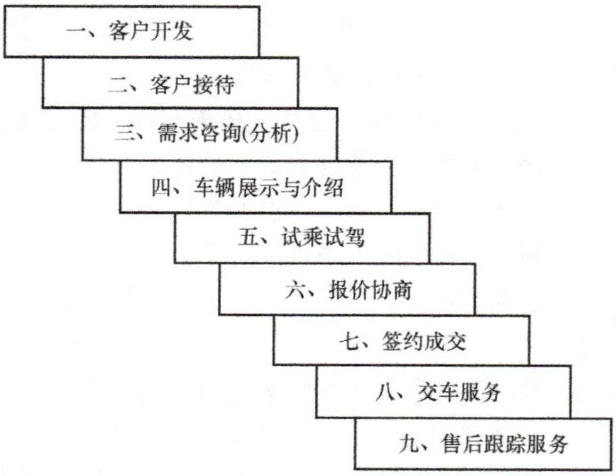

图3-5　汽车销售流程图

客户开发是汽车销售的第一个环节，也是成功进行汽车销售的第一步，汽车销售人员应灵活和创造性地运用各种方法寻找客户，主要方法有资料查阅分析法、连锁介绍法、影响人物利用法、广告开拓寻找法、地毯式访问寻找法与个人观察寻找法等。

由于各种客户开发的具体方法或途径并不能包括一切，其作用会因时因地发生变化，一名合格的销售人员必须认识到客户开发的方法是多样的，并无一个固定的程序或模式，需根据自身的实际情况来选择客户开发的个体方法，同时要注意各种方法之间的有机联系，同时并用、互相配合、互相补充。此外，寻找客户的关键在于培养销售人员的职业灵感，建立广泛的社会联系；否则，最好的办法也会无效。最后，应该将客户开发贯穿于整个销售中，在接近、洽谈、成交、售后服务等过程中，销售人员均应该随时随地不要忘记寻找客户。

为了销售工作的顺利开展，需根据收集到的资料对客户进行分类，可以采用相关的客户管理系统或手工方式建立档案。手工建立档案有两个标准：一是以购买概率作为标准进行分类，则“最有希望购买者”为A类客户；“可能购买者”为B类客户；“购买希望不大者”为C类客户。二是以购买数量作为标准进行分类，则“购买量较大者”为A类客户；“购买量一般者”为B类客户；“购买量较小者”为C类客户。A类客户应为营销人员的重点销售目标和公关对象，成功率高，成交量大；B类客户次之；C类则再次之。在销售推广过程中，优先考虑A类客户，B类次之，使销售工作更有成效。客户资料卡见表3-1。

表 3-1　客户资料卡

客户资料卡				
个人信息	姓名		性别	
	职业		联系电话	
	单位名称		家庭住址	
	最佳联系时间		兴趣爱好	
	购车用途			
	其他信息			
购买需求	本品牌车型		购买疑虑	
	信息来源		付款方式	
	中意其他品牌/车型			
当前使用车辆情况	品牌		型号	
	购买时间		车辆状态	
	行驶里程		换车原因	
	牌照号码			
	其他信息			
交易失败的原因分析				
交易成功的关键因素				
联系记录报告				
下次联系计划				

填表人：　　　　　　　　　　　　　　　　　　　　　　　填表日期：　年　月　日

案例：猎犬计划——让顾客帮助你寻找顾客

乔·吉拉德(Joe Guard)——世界上最伟大推销员，他认为，干推销这一行，需要别人的帮助。乔的很多生意都是由“猎犬”(那些会让别人到他那里买东西的顾客)帮助的结果。乔的一句名言就是“买过我汽车的顾客都会帮我推销”。

在生意成交之后，乔总是把一叠名片和猎犬计划的说明书交给顾客。说明书告诉顾客，如果他介绍别人来买车，成交之后，每辆车他会得到25美元的酬劳。

几天之后，乔会寄给顾客感谢卡和一叠名片，以后至少每年他会收到乔的一封附有猎犬计划的信件，提醒他乔的承诺仍然有效。如果乔发现顾客是一位领导人物，其他人会听他的话，那么，乔会更加努力促成交易并设法让其成为猎犬。实施猎犬计划的关键是守信用——一定要付给顾客25美元。乔的原则是：宁可错付50个人，也不要漏掉一个该付的人。猎犬计划使乔的收益很大。

1976年，猎犬计划为乔带来了150笔生意，约占总交易额的三分之一。乔付出了1400美元的猎犬费用，收获了75000美元的佣金。

二、客户接待

客户接待主要是销售人员在展厅与客户进行沟通，其核心工作是接近客户，并有效地吸引客户对汽车产品或公司或销售员个人产生兴趣，这时重要的不是立刻销售汽车，而是与客户建立关系，为进一步销售产品做好铺垫。

客户接待过程是销售人员接近客户的过程，尤其在初次接待客户时，第一印象十分重要，因此各汽车4S企业都在展厅设计上下足了功夫。客户走进宽敞明亮的展厅，置身在高雅愉悦的背景音乐所营造的洁净环境中，轻松、舒适的购车环境，会消除顾客的疑虑和戒备。汽车营销人员应随时保持微笑，利用表情、声音和肢体语言，让客户感觉到舒适自在与无压力，使顾客愿意在展厅逗留更长时间，并且想与销售顾问建立联系。

（1）顾客进入展厅

1）客户一进门口，汽车销售人员必须面带微笑、双眼注视客户向顾客点头示意，或者向顾客鞠躬15°，并问候“欢迎光临”。

2）当顾客走进展厅，营销人员就要依据其衣着、姿态、面部表情、眼神、肤色等，评估出顾客的态度、购买倾向等，注意不要以貌取人。如果客户的目光恰好和你的目光相遇，则点头示意。

3）如顾客点头回应，应即刻走上前进行接待，面带微笑，作自我介绍并说：“先生(小姐)您好，我是销售顾问×××，请问有什么可以帮您的吗?”

4）如果顾客视而不见，且直奔展厅专注看车，销售人员可以给顾客1~2分钟的自由看车时间；或者等待顾客的回应后销售人员再跟进服务。

5）汽车销售人员随时注意客户动态，若客户有疑问状或需要服务的迹象时，要立刻趋前服务，礼貌地向顾客打招呼。

6）若同时有两三批人来看车，要请求支援，不可使任何人受到冷落。

7）如顾客是再次来展厅的，销售顾问应该用热情的言语表达已认出对方，最好能够直接称呼对方，如“王女士，您来了!”等。

8）顾客要求自行看车或随便看看时，应对话术：“请随意，我愿意随时为您提供服务。”并适当选择撤离，在顾客目光所及范围内，随时关注顾客是否有需求。

9）在顾客自行环视车辆或某处10分钟左右，仍对销售顾问没有表示需求时，销售顾问应再次主动走上前：“您看的这款车是……”“请问，……”

10）如果未等销售员再次走上前，顾客就要离开展厅，应主动相送，并询问快速离开的原因，请求留下其联系方式或预约下次看车时间。

（2）顾客离开展厅

1）当顾客离开展厅时汽车销售人员应立即放下手中其他事务，陪同顾客走向展厅门口，并且提醒顾客清点随身携带的物品以及销售与服务的相关单据。

2）若以前没有交换过名片，汽车营销人员可以索要对方名片，并预约下次来访时间，表示愿意下次来店时仍由本销售顾问来接待，便于后续跟踪。

3）真诚地感谢顾客光临本店，期待下次会面。汽车营销人员在展厅门外，挥手致意，目送顾客离去。

三、需求咨询（分析）

需求咨询也称需求分析。在需求咨询时，销售人员应以客户为中心，以客户的需求为导向，对客户的需求进行分析，为客户介绍和提供一款符合客户实际需要的汽车产品。

在提供咨询时，销售人员应重点做好与客户的沟通工作，有利于及时准确地发现客户的需求。因此，销售人员应善于在沟通中不断了解客户的消费行为，并根据客户的需求不断调节自己的沟通方式与方法，“投其所好”在沟通中是非常重要的。

从汽车营销人员的角度来看，主要从五个方面入手，即弄清来意、购买车型、购买角色、购买重点、顾客类型。

（1）弄清来意　汽车营销人员在顾客一进入展厅就要了解他们到底是来干什么的，是否是顺便路过的。如果发现顾客开始仔细地看某一种确定的车型，那么就可以推断他们有一些购买的可能。销售人员要学会“察言观色”，通过观察顾客的衣着、姿态、眼神、表情、行为、随车人员等分析客户是否有购车意向。

（2）购买车型　汽车营销人员对顾客观察还不能够反映顾客的真实需求，接下来汽车营销人员就必须通过询问的方式，进一步获得相关信息。确定客户需要购哪种款式？哪种颜色？哪种车型？

（3）购买角色　汽车销售人员要对顾客购买角色进行判断，抓住重点，找到谁才是真正的决策人员。比如：到展厅一起来的三四个人，只有一个才是最终拿主意的人，那么其他的人是什么角色？是参谋、行家、驾驶人，还是秘书，还是朋友？要通过判断找到突破口。

（4）购买重点　汽车营销人员要对顾客购买重点进行分析，因为购买重点是影响这个客户作出最终采购决定的重要因素。如果他的购买重点只是价格，那么车的任何领先的技术对他来说都没有什么作用；如果他的购买重点是地位，那么你谈任何优惠的价格等因素对他也构不成诱惑。

（5）顾客类型　客户的购车动机类型包括理智动机和感情动机。理智动机主要考虑是否适用、经济、可靠、安全及是否有良好的售后服务及备件保障等；感情动机则追求个性化，有炫耀和攀比心理特征，希望通过此举获得他人的尊重。需要根据不同心理特征客户选择适当的语言及服务，不可以用讥讽和刺激性语言。

四、车辆展示与介绍

车辆展示是汽车销售过程中非常重要的一步，也是说服客户的关键一步。通过调研发现，在展示过程中作出购买决策的占最终购买的70%。通过车辆展示，可以充分地向客户展示你的汽车的特性，尤其是它的不同于其他汽车产品的独到之处和它能满足客户需求的不可替代之处。然而，要完美地展示车辆却不是那么容易的，它需要独特的技巧和销售人员的非凡慧眼才能做到。汽车销售人员在汽车展示过程中，需要注意以下四个方面的问题：

1）显示自我的服务意识和态度。

2）显示寻找客户需求并满足其需求的热情。

3）显示丰富的专业知识以及业务知识。

4）显示产品的利益和价值，尤其是那些从外表不容易看到的价值点。

在汽车4S店展厅中展示车辆，通常有一个标准的流程，即常说的六分销售步骤，也称为六

图 3-6 六方位绕车介绍

方位绕车介绍法如图 3- 6 所示，充分展示该车型的独到设计和领先技术；同时，应积极邀请客户入座、触摸、操作，让客户详细了解产品，相信产品的性能及其所带来的利益能满足其需求。

（1）绕车前的准备工作

1）确保蓄电池有电。

2）确保油箱存有适量燃油。

3）方向盘调整至最高位置。

4）确认所有座椅都调整回垂直位置。

5）钥匙放在随时可取放的地方。

6）驾驶员的座椅适量后移。

7）前排乘客座椅适量后移。

8）座椅的高度调整至最低的水平。

9）收音机的选台、磁带、CD 的准备。

10）保持车辆清洁。

（2）六方位绕车介绍　汽车销售顾问围绕汽车左前方、车左方、车后方、车右方、驾驶室及发动机舱等六个方位，向客户介绍车辆的基本配置、车型特色、主要卖点、竞品分析等内容。采用 FAB 介绍法和 FBSI 销售法使客户对所关注车型得以全面直观的认识。

各方位介绍要点，见表 3- 2。

表 3-2 六方位绕车介绍要点

方　位	介 绍 要 点
左前方	前车灯的特性、车身的高度、车型颜色和流线型、汽车品牌的文化、保险杠的设计以及车型的接近角等
驾驶座	刮水器、仪表盘、座椅的调控、转向盘的调控、视野、安全气囊及安全带、车门车窗的控制及 ABS 制动系统等
车后部	车窗、轮胎、车内空间等
后座	行李舱的开启、储物空间、后视窗刮水器、倒车雷达、离去角、汽车尾翼、备胎的位置设计、尾灯的设计等
车侧	后视镜、侧面的安全性、转弯半径、车门玻璃、汽车轮辋、汽车轮胎、车身长度等
发动机舱	发动机的布局、环保设计、排气环节、发动机的性能、最大功率、机油等液体容器、散热设备设计、发动机避振设计、节油方式等

案例：FBSI 销售法

Feature：车辆的配备和性能。

Benefit：能带给客户的好处和利益，满足客户需求。

Sensibility：引导客户亲自感受。

Impact：一个具有冲击性的视觉、感觉情境。

标准句式：拥有……对您来说……感觉……试想……

比亚迪S8拥有折叠硬顶技术，能够在25s内开启和闭合折叠硬顶，对您来说S8不但能让您随时随地享受敞篷跑车那种自由畅快的感觉，更能在必要时变为优雅的轿跑，让您尽情享受美妙的休闲时光，这种感觉只有S8才能够带给您，您试想一下您开着S8在海边兜风，车里坐着您的家人和朋友。大家一起沐浴在温暖的阳光下，呼吸着清新的海风，看着海天一色的景色，是多么令人羡慕的生活啊！

五、试乘试驾

试乘试驾是对第四个环节的延伸，客户可以通过试乘试驾的亲身体验和感受以及对产品感兴趣的地方进行逐一确认，可以充分了解该款汽车的优良性能，从而增加客户的购买欲望。

如今，试乘试驾已经成为各大汽车制造商、经销商推广新车型，消费者选购新车前必不可少的环节。试乘试驾浪潮也在全国风起云涌：媒体试车、消费者试车、集体试车、组合试车等各种形式的试车体验一个接一个，令人目不暇接。尽管试车永远是一种令人心动的体验，但是怎样试车，如何引导客户根据车的性价比判断车况，仍然是各经销商相关人员需重视的问题。

（1）必要的资料准备　驾驶证复印件（客户驾驶资格的确认）、车辆行驶证、保险单、试驾预约登记表、试驾协议书。

（2）试乘试驾流程　试乘试驾流程有试驾前、试驾中、试驾后，具体情况如下：

1）试驾前。试乘试驾前汽车销售顾问给顾客讲解试驾流程和相关规定，并由试驾者签署试驾协议，登记驾驶证，填写相关信息。汽车销售顾问将驾驶证复印存档，并且向顾客介绍行驶路线，指导顾客调整各项装备，例如座椅、方向盘、后视镜、空调、音响等，解释基本功能和指示器。如果由其他的工作人员陪同试乘试驾，销售员应向顾客介绍，以方便沟通。出发前，提醒顾客系好安全带。

2）试驾中。开始由销售人员先开第一段路，边示范、边讲解，让顾客充分感受车的优势，选择安全地点换手，将车熄火，驻车制动拉起，并移交给顾客。指导顾客重新调整座椅、方向盘、后视镜等，使其产生已拥有的感觉，驾驶过程中简要提醒顾客体验的重点内容，以强化感受。驾驶中销售人员应关注并记下顾客的个性化要求。提醒顾客在驾驶中注意安全，话术："前边有弯道，请您注意减速行驶。"当顾客有危险的和违章动作与行为时，果断采取措施，并请顾客在安全地点停车，向顾客讲解保障安全的重要性，取得顾客的理解，改试驾为试乘，由销售人员驾驶返回汽车4S店。

3）试驾后。提醒顾客携带好随身物品，以免遗忘在车内；引导顾客回到展厅洽谈区，提供免费饮品；询问顾客试驾的感受并填写试乘试驾意见调查表见表3-3。对于顾客试驾中的个性化要求进行重点解释以及异议处理，以进入报价阶段。

试乘试驾意见调查表也可由销售人员执笔填写，客户口述意见。填表的目的在于，趁顾客刚试驾结束还处于兴奋状态，取得客户对车辆的认同，销售人员用此表诱导顾客给予车辆较高的评价，从而建立信任感，促成交易。

表 3-3 试乘试驾意见调查表

试驾人姓名		联系电话	
职业		驾龄	
销售顾问		试驾日期	
试驾车型		里程	

类别	项目评价	评价结果			备注
		非常好	好	一般	
车辆外观	外观尺寸				
	造型美感				
舒适性	乘坐舒适性				
	驾驶座椅舒适性				
	音响效果				
	空调效果				
	轮胎及胎噪				
操纵性	仪表配色辨识性				
	驾驶方便性				
	转向灵活性				
	视野				
安全性	驾驶安全性				
	ABS 效果				
	倒车雷达				
动力性	起步加速				
	中途加速				
汽车内部感受	汽车内饰				
	工艺水平				
	内饰配色				
	内部空间				
	操纵键可控性				
其他	车门进出方便性				
	玻璃升降方便性				
	天窗				
	E 配备				

六、报价协商

在报价环节，销售人员要运用得体的礼仪，表现透明、公平和有效的报价，掌握一定的价格谈判技巧，赢得顾客对产品性价比的充分认识。

（1）报价签约前的准备

1）销售人员把客户带到洽谈区，洽谈桌要整洁，营造温馨宁静的环境。

2）汽车4S企业展厅播放轻音乐，注意音乐应选择较舒缓轻松类型的。

3）座椅整洁、就座位置考虑周到，要体现对顾客的尊重。

4）汽车销售人员应将手机关闭或调至静音状态，协商过程中忌接电话。

5）汽车销售人员准备好茶水饮料及时奉上。

6）准备好报价协商中必要的资料文件。

（2）顾客异议处理　在报价协商过程中，出现异议是很普遍、不可避免的。异议既是成交的障碍，又是成交的信号。客户异议是客户对产品和销售行为的必然反应，有调查显示，在提出过反对意见的顾客中有60%以上的顾客最终还是采购了销售方的产品，表明提出异议的客户还是有需求的。

销售人员须正确认识和把握客户异议，采取不同的策略，促成交易。处理客户异议时，销售人员必须遵循一些原则，主要有以下几个方面：

1）做好排除异议的各种准备。

2）选择恰当时机排除异议。

3）不与客户争辩。

4）回答问题越简单越好。

当客户提出异议时，销售人员应灵活运用各种处理异议的方法与技巧，如补偿法、忽视法、询问法、太极法、“是的……如果”法等，促成交易。异议处理技巧详见第四章第六节。

销售人员对异议必须抱有正确的态度，面对客户异议时保持冷静、沉稳，才能辨别异议的真伪，才能从异议中发觉客户的需求，才能把异议转换成每个销售机会。因此，销售人员在训练自己处理异议时，不但要寻找技巧，同时也要培养你面对客户异议的正确态度。

（3）议价前进行暗示铺垫　议价前进行暗示铺垫对成交很重要，销售人员在价格谈判前可以先进行车价的暗示，比如主动透露最近客户的成交价，或者谈谈汽车4S企业的销量或者销售人员的个人销售业绩等。

七、签约成交

销售的最终目的是为了达成协议。销售人员要及时捕捉销售成交信号，即时运用各种技巧来达成交易。由于成交的前提条件具有灵活性、多样性，需要销售人员平时有意识的积累客户的细微需求。

1. 购买时间把握

建议购买是整个汽车销售过程中的关键时刻，掌握提出购买建议的时机可以说是一种艺术，应当掌握。大部分客户在成交时会表现出犹豫不决，所以销售人员应主动提出成交，这样做的好处是：一可以确认客户的要求；二可以帮助客户作决定。但是如果太早就建议购买，很可能激起客户的抗拒心态，一旦被客户拒绝后，你与客户的关系便出现某种程度的倒退。

当客户出现购买意愿时，客户的身体语言、语气语调会随之有所变化，并且会提出一系列问题，这种情形我们把它称为是客户的购买信号。一般认为此时建议购买的时机到了。

（1）身体语言

1）客户身体向前倾，或是向你的方向前倾。
2）点头对你的看法表示同意。
3）出现放松或愉悦的表现和动作。
4）不断审视产品，边看边长时间思考对比。
5）用心与仔细观看目录，合同或是订货单。
6）详细地阅读说明书，并且逐条检视。
7）眼睛闪闪发光，表现出很感兴趣的样子。
（2）常提及下列问题
1）询问契约规定、订金金额。
2）询问指定之颜色何时交车。
3）询问办理车牌相关事宜。
4）询问贷款、缴款手续。
5）询问交车事项、交车地点与时间等。
6）询问售后服务与保修期。

2. 成交技巧

一个优秀的销售人员知道，若想成功地完成销售，关键是全面地了解目标客户的态度，以及他对于产品说明和成交试探的反应。这就要求销售人员选择使用最恰当的成交技巧，而不是直接询问目标客户是否愿意购买产品。

（1）假设型成交　即销售人员假设目标客户将要购买，然后通过语言或无声的行动来判断假设是否正确。比如这时你可以这样问："假如您买车，您会选择蓝色还是灰色？"或"是用现金还是信用卡？"通过这种假设的方法来试探成交，如果客户认同则顺理成交，否则可再作努力，但又不会使前面建立的关系倒退。

（2）二选一法　把最后决定集中到两点上，然后迫使客户从二者中挑选一种办法。

例如，销售人员："以车身的颜色来说，你喜欢灰色的还是绿色的？"

客户："嗯！如果从颜色上来看，我倒是喜欢绿色的。"

销售人员："你真有眼光！现在最流行的就是绿色的！那么，汽车是明天还是后天送来呢？"

客户："既然要买，就越快越好吧！"

如果经过这样一番对话，客户就等于说要买了。所以这时销售人员应说："那么明天就送车"，这样即可很快缔结成交了。

事实上，如果客户给你上述答复，的确就是表示他已告诉你他要购买你的产品了，如果他迟疑片刻而向你表示他尚未作最后决定时，则你也没有半点损失，仍然可以继续采取新的方式进行你的销售说服工作。

（3）小点促进型成交　从无足轻重的小的方面开始，逐步使目标客户在更大的决定上点头。对有些目标客户来说作出一个大的购买决定十分困难，而获得目标客户对一些较小问题的同意或允许则比较容易。这个技巧同样适用于没有购买意图的目标客户。在征求订单之前，销售人员就产品特性、外形、颜色、品质保修期、付款方式等方面向目标客户提出问题。

小点促进型成交也常在第一次成交失败后，作为第二次尝试成交而应用。在这种情况下，销售人员可首先让目标客户同意一些无关紧要的问题，然后再同意购买。

（4）利益总结型成交　这是最常见的成交方式，销售人员以总结产品特点的主要优势及其给目标客户带来的好处来结束对产品的介绍，进而建议成交。

（5）压力型成交　给目标客户施加了一定的压力，让其现在购买而不拖延。销售人员暗示说很多人在购买这款汽车，以至于再晚一些，可能就买不到了，或者即使有库存，也不一定能满足目标客户的需求量。销售人员，唯有当确信库存问题就要发生时，才能使用这种方法。尽管这种方法能够反映销售的真实情况，但它也不免会引起目标客户的猜疑，尤其是销售人员的真诚及库存问题不是很明显的情况下。而且，如果库存问题不发生的话，那么目标客户就会对销售人员的职业道德产生疑问，给关系的建立及将来的销售造成很大的困难。

当然除了供应压力以外，我们也可对客户施加其他诸如从众压力、价格压力、人性弱点压力等来促成交易。

（6）赞扬型成交　特别适合那些自诩为专家、十分自负或情绪不佳的目标客户，这类客户比较乐于接受赞美之词，恭维可以使目标客户喜欢倾听和作出反应。

所有的目标客户都很重视别人对自己过人之处的真心的欣赏。作为一名销售人员，需要了解对目标客户来说重要的是什么，并在准备成交时寻找能够在哪个方面恭维对方的方法。绝大多数人能辨别出虚伪或不恰当的赞美。因此，必须牢记只有真诚的赞美才能产生效果。

八、交车服务

交车服务，是指成交以后把新车交给客户的环节。完整的交车流程是客户最开心、最期待的一刻，也是销售人员与准新车主建立服务关系的开始。因此，销售人员应事先周密计划，精心准备，做好交车前的最终检查，确保车辆内外的各项功能正常，同时陪同客户检查全车内外，向客户说明车辆的各项设备功能与操作方法，介绍服务保证内容，以及举行交车仪式（合影留念）等活动。

（1）交车前的准备　交车前的准备流程，具体见表3-4。

表3-4　交车准备流程表

<table>
<tr><th>步　骤</th><th>执 行 要 点</th><th>预 备 物 品</th></tr>
<tr><td>收款</td><td>收款后出具新车交车通知单</td><td>新车交车通知单</td></tr>
<tr><td>PDI 检查</td><td>按 PDI 检查单检查，防止漏检任何项目</td><td>PDI 检查单</td></tr>
<tr><td>联系交车日期</td><td>1. 即使在交车日期不能约定的情况下，也定期与客户保持联络
2. 如果出现向顾客说明的预定交车日期发生延迟的情况，应向顾客说明其原因及解释方案</td><td>—</td></tr>
<tr><td>确认车辆</td><td rowspan="2">1. 确保举行交车仪式的场地（交车场所）并做好清扫
2. 交车日、交车时间决定之后，通知顾客并确认
3. 确认是否有车牌板、登记材料、保证书、保险证书、行驶证、其他材料等，提前检查妥当
4. 确认顾客所要加装的装备并检查此装备是否正常运作
5. 销售人员在交车前，应对照“交车验收单”，对交付车辆进行验收、确认</td><td rowspan="2">登记材料
保证书
保险证书
行驶证
交车验收单</td></tr>
<tr><td>准备交车</td></tr>
</table>

（2）简短的交车仪式

1）向顾客介绍服务顾问，由服务顾问介绍售后接待的时间、预约流程，并递交名片。

2）向顾客及其家属赠送鲜花、小礼品，拍纪念照等，感谢顾客选择产品，并恭喜顾客拥有了自己的新车。

3）主动询问周围是否有潜在顾客。

4）确认顾客可接受的售后跟踪联系方式，说明跟踪回访的目的。

5）提醒就近加油，并指明具体位置，根据顾客去向指引行驶路线，提供出门证。

6）送顾客到门口，目送顾客远去至看不见为止。

九、售后跟踪服务

售后服务工作始于交车后，贯穿于客户用车、养车、修车、处理旧车的全过程，在汽车销售流程中占有相当重要的地位。销售人员可通过售后服务体现对客户的关怀，解决客户所面临的问题，化解客户抱怨，有利于与客户建立互信的合作关系，为寻找新的潜在客户，培养客户忠诚度奠定良好基础。换言之，“老顾客维系，新顾客开发”，因此销售人员须做好售后的跟踪服务。

在交车后3到7天内，通过电话、信函等方式与客户联系，询问其对汽车是否满意，有无不明白或不会操作的功能，是否需要公司帮助，首保与新车使用注意事项提醒，介绍公司近期为客户安排的各类优惠联谊活动，如免费检测、优惠活动、车友会等。

回访话术：

“××女士/先生，我是××4S店的汽车销售员小王，非常感谢您选购我们的××车，现在的车辆使用情况怎么样呢？”

“××女士/先生，还要提醒您的是：车辆在首保之前属于磨合期，为了使您的爱车处于良好的磨合期状态，行驶时车速低于80km/h，减少急加速、急减速和刹车。”

“××女士/先生，对于此次购车经历，您对我们的服务有什么意见或建议吗？”

“感谢您对我们工作的支持，如您的车辆在使用中需要我们帮助，欢迎拨打我们的服务热线，最后祝您用车愉快！再见！”

案例：销售始于售后

被吉尼斯世界纪录誉为“世界最伟大的销售员”——乔·吉拉德有一句名言：“我相信推销活动真正的开始在成交之后，而不是之前。”推销是一个连续的过程，成交既是本次推销活动的结束，又是下次推销活动的开始。推销员在成交之后继续关心顾客，将会既赢得老顾客，又能吸引新顾客，使生意越做越大，客户越来越多。

“成交之后仍要继续推销”，这种观念使得乔把成交看做是推销的开始。乔在和自己的顾客成交之后，并不是把他们置于脑后，而是继续关心他们，并恰当地表示出来。

乔每月要给他的1万多名顾客寄去一张贺卡。一月份祝贺新年，二月份纪念华盛顿诞辰日，三月份祝贺圣帕特里克日……凡是在乔那里买了汽车的人，都收到了乔的贺卡，也就记住了乔。

正因为乔没有忘记自己的顾客，顾客才不会忘记乔·吉拉德。乔在15年的销售生涯中总共销售了13001辆车，创造了连续12年平均每天销售6辆车的销售记录，至今无人能破。

第七节　谈判沟通技巧

在汽车营销过程中，如何与客户建立有效的沟通，如何成功地销售产品，如何有针对性地与客户进行谈判，都需要借助一定的技巧，化解接触过程中不同的见解与意见，建立共识。良好的沟通谈判能力，是一个成功的销售人员所必须具备的。

一、商务谈判

商务谈判是交易双方为了各自的目的，就一项或数项涉及双方利益的生意进行洽商，通过听取各方意见调整各自提出的条件，最后达成共同协议的一种经济活动。在销售中，商务谈判的主要内容是以价格为中心的谈判。

1. 商务谈判的一般方式

商务谈判的一般方式主要有当面洽谈、电话洽谈、信函磋商、网上洽谈等。

大批汽车（或其他货物与服务）成交、重要项目谈判、营销合作方式（合资、联营、合作、代理、代销）等，主要通过当面洽谈解决。为了迅速沟通信息，常用电话或 E-mail 现代通信工具进行联系。如果达成交易，应以信函予以确认。商业信函是用来洽谈交易、联系业务的重要工具，是具有法律效力的文件。对方来函要及时答复，避免拖拉。

2. 商务谈判的一般程序

商务谈判的一般程序主要包括询价、发价、还价和接受四个步骤。

1）询价（对外贸易中也称询盘 Inquiry）是指交易的一方要买或卖某种商品首先向另一方询问交易条件，如请报夏利 TJ7100 型 100 辆，×年×月天津提货价，×日复函到有效。

询价中，主要询问该产品的交易价格，除此以外还需要考虑一些细节问题。如在什么地方提货（有到岸价和离岸价等条款），产品的配置情况。汽车产品有豪华型和普通型、是否带安全气囊、有无车身电子稳定系统（ESP）等，要尽可能询问详细，决不能含糊。

2）发价（俗称“报价”，对外贸易中称为发盘 Offer）是指交易的一方向另一方提出买或卖某项商品可以订合同的交易条件。如夏利 TJ7100 型 100 辆，×年×月天津提货每辆×××××元，××日复函到有效。

买方向卖方索要报价，一般应是书面报价，才有效力。电传、电报、信函报价均可以。此处，如上例所示，卖方报价一般均有时限的规定，在书面报价上均有提示和说明。有的报价规定从某日起，几日内有效，或几个月内有效，买方应注意时效性。超过期限，需要重新询价和报价。

3）还价（对外贸易中称为还盘 Counter offer）是买方接到卖方的报价后，认为报价不甚合理，买方可与卖方商洽，提出建议和意见，请对方考虑，或直接开出自己认为比较合理的且能接受的价格。一般来说，卖方的报价都有可协商的余地，或者说，都有降价的空间。如夏利 TJ7100 型 100 辆，×年×月天津提货每辆×××××元（比发价低），××日复函到有效。

4）接受（Acceptance）是指交易一方同意另一方函电条件，回复后达成交易，合同成立。如夏利 TJ7100 型 100 辆，×年×月天津提货同意每辆×××××元，××日款到有效。

这一步骤又可分为认同和签约两个小步骤。认同是买、卖双方不仅在价格上有了共识，还有一些其他的交易条件也需双方认可。例如上述夏利 TJ7100 型产品配置、售后服务、配件供应、保质期内的承诺等条件，都应明确肯定，双方认可。总之，在所有提出的交易条件都得到双方认同后，方可签约。

签约是将交易双方所认同的条件、承诺以书面合同的形式表述清楚。其中还有违约的处罚条款等内容。双方的交易活动，必须按合同的规定进行。若在执行合同的过程中，碰上非人力所能抗拒的情况，如战争、地震及其他灾害，不能履行合同条款所规定的内容，双方可协商解决。

3. 商务谈判的策略和技巧

（1）谈判前的准备　商务谈判前要做好充分的准备，尽可能摸清对方情况，事先要全面考虑，做到“知己知彼”，不打无准备之仗。要敢于提出自己的要求，并且要给自己准备一个可妥协的空间，心中要有防御底线。例如，价格底线，低于这个底价，则没有多少利润或根本没有利润，甚至亏本。对对方提出的进货时间、渠道、价格、质量、市场行情，竞争对手的货源、价格情况都应做到心中有数。

此外，事先最好准备一个谈判方案，计划好谈判的时间、地点、参加人员，明确谈判的目的、要求，筹划好谈判的内容包括先谈什么、后谈什么、双方谈判的焦点可能是什么、在焦点问题上有多少弹性等，特别是对产品的价格一定要心中有数，以便在谈判中讨价还价。

（2）谈判策略　谈判要讲究科学，当然也要讲究艺术。如在谈判时，人在时间压力下比较容易让步；一方对另一方有较多的依赖或要求时，则依赖人的一方在谈判时就比较弱，这就是“科学”的部分。谈判者的个性，彼此的交情，都可能对谈判产生较大的影响，这就是“艺术”部分。“科学”和“艺术”必须兼顾，才能掌握谈判的全貌。

首先谈判要留有余地，在谈判中要有弹性，能伸能缩，能进能退，留有周旋的空间；让步不能一步到位，要逐步让，要互让互谅；复杂的大笔交易不要急于达成协议，要找突破口，要从容不迫，以让为进，在小问题上先让步；要冷静、沉着、善于察言观色；让对方把话说完，耐心聆听，仔细思考，找出矛盾，抓住问题，步步进逼，直到对方作出让步，达成协议成交。“退”是手段，“进”是目的。这就是所谓的“制定决策时慢条斯理，执行决策时雷厉风行”的谈判策略。

谈判开始时，要准确表达自己的交易条件，可以口头表达，也可以用备忘录等书面文字表达，作为谈判的起点，达到先声夺人的目的。在谈判的过程中要注意利用可用的筹码。谈判中还要使用各种不同的手段，声东击西，当谈不下来时，可表示能从别的公司买到同样的车，价钱还较便宜些，以便迫使对方成交。例如，我方在与日本××公司谈判合作生产 1.3L 排量的轿车时，日本汽车公司坚持要在沿海建厂生产，但我方做不到。最后我方亮出与另外××汽车公司也在接触洽谈，该公司表示可以考虑在四川找合作厂家，最后迫使日方公司同意在内地合资建厂生产。

谈判中要注意软硬兼施，在谈判人员中，主谈人一般表现为“通情达理”，扮演“唱红脸”的角色，但也要有人扮“唱白脸”的角色，在谈判极为困难时，铁嘴铜牙，寸步不让，“发出最后通牒”：表示要结束谈判，不再耗费时间，一唱一和，互相配合，达到谈判的目的。

最后要注意，谈判中要进退自如，要有“埋伏”，重要的谈判双方领导出面谈些原则，具体细节由双方助手去谈。有些国际性谈判，要注意“见人只说三分话，不可全抛一片心”

"兵不厌诈"，要注意维护国家利益、公司利益，做到互惠互利。

（3）谈判技巧　首先主谈人不能有太强的自我和太强的英雄感，但要树立谈判的信心，心理状态要占上风，要表现出很好的合作意识，树立一个成功美好的自我形象。另外，在思想上对谈判的结果要有正确的认识，谈判不可能有"赢者全赢，输者全输"的结果，要有一种妥协的素养，这也是一种谈判的技巧。

有时候可能同时和几个对手谈判，在谈判中要注意差别，可利用对手之间的矛盾，互相制约，取得平衡，从而选择一个较优的条件成交。在谈判过程中，该"拍板"时，就应果断拍板，以免错过时机，贻误战机。这对主谈者来说，十分重要，不要打蘑菇战，久拖不决，错过时机，丧失成交机会。

在谈判中，报价是很重要的一个环节。报价过高会失去竞争力，过低则无利可图。要给自己留下一个妥协的空间，留有余地，但底线一定要守住。对方对产品持有异议时，不要争辩，仔细聆听对方的意见，这说明对方真正对产品感兴趣，且仔细研究过。这时，可缓和地进行说明，介绍情况，做好工作，不要凭口齿伶俐，辩赢对方，显示自己强者的地位。这样逞一时之快，就有可能失去客户，失去朋友。

最后，在整个谈判过程中要讲文明礼貌。参加谈判的人员要严格遵守时间，显示出严格守纪、一丝不苟的作风，仪容大方，热情好客，不骄不躁，不卑不亢。特别在对外商的谈判中，谈判场所要选择适当，衣着要整洁，接送车辆的规格要符合谈判人的身份，谈判人员的级别要对等适当。

案例：报价

如果不是真正的价格商谈，仅是询价，想知道底价。汽车销售员应如何报价？

分析：应先了解客户的购车需求，然后推荐合适的车型请客户决定。

应对话术：

"关键是您先选好车，价格方面保证让您满意。"

"选一部合适的车，对您是最重要的，要不然，得后悔好几年。"

"我们每款车都有一定的优惠，关键是根据您的用车要求，我帮您参谋选好车，然后给您一个理想的价格。要不然，这款车并不适合您，那不是耽误您的功夫嘛。"

"这款车我就是给您再便宜，要是不适合您，那也没有啊！所以，我还是给您把几款车都介绍一下，结合您的要求，您看哪款比较适合，咱们再谈价格。您看好吗？"

二、汽车销售中的沟通技巧

1）销售员接待客人要衣冠整洁，忌讳头发凌乱、服装邋遢，与客户交谈不可戴有色眼镜。

2）客人讲话时不得中间打断，接待客户要专心致志不得有任何懈怠，忌讳边做别的事情边和客人谈话，谈话时要面带微笑双目平视，身体正直并微微前倾和客人保持合适距离。

3）对客人要文明礼貌，做到不卑不亢，接待客人热情而又不失身份，增强客人对自己的信任和尊重。在与客户交谈中，申明自己愿意与客人交朋友，一切从客人的利益出发。

4）当客人购车犹豫不决时，切不可软磨硬泡纠缠不休，这样做会使客人望而生畏，反而影响下次生意。经过判断客人还不会购车时应因势利导，礼貌送别客人，欢迎他下次光临。销售员要善于与客人沟通，聆听客人意见，揣摩客人的心理，找出解决问题的方法。

5）与客人第一次通电话时，切不可一开始就自报家门。根据统计，这类电话成功率很低，对方很可能一听你报名就会把电话挂掉，下次电话联络可能也不会再有人接。第一次打电话与客户沟通要注意技巧和语调，比如，电话接通后你可以问候对方，讲些客人喜欢听的话，如“您是某某先生吗，您工作这么忙，还能接我的电话，我感到十分荣幸”；或者说，“听到您的声音我感到很亲切……”要设法在赞美对方的同时，使客人产生愿与你通话的兴趣。

6）研究客人心理状态，根据不同客户群有的放矢开展促销工作。根据客户对汽车的使用目的不同，可分上班族和老板族以及单位等，根据车主对汽车兴趣宠爱程度不同又可分为宠车族和用车族。

第一类客户是上班族，他们以车代步，要求汽车性能好、经济实惠并能及时地享受高质量的售后服务。推销员就要把握客户心理，认真打消客人的顾虑，甚至把他们要询问的问题在他们询问前就解释清楚。这类客户是人数最多的基本客户，成功地完成汽车交易，满意地为客人服务，客人就成为会说话的流动广告，争取到这部分庞大客户就是争取到市场，使自己在商业竞争中处于不败境地。

第二类客户是老板族，他们对汽车并不在意，家里可能有几辆车子在用着，但他们对汽车档次所代表的乘车人身份非常关注。这些客户要求汽车有名气、设置全、技术领先，价格上不会讨价还价。我们在推销汽车时把顶级汽车介绍给他们，把社会知名人士、社会名流拥有这类车子情况介绍给他们，比如××就开这种车子；××对该车爱不释手，汽车装潢就用了多少钱。要重点介绍汽车豪华高贵之处，激发客人攀比好胜心理，使汽车交易成功。

第三类客户是国有企业和政府机关用户，这层用户也很庞大，并且经济稳定。我们应重视这部分客户群，要掌握这些客户的相关资料，比如该单位汽车保有量、年审年检情况、车辆报废更新时间、该单位领导换届情况。推销员应作促销计划，有目的地做好促销工作。这些促销公关活动以单位外休闲活动最有效。

案例：价格谈判

“我比较过其他地方，你的价格比人家的要贵几百块钱，如果你的价格上还有优惠，我考虑在你这儿订车！”

分析：主要是在价格上，不难看出顾客购车的诚意还是有的，只要我们把握住顾客心理，有理有据耐心说服。

应对话术：

“其他地方报的价格这么低，可是在他的展厅里是实现不了的，一定还包含了其他的附加条件。”

“您在其他经销商了解的价格能拿到现车吗？现在我们不谈价格。他给您优惠的原因可能是库存车或者是试乘试驾车。假如您在这方面不要求的话。我们可能会有更优惠的车给您。到时候我一定通知您。”

"他们承诺您能拿到现车吗？可能您要等待很久的时间。我有个客户原先就是在那里订车的，都已经好几个月了，都没有拿到车。而在我这里订车没多久就上牌了。这通常是某些经销商的一种策略，让您无限期等下去吧。"

"我相信您到外面看过这个车，也知道这个价格。我也相信您说的话。但是××先生，有一点要提醒您的是，买一台车，您付出的价钱不仅仅是车价，还有很多其他的组成部分。就拿我们的优惠来讲，可能我的车价比人家贵几百块，几百块钱对你来说就是少吃一顿饭的钱。但是您别忘了，我们有送给您价值5000元的服务金卡，而这些个性化的服务是其他商家没有办法比的。我们提供的上海地区免费的救援车服务，您如果遇到要拖车，打个电话给我们，我们的服务人员就会免费给您提供这项服务，一次就可以给您省下300~500元，这样您的钱不是又回来了吗？可以说，您不过外面少吃一顿饭，但这个钱却养活了一帮服务人员在给您解决后顾之忧，您认为不值得吗？"

第八节　汽车销售合同

合同是当事人之间设立、变更、终止民事关系的协议。汽车销售合同是汽车销售企业与客户之间达成关于汽车产品买卖共识的重要体现形式，属于买卖合同的一种，具有一般买卖合同的特点，由于汽车销售活动的独特性，汽车销售合同又与一般买卖合同有所差异。

《中华人民共和合同法》(以下简称《合同法》)的第九章"买卖合同"（见附录A)是汽车交易的指导性法律规范文件，买卖双方必须以此为规范进行汽车交易活动。如果违反《合同法》，势必不受法律的保护，因此作为一名合格的汽车销售员必须对《合同法》，特别是买卖合同有所了解，掌握订立销售合同的过程，能向客户解释主要条款的法律涵义。

一、合同订立的原则与成立

1. 合同订立的原则

（1）公平原则　在签订合同过程中，任何一方不得把自己的意志强加给对方，必须将公平、公正贯穿始终，这是合同顺利履行的前提条件。

（2）诚实信用原则　讲诚实、守信用，是对消费者汽车投资行为的充分尊重。

2. 合同的成立

根据《合同法》的规定，依法成立的合同，自成立时生效。

汽车销售合同的成立，是指汽车销售人员与客户依照有关法律对合同的内容和条款进行协商并达成一致，一旦双方当事人签字并加盖销售企业的合同专用章，该合同即告成立并生效。因此，合同撰写完毕之后，必须经过严格的审核，当确认合同内容与签字人都没有问题之后，方能签字。

二、汽车销售合同的内容

汽车销售合同是汽车销售企业与客户双方为实现汽车产品买卖而明确相互权利义务的协议，主要包括以下条款：

1. 合同当事人

买卖双方的名称或者姓名和住所。

2. 标的

是指汽车品牌、型号、颜色等，是汽车销售合同有效成立的前提条件，没有标的或标的不明的合同既无法履行，也不能成立。

3. 数量

主要指买卖汽车的数量。

4. 质量要求

是指合同中约定的汽车产品的质量及要达到的标准。

5. 价格

是指买方(客户)向汽车销售企业应支付的代价(如:车价、购置税费、运输费用、办理有关标牌手续的费用等)。

6. 履行的期限

是指合同的履行期限和合同的有效期限。

7. 履行的地点和方式

1）交货方式：是指双方约定的交车形式。

2）运输形式：是指双方约定的用何种运输工具。

3）交货地点：是指双方约定的交车具体地点。

8. 违约责任

是指在合同中明确约定的违约方应承担的具体责任，这是对不按合同履行义务的制裁措施，主要有违约金及赔偿金。

9. 解决争议的方法

是指签订的合同发生纠纷，自行协商不成时，在合同中约定的解决纠纷的方式(到仲裁机构仲裁,或去法院诉讼,选择其一,写于合同条款中)。

三、无效合同的识别

1. 合同有效成立的条件

1）双方当事人应具有实施法律行为的资格和能力。

2）当事人应是在自愿的基础上达成的意思表示一致。

3）合同的标准和内容必须合法。

4）合同必须符合法律规定的形式。

2. 无效合同的情形

无效合同是相对于有效合同而言的，是指合同虽然已经成立，但由于存在无效事由，故自始不具有法律约束力的合同，无效合同的情形有：

1）不平等条约无效。

经济活动本身是一种互惠互利的活动，合同的签订必须遵循双方当事人平等的原则，如果是在某些势力的胁迫下或个人在某种利益驱动下而签订的不平等合同是无效的。

2）恶意串通，违反国家法令，损害国家、集体或第三人利益的合同。

3）无权代理的合同无效，无授权或越权与他人签订的合同。

4）合同条款表述不清楚，尤其是违约责任不能按合同确认哪方违约的，则为无效合同。

3. 无效合同的认定

1）经济合同的主体是否具有合法资格。

2）经营范围是否合法。

3）经济合同的内容是否合法，不仅知道主观上的故意或过失，更要看客观上的实际结果。

4）当事人对合同表述的意思是否真实，警惕未经代理人授权或超越授权范围，并以被代理人的名义签订的合同。

5）看合同是否能执行，不能执行的合同为无效合同。有些合同必须经主管部门审核、批准方能生效，必要时须经公证处公证。

四、谨防商业欺诈

案例

在商海的大潮中有无数暗礁和陷阱，商场中有一条警言“轻信是受骗的根源，粗心、急躁是上当的前提”。杭州××汽车贸易公司，在××年×月来了两位客户，要购买5辆杭产六平柴，并以每台3万元的定金打入该公司，并且客户向经办人展示了余额款项的承兑汇票。要求把汽车送到江苏××县××贸易公司，车到以后再付剩下余款。当天双方签订了5辆汽车的购销合同。售方按合同要求，及时把汽车送到购车公司，购车方经办人接收车辆后，把承兑汇票交给了售方代表。售方代表将汇票拿到当地银行核查时，银行告之此汇票以被挂失，该汇票已被注销。售方代表再赶到该公司询问时，5辆汽车已被转移，对方代表已不见踪影。在这种情况下售方代表立即到当地公安局报案，公安局不予受理，公安局认为这是合同纠纷，不具备立案条件。这样杭州××汽车贸易公司向法院提起诉讼，一年后法院审理此案，认为合同上有很多模棱两可的条款，对违约责任没有任何条款，合同上写明，车到后再付清余下车款，是一天，还是一年再付车款没有明确写明。最后法院以合同纠纷案终结此案，令被告方订立还款计划。这起蓄谋欺诈案件不了了之，这笔生意可谓劳民伤财。

如果售车代表在拿到汇票后，立即到银行核对情况后，再把汽车及相关资料进行移交，就不会出现上述问题；如果在合同中对违约责任以及处理方法标注清楚，这也可能对肇事者是个震慑，在法院的审理中也增添了胜算的砝码。事后再分析一下如果购车方有足够的资金来兑付车款为什么不在售车处交付车款，而要在购车方的目的地再进行交接，这些都应该使售车代表引起警惕，并注意对车辆的监管和对承兑支票的查验。

××经营金属材料公司与一客户有三次电解铜生意，客户对三次生意付款都很主动积极。在第四次电解铜生意时，因数量较大客户要求先提货。经办人认为其是老客户了，而且又信守协议，就同意客户先提货后付款的要求。最后，客户卷走大量电解铜，一去不返，造成金属材料公司的巨大损失。造成事故的原因：第一，经办人轻信骗子的荒言；第二，经办人没有严格按规章制度办事。

在汽车4S企业中要充分地发挥职能部门的作用，对重大的经营活动，客户服务部要尽可能掌握客户的相关信息，如单位地址、负责人姓名、企业支付能力，尽量掌握客户购车动机，通过现代化的通信工具，快速掌握客户的有关情况并监督大宗生意的全过程，避免商业欺诈的产生。对任何人不可偏听偏信，严格执行财务管理和物资进出库的制度，杜绝商业欺诈的发生。

汽车分期付款和汽车消费信贷近期常有欺诈和坏账的情况发生，4S企业应加强这方面的管理，汽车分期付款和汽车消费信贷应进行举保制，即需要有保险能力的企业和单位为客户保险，业务才能进行，这样可以降低销售方的风险。

4S企业员工要学习掌握好规章制度，努力提高自己的业务水平，适应新时期4S企业发展的需要。

第九节 新车接收与PDI检查

一、新车接收

新车出厂要经过长时间的运输或自行驾驶到销售部门，通过销售商才能到用户手中，其间有许多地方或因素会使汽车遭到损坏。由于出厂和运输的原因造成的汽车质量问题，不仅影响新车的销售，而且也直接影响到企业的形象，因此必须防止问题汽车进入流通环节。

销售企业在新车到店后，应立即组织经验丰富、责任心强的技师对新车进行验收。在运输商在场时，按“接车确认单”的内容逐项检查：

1）确认车辆的车架编号、型号、颜色等。

2）总体检查破损情况：车体，特别是底部和保险杠；玻璃；车辆内部等。

3）检查所有的部件、随车工具或应装备的设备是否齐全。

4）车辆状况良好，填写接车确认单，接车人和运输商代表双方签字交接车辆。

如存在问题，经运输商确认，双方在确认单上注明存在的问题、处理方法及估计修复费用，并签字确认，属运输商责任，由运输商承担修复的全部费用；如问题在出厂前造成的，应尽快与总公司的销售部门联系，求得合理解决。

接车时，应对新车外表做彻底清洗（不可脱蜡和揭去防护膜），尤其对防护膜有破损的地方应仔细查看有无碰伤和刮伤，必要时打开发动机盖和行李箱盖后里外用手摸试。

二、PDI检查

PDI（Pre-delivery Inspection）检查是一项汽车售前检测，是新车在交车前必须通过的检查。因为新车从生产厂到达经销商处经历了上千公里的运输和长时间的停放，为了向客户保证新车的安全性和原厂性能，PDI检查必不可少。越是高档车辆，其电子自动化程度越高，PDI项目的检查也就越多。例如，未做PDI的新车，会始终在运输模式运行。这种模式只能简单行驶，很多系统尚未被激活，强行使用会导致功能不全，甚至会严重损害车辆，给车辆及驾驶员的安全造成极大的危害。

PDI检查的目的是在新车投入正常使用前及时发现问题，并按新车出厂技术标准进行修复，并再次确认各零部件技术状态是否良好，各种油、液是否符合技术要求，各系统功能是否正常，以确保车辆的安全性和驾驶的舒适性。

PDI 检查是一项技术性很强的工作，常由汽车维修检验技师完成，他们的技术水平、经验和责任心关系到 PDI 的品质。检查时，严格按 PDI 检查单上的工序逐项进行检查，仔细记录。如有不合格项目，需经修复后重新进行 PDI 检查。为避免客户见到有缺陷的车辆而影响新车销售或引起纠纷，检查时不允许客户在场。经检查合格的新车，PDI 表交给销售部门，PDI 检查员和销售员需在检查单上签字。销售时，客户在确认车辆完好后，需请客户签字确认，以明确车辆在交付时处于完好状态，避免以后发生问题时因责任而产生纠纷。PDI 检查单见表 3-5。

表 3-5 PDI 检查单

日期：________ 车型名称：________ 车架号码：________

车主名称：________ 车型代号：________ 发动机号码：________

外装颜色代号：________ 变速器号码：________

行驶里程：________ 内饰颜色代号：________ 钥匙号码：________

对各项检查结果作如下标记：√=合格 ×=异常 带★项目，根据不同车型具体检查

外观与内部

检查：

1 □内部与外观缺陷

2 □油漆、电镀部件和车内装饰

3 □随车物品、工具、备胎、千斤顶、用户手册、保修手册、随车钥匙、卫星导航操作手册

安装汽车保护件、拆下车轮防尘罩和车身保护膜

发动机部分

检查：

4 □发动机盖锁扣及铰链

5 □蓄电池电极

6 □电解液高度

7 □主地线

8 □主保险及备用件

9 □制动液液位及缺油警告灯（包括 ABS）

★10 □液压离合器油的液位

11 □发动机油液位

12 □冷却液液位及水质

★13 □助力转向油液位

★14 □自动变速器油液位

★15 □手动变速器油液位

★16 □玻璃清洗液位

★17 □传动带的松紧状况（助力转向、发电机、压缩机）

★18 □节气门控制拉索

关闭发动机盖

操作与控制

检查：

★19 □离合器踏板高度与自由行程

20 □制动器踏板高度与自由行程

21 □节气门踏板

22 □检查室内保险及备用件

把点火开关转到位置Ⅰ

23 □收音机调节

24 □音响/CD 机

把点火开关转到位置Ⅱ

25 □所有警告灯的检查、ABS、驻车制动、油压/液位、发电机、制动故障、SRS、AT 档位显示器

★26 □AT 起动保护器

★27 □卫星导航系统

起动发动机

检查：

28 □蓄电池和起动机的工作及各警告灯显示情况

29 □怠速

★30 □前部与后部清洗器工作

★31 □前后刮水器的工作

32 □方向指示灯与自动解除

33 □危险警告灯

34 □侧灯和车牌灯

35 □前照灯及远光（远光指示灯）

36 □雾灯开关

37 □制动灯和倒车灯

38 □仪表灯与调光器

39 □烟缸及杂物箱照明灯

40 □喇叭

41 □点烟器

42 □天窗的操作

43 □后窗除雾器与指示灯

44 □各种挡位拉下空调系统性能（制冷、送风量）

45 □循环开关

46 □电动车窗、主控制板、各车门开关、分控开关及自动开关

★47 □电动及电热后视镜，电热座椅

★48 □时钟的设定及检查

关闭发动机

检查：

49 □“未关前照灯”警告声

关闭各灯

检查：

50 □转向盘自锁功能

51 □驻车制动调节

52 □转向盘角度调整

53 □遮阳板

54 □内后视镜

55 □中央门锁及遥控装置（警报）

56 □室内照明灯（3 个调节位置）

★57 □眼镜盒

★58 □阅读照明灯

★59 □前后座椅安全带/安全带提示灯

★60 □座椅扶手

61 □座椅靠背角度、座椅及头枕调整

★62 □行李箱盖、尾门的开启

★63 □行李箱和尾门灯

64 □加油盖的开启及燃油牌号

★65 □后座椅的收放调整

66 □行李箱盖、尾门的关闭及锁定

67 □杂物箱的开启与锁定

★68 □座椅脚灯

打开所有的车门

检查：

★69 □门灯

70 □后门儿童锁

71 □给锁/铰链加注润滑剂

（续）

72 □仪表板车门安全警告灯

73 □关闭车门检查安装情况

★74 □钥匙/遥控器控制玻璃升降

关闭所有车门、尾门、行李箱盖和发动机盖

把车辆完全升起

检查：

75 □底部、发动机、制动器与燃油管路是否有泄漏或破损

76 □悬架的固定与螺栓

★77 □底部空调管的损伤和泄漏

降下汽车

检查：

78 □确认所有车轮螺母扭矩

79 □轮胎压力标签

80 □轮胎压力（包括备胎）

81 □工具与千斤顶

行驶试验

检查：

82 □驾驶性能

83 □从内部、悬架及制动器发出的噪声

84 □制动器及驻车制动

85 □转向盘自动回正

86 □转向盘振动与位置

★87 □A/T 档位变换（升档、降档）

★88 □里程表行程读数及取消

★89 □巡航控制系统

★90 □燃油消耗表功能

★91 □CVT 工作状况

★92 □MT 工作状况

最终检查

检查：

93 □全自动故障检查

94 □冷却风扇

95 □怠速/排放

96 □燃油、发动机油、冷却液及废气的渗漏

97 □热起动性能

98 □用 HDS 检测仪检查 ABS 性能

99 □制冷剂观测窗

最终准备

100 □清洗车辆内外部

101 □检查车内包括行李箱是否有水漏入

PDI	销售	车主
对以上项目的正确安装、调试及操作已做过检查。 特此证明。 （盖章） 检查员签字：　　日期：	该车辆已完成了所有车检项目，可以满意地交付用户使用。车上的所有必要附件已配备齐全，所有证明文件已正确填写完毕。 特此证明。 （盖章） 销售员签字：　　日期：	对以上项目已仔细检查，确认该车辆完好无损，用户手册、保修手册、合格证等随车资料齐全。 特此证明。 车主签字：　　日期：

※注：本“PDI 检查单”所列的项目也许是您所检查的特定车型所没有的，为此请结合实际车型进行检查。

第四章 汽车维修业务接待

汽车 4S 企业设售后服务部，由售后服务部经理主管。售后服务部由维修业务接待和车间组成。如图 4-1 所示为售后服务部业务接待台。售后服务部主要工作包括：技术咨询、免费初始保养、汽车保养与维修、事故处置、材料索赔、汽车召回服务等。

图 4-1 售后服务部业务接待台

现代汽车 4S 企业为了做好售后服务工作，设立了汽车维修业务接待岗位，企业将从事该岗位的员工称为维修业务接待员或服务顾问(Service Advisor,SA)，充分体现了汽车维修企业经营管理的规范化程度。

有的汽车 4S 企业将维修业务接待细分为一般业务接待和事故车维修接待两类。

第一节 维修业务接待员

维修业务接待是售后服务部与客户接触的第一环节，也是维修企业经营管理中十分重要的环节。对于维修企业来说，维修业务接待的好坏已经作为衡量维修企业好坏的依据。可见维修接待员在维修接待业务中起着至关重要的作用。

一、维修业务接待员的作用

1）维修业务接待人员是企业的“窗口”。一个汽车维修企业的形象主要是由企业文化、企业效率、企业信誉及经营环境等组成。良好的企业特征会使公众对企业产生深刻的认同感和信任感，进而转化为巨大的经济效益。在客户的印象中，维修接待员的言谈举止、待人接物、服务水平等直接反映企业的形象。

2）维修接待员是沟通维修企业和客户之间的桥梁。维修业务接待员是客户进店遇到的第一个人，也是接触时间最多的一个人。维修业务接待员通过已有的专业知识，扮演的角色就是如何建议客户做最好的维修项目，保障车辆的长期使用。同时需要掌握维修工作流程及维修进度，及时和客户沟通。

3）维修接待人员通过忠诚服务赢得回头客，影响了汽车 4S 企业的整体收益。赢得客户的忠诚是企业各个部门的责任，也是企业盈利的关键。各部门之间应当密切配合，比如销售部门每卖出一辆车，就有责任把这个新客户介绍到维修部门，因为销售部门的客户很可能成为维修部门的忠实客户。而维修部门当发现顾客有购新车的动机时，就有责任把客户介绍给销售部门。如此保证企业整体的最大收益。

二、维修业务接待员的工作内容

维修业务接待员(SA)和服务经理(MSA)的具体工作内容描述见表 4-1。

表 4-1 汽车维修服务顾问的工作内容

工作内容	SA	MSA
1. 汽车维修服务顾问的工作程序		
(1) 正确使用和及时更新客户档案(车辆历史档案)	√	√
(2) 按照指定的程序，运行与宣传维修预约系统	√	√
(3) 接待来厂的维修客户并进行必要的故障诊断与估价	√	√
(4) 利用维修服务系统软件制作估价单及派工单	√	√
(5) 车间派工并监控工作进程	√	√
(6) 维修后交车	√	√
(7) 维修后客户跟踪	√	√
2. 处理客户抱怨		
正确处理客户投诉与抱怨，必要时请求服务经理的帮助	√	√
3. 监督维修服务工作		
确保维修服务工作有条不紊地进行，并采取必要的行动解决问题		√
4. 改进维修服务工作质量		
(1) 确定可能会影响客户满意度的维修服务问题		√
(2) 分析维修服务存在的问题，找出原因向维修经理汇报		√

三、维修业务接待员必须具备的条件

汽车 4S 企业中维修接待员岗位至关重要，根据汽车工业的发展水平和许多 4S 企业的现状调查，结合维修业务接待人员的工作内容，一名合格的汽车维修业务接待员必须具备以下条件。

1）具有汽车维修专业大专以上文化程度，或者取得中级维修工技术证书，以及具有在维修岗位3年以上的工作经验。

2）身体健康、品貌端正，普通话流利，具有较强的表达能力和应变能力。

3）熟悉国家和汽车维修行业有关价格、法律、法规、政策。

4）了解汽车维修、汽车材料、汽车零配件知识以及汽车保险知识等，并有一定相关工作经历。

5）接受过专业业务接待技巧的培训。

6）具备一定的财务知识，熟悉汽车维修价格结算流程。

7）有驾驶证，能熟练驾驶汽车，熟悉计算机一般操作。

8）有高度的责任心和良好的职业道德。

9）接受过专业培训，并经主管部门考核达到上岗要求。

四、维修业务接待员必须具备的专业素质

为完成其职责所需要具备的素质称为专业素质。汽车维修业务接待员需要掌握维修技术、服务技术、客户沟通等专业知识和技巧，在与客户交流过程中能够从技术和服务两个方面为客户进行解释和劝说，让客户接受。

（1）熟练的专业技能　作为一名合格的维修业务接待人员，除了必须具备专业技能，还需要根据工作需要，掌握相关业务知识。

1）熟悉国家和汽车维修行业有关价格、保险、索赔等方面的法律、法规和政策。

2）熟悉和了解汽车维修专业知识，如汽车的类型及特征、汽车构造及基本原理、汽车材料及零配件知识、汽车维修工艺流程、常见故障，以及检测设备主要用途、各种工艺特点及成本构成，并具有一定的维修技能经验。

3）掌握一定的财务知识，懂得汽车维修收费结算流程。

4）要适应企业现代化管理的要求，会开车，能熟练运用计算机相关软件进行本专业的辅助管理工作。

（2）优雅的形体语言及其表达技巧　人的气质通过优雅的形体语言及其表达技巧表现出来。掌握优雅的形体语言及其表达技巧，能体现出业务接待员的专业素质。

（3）思维敏捷，具备对顾客心理的洞察力　业务接待员要思维敏捷，并具备对顾客心理的洞察力，能洞察顾客的心理活动。对顾客心理活动的洞察力是处理好客户投诉工作的关键。

（4）沟通协调能力　维修业务接待人员在工作岗位上，每天都要与顾客及其他岗位的同事打交道。所以，沟通协调能力是业务接待员的岗位要求之一。

第二节　维修服务接待流程

目前，国内汽车4S企业在流程处理上还是存在一些差异，各具品牌特色，但服务流程大致相似。汽车维修接待服务流程基本归纳为预约、业务接待、维修作业、质检、结算交

车、跟踪回访六个步骤，工作流程如图 4- 2 所示。

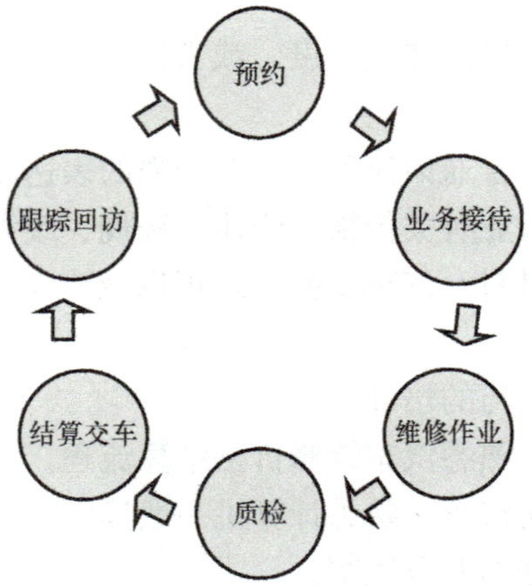

图 4-2 维修服务顾问工作流程图

维修服务顾问工作流程各个步骤主要工作内容描述见表 4- 2。

表 4-2 维修服务顾问工作流程及工作内容

第一步：预约	1. 根据客户的要求及车间负荷，运行维修预约系统 2. 主动预约招揽客户，并向客户宣传预约系统
第二步：业务接待	1. 引导客户停车，迅速开车门迎接客户 2. 初次见面的客户应首先自我介绍，询问客户姓名，是否已作了预约 3. 获取客户车辆信息，确认客户的维护要求 4. 车辆保护，环车检查，并验证车辆问题 5. 判断要进行的工作是否在保修范围之内，并检查是否还有其他要维修，并向客户解释发现的问题 6. 估计维修费用和交车时间，并向客户解释 7. 取得客户同意在车辆检查报告及问诊报告上签字
第三步：维修作业	1. 由车间主管派工 2. 监控车辆维护的工作进程，以确保车辆在约定的时间内交车 3. 如果约定的交车时间有变动或要增加维修费用，请立即和客户取得联系并征得客户同意 4. 根据和客户联系的结果更新维修工单
第四步：质检	1. 检查维修工单以确保所有项目都已得到了解决 2. 核对维修费用 3. 检查清洁车内 4. 确保完成所有的书面工作并通知客户提车 5. 向客户详细说明完成的工作和费用 6. 向客户证明车辆问题得以解决 7. 询问旧件处理方式 8. 提醒下一次定期维护时间 9. 送别客户
第五步：结算交车	1. 环车外观检查，核实维修项目，确认维修旧件 2. 引领客户结算并交车
第六步：跟踪回访	电话回访询问客户对上次服务是否满意并感谢惠顾

一、预约

预约根据预约的方式不同，可以分为主动预约和被动预约两类。

主动预约，即维修接待员主动预约客户。如果车主对汽车不太了解或者没时间关心自己的车应该何时做保养，就需要服务接待人员根据预留的客户档案，主动打电话给客户，提醒客户来店做保养。目的是招揽业务及更合理地安排作业。

被动预约，即客户主动预约企业。客户在用车过程中有故障问题，或者车主有较高的服务意识，能够按照维修手册的要求主动向汽车服务企业进行预约。一般情况下，汽车 4S 企业应合理安排，不得推脱。

1）优先安排返修、召回、保修、紧急维修和特殊客户，同时针对被动预约客户要尽可能地优先满足。

2）提醒服务可采用电话、短信等直接有效的方式进行，提醒后两小时内，服务顾问与客户进行电话联系，确认客户收到提醒，并发出预约。

3）预约工作以《预约登记表》为依据。客服人员应及时填写《预约登记表》，以适当的提问方式完善信息，准确记录客户描述的情况，及时做好汇总统一安排工作。

4）客服人员（服务顾问）向客户确认进厂时间，应将具体项目实施的时间及价格的预估向客户说明清楚，或建议客户来企业面议。

5）企业若没有该客户的档案，在客户主动预约之后及时为客户建立档案；若已有该客户档案，需确认各项内容是否发生变更，及时更新有关资料。

6）预约成功后，应提前做好人员、工具、设备及配件等准备工作。

7）若客户超过约定时间半小时仍未到达，服务顾问应及时与客户进行联系并确认到达的准确时间。若超过进厂时间一个小时，服务顾问与客户联系后取消本次预约，但可优先列入下一预约计划中。

8）由于配件无货无法给客户安排预约的，应向客户解释并对客户说明优先安排在配件到货后的预约计划中，若客户同意，则直接列入该日预约计划。对于超出本企业业务范围的业务拒绝时要表示歉意。

案例：预约示范

维修接待员："早上好，这里是顺风丰田服务部，我是胡凡。"

顾客："我想给车做个保养，顺便修一下排气系统。"

维修接待员："当然可以了，能告诉我您的姓名以及车型吗?"

顾客："李京，车是我丈夫的，车型是佳美。"

维修接待员："没错，我想起来了，白色的佳美，2004 年的车型。"

顾客："对，就是它。已经驾驶了 80000km，最近我丈夫发现排气系统开始出现噪声，他认为需要换个消声器。您能安排明天吗？星期五?"

维修接待员："非常抱歉，李太太，明天的预约已经满了。做保养和维修排气系统至少需要 3 个小时。我们可以将预约安排在下周二、周三或周四的任意时间，您方便哪天来?"

顾客："排气噪声太恼人了，我想越快解决越好。您能周二上午修，然后中午交车吗？"

维修接待员："好的。我们可以周二上午8：30开始工作。即使要更换整个排气系统，不单是消声器，到12：00时我们也可以将车辆备好。"

顾客："太好了。那就定在下周二上午吧。顺便问一下，价格是多少？"

维修接待员："80000km保养需要250元(含零件、润滑油和工时费)，更换后消声器需要99元。如果需要更换整个排气系统需花费160元(含工时费)。检查车辆后我将给您一个明确的报价。"

顾客："但愿只更换后消声器就可以解决问题。好吧，那就将预约定在星期二吧。但是请您确认能准时交车，我两点有个约会，需要用车。"

维修接待员："我们确定能准时交车。那么，李太太，我们将预约定在下周二，即8月31日上午8：30，为您做80000km保养并解决排气噪声问题。车辆维修将于中午12：00前完成。顺便问一下，需要为您提供交通工具吗？"

顾客："不用了，胡凡，我的朋友会来接我。"

维修接待员："感谢您致电。咱们下周二上午8：30见。"

顾客："谢谢你，胡凡，再见。"

二、业务接待

1）密切注视来车动向，一旦客户汽车莅临店门，应立即主动迎接，如图4-3所示。接待员拿好三件套(转向盘塑料套、座椅套、脚垫)和接车单及问诊表，如图4-4所示。

2）在巡视和初验来客车辆时，应主动与客户交谈，以赞美的口语与其沟通，讲些客户喜欢听的话，比如，先生，您的汽车保养得很好，您的汽车很干净，您的汽车很高档等。然后做好初检登记如图4-5所示。

图4-3 主动迎接客户

3）为保护客户车辆及车内清洁，当着客户的面套好三件套，这是对他车辆的爱护，客户也会非常满意。在检查汽车行李箱时，要征得客户同意，避免触及客户隐私。对客户车辆进行环车检查的目的是明确客户的主要维修项目，记录车辆已有的损伤情况，并发现客户没有发现的车辆问题，这样可以有效减少后期交车时可能出现的争议，避免对企业不利的索赔。

图4-6为车辆环车检查线路及程序图，环车检查从车左侧驾驶座位置开始，绕车顺时针检查一周，车辆初检需要检查的内容详见表4-3。如果在检查过程中发现额外的问题，维修接待员要及时跟客户指出，并在表4-4车辆初检表中做好记录。

图 4-4　为到店汽车套好三件套

图 4-5　汽车初检登记

表 4-3　车辆初检内容表

① 车前	② 前盖下	③ 乘客侧	④ 车后	⑤ 车内	⑥ 驾驶侧
特征概况	发动机	外后视镜	避震器	座位	转向盘
前灯	变速器	车门锁及遥控	拖引	儿童安全锁	各开关
车身上架构件	维修保养时程	车轮	油箱	安全侧气囊等	空调

（续）

① 车前	② 前盖下	③ 乘客侧	④ 车后	⑤ 车内	⑥ 驾驶侧
四轮驱动		其他外部情况	备胎	脚垫等	音响系统
其他外部情况			随车工具		前安全气囊
			尾灯		仪表台
			后饰（导流板）		起动发动机检验

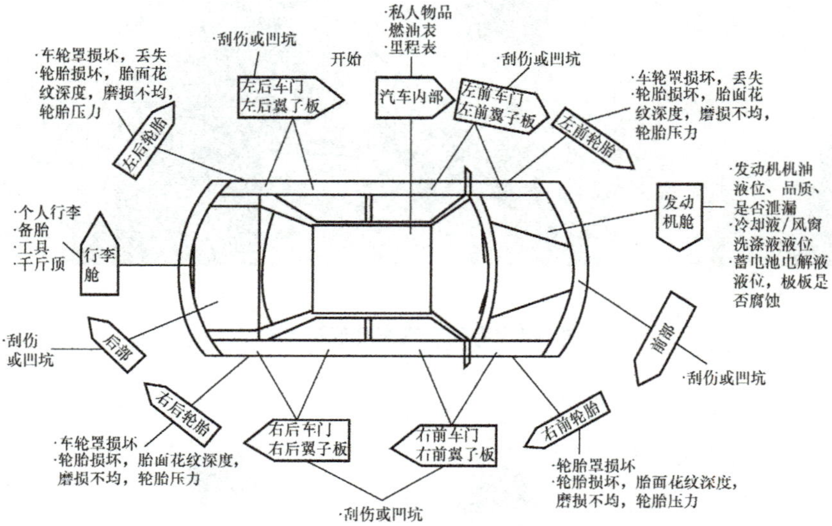

图 4-6 车辆环车检查线路及程序图

表 4-4 车辆初检表

车牌号		车型		公里数		维修日期	
应预查随车附件，并注明其状况： 良好（√） 有问题（○）	前后标			备胎		油预指针 	
	点烟器			随车工具			
	内饰划痕			贵重物品			
	车身漆			其他			
仪表盘： ABS □ 蓄电池 □ 发动机转速 □ 方向指示灯 □ 远光指示灯 □ 车速/里程 □ 燃油表 □ 水温表 □ 发动机故障指示灯 □ 制动警示灯 □ 安全气囊 □ 机油压力 □ 安全带 □							

（续）

SERVICE VEHICLE SOON □	SECURITY □	LOW TRAC □	DOOR/TRUNK □	冷却液温度指示灯 □
LOW TIRE □	TRAC OFF □	CHANGE DIL SOON □	LOW COOLANT □	LOW WASH □
P R N D 3 2 1 □	后雾灯 □	仪表信息中心 □		
HOLD 保持模式指示灯 □	开门警告灯 □	前雾灯 □	后雾灯 □	F 变速杆指示 □
运动模式 □				
外观及内饰：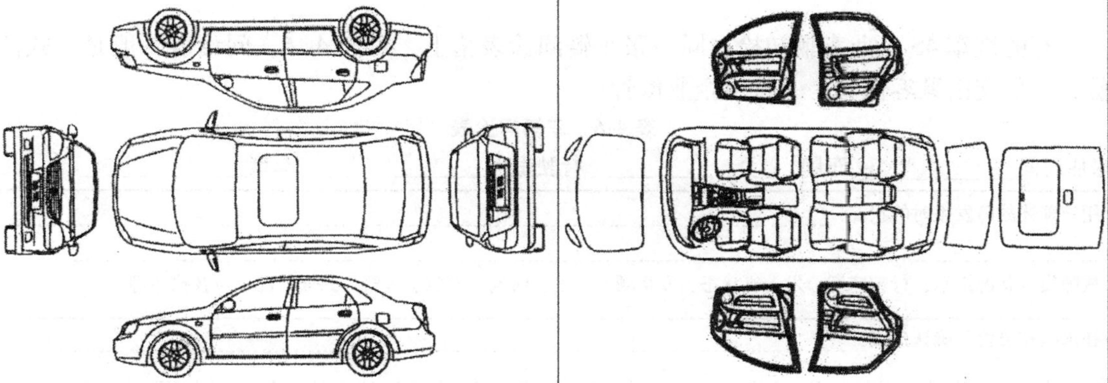				
客户叙述：				
客户电话：		业务电话：		
客户签字：		预接待人员签字：		

4）车辆初检后将客人请进接待大厅客位，如图 4-7 所示，为客人倒好茶水后，与客人谈汽车维修保养事宜。

仔细倾听顾客对车辆故障的描述，并在工单上做好记录。除快速保养外，倾听客户需求的时间应在 6 分钟以上。顾客在描述故障的过程中，应帮助客户尽量将故障描述清楚，对于不清楚的地方，应在顾客叙述完后问清楚，而不能随意打断顾客说话。若中断客户说话时，应说明理由。询问顾客有关车辆详情可利用 5W/1H 手法，见表 4- 5，必要时请技术专家协助诊断。

图 4-7　车辆初检后将客人引入接待大厅

维修工单应记录顾客描述症状和维修需求的原话，以便于技师准确诊断与维修。对于重复维修及零件失效的返修应填写新的工单，并在工单上进行标识。

表 4-5 5W/1H 问诊法

项　　目	意　　义
What(何事)	问题的性质或客户需求?
Who(何人)	谁发现这个问题?
When(何时)	何时发生或多久发生一次?
Where(何地)	在哪里发生?
Why(为何)	为什么这样做?
How(如何)	客户如何处理?

有的汽车 4S 企业车辆初检在同一张车辆问诊表格上，见表 4- 6。问诊表一般是一式两份，一份交由顾客保管，一份由企业保管。

表 4-6 车辆问诊表

来店时间__________ 车牌 __________ 行驶里程__________ 车型__________

用户陈述故障发生时的状况：

故障发生状况提示：行驶速度、发动机状态、发生频率、发生时间、部位、天气、路面状况、声音描述等

技术接车员检测确认建议：

车间检测确认结果及主要故障零部件：

确认人：

外观确认：

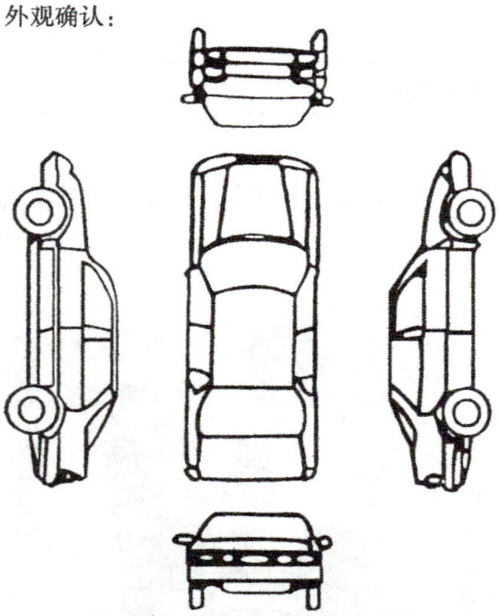

记号：描漆√擦伤×划伤△凹陷○破损⊕
油漆脱落 ϕ （请在有缺陷部位作标志）

功能确认：工作正常√　不正常×　没有(无)

☐音响系统　☐点烟器　☐中央门锁(防盗器)
☐后视镜　☐天窗　☐四门玻璃升降(　　)
☐刮水器　☐空调　☐钥匙

物品确认：(有√　无×)

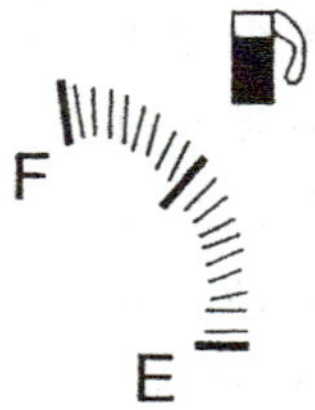

贵重物品：无☐有☐(　　　)
☐工具　☐千斤顶　☐备胎　☐眼镜
☐灭火器　其他(　　　)
旧件交还用户　☐是(　　　)　☐否

●(旧件自提车日起,本店代为保管 7 天,过期则本店负责处理。)

● 检查费用说明：本次检查出的故障如用户在本店维修，检查费用包含在修理费用内，如用户不在本店维修，请您支付检查费：￥__________元。(如需电脑检测诊断,则检查费为 200 元)

● 贵重物品：在将车辆交给我店检查修理前，已提示将车内贵重物品自行收起并保存好，如有遗失，本店恕不负责。本人已确认车内无现金。

接车员：__________用户确认：__________联系电话：__________

维修业务接待员在业务接待过程中，通常需要对顾客报修项目的维修费用及维修时间进行初步估计，因此维修业务接待员要了解汽车维修相关费用的制定依据，熟悉企业的收费规范，对维修费用进行预估，对维修项目收费进行解释，减少或避免价格争议，并告知客户预计维修耗时，进而提高顾客满意度。

汽车维修价格预算对维修服务业务的影响有以下几个方面：

① 如果维修价格预算费用严重超过实际维修的费用，托修方就会觉得汽车4S企业和服务顾问都不够专业，以后就会考虑找别的厂家，维修企业就会失去一个回头客。

② 如果维修价格预算费用比实际维修费用少很多，在维修过程中也没有正当的理由去向托修方解释，托修方在维修结算时就会产生意见，造成承托方的价格纠纷。

车辆的维修费用通常由材料费用、工时费用及其他费用构成。其公式为

车辆维修费用=材料进价×(1+进销差率%)+工时费+其他费用

维修业务接待员制作维修工单，向客户解释维修工单上的内容并签字。维修工单一式三联，客户与维修接待员均须签字方可生效。客户一联，维修车间一联，服务前台一联。维修工单交由维修车间，由维修主管进行派工。

三、维修作业

车间维修主管根据维修工单（任务委托书或维修合同），按要求正确使用工具和维修资料，对车辆进行保养或维修，使车辆恢复出厂时的参数，达到质量要求，确保客户满意。

维修作业过程中，维修业务接待员要跟进车辆维修进度，主要通过“车辆维修作业管理板”见表4-7，同时也方便客户监管车辆维修进度与流程。

表4-7 前台维修作业管理板

维修班组	班组彩钮	作业内容及时间			完工车辆
机电一组	○○○○○	钣金作业（上午）	油漆作业（上午）	机电作业（上午）	
机组二组	○○○○○				
机电三组	○○○○○				
机电四组	○○○○○				
钣金一组	○○○○○				
钣金二组	○○○○○	钣金作业（下午）	油漆作业（下午）	机电作业（下午）	待修车辆
钣金三组	○○○○○				
油漆一组	○○○○○				
油漆二组	○○○○○				
油漆三组	○○○○○				
接待员	○○○○○○ ○○○○○○	备注			

在维修过程中，维修业务接待员要做好维修技师与客户之间的沟通工作。如果维修技师发现有新增的项目，或者客户在等待过程中有了新的需求变化，相关人员都要告知维修接待

员。维修接待人员需要对新增的维修项目或关联服务进行核实，如配件是否有货、维修时间是否变更、新增项目是否必须、新增项目费用多少、关联服务是否能准确提供。只有经过相关问题的确认后，维修接待人员方可跟客户沟通。

无论是哪一类维修项目，维修接待员只能向客户推荐，而决定权在客户。服务项目只有通过客户确认签字后才可进行。

车间维修作业是维修企业的核心环节，因此维修工作要按照如下规范执行。

1）维修人员要保持良好的职业形象，穿着统一的工作服和安全鞋。

2）作业时要使用座椅套、脚垫、翼子板保护套、转向盘套、变速杆套等必要保护装置。

3）不可在客户车内吸烟、听音响、使用电话等与作业无关的工作。

4）作业时车辆要整齐摆放在车间。

5）时刻保持车间地面、工具台、工作台、工具等整齐清洁。

6）作业时工具、油水、拆卸的部件及领用的新件不能摆放在地面上。

7）正确使用专用工具和专用仪器，不能野蛮作业。

8）在维修保养过程中，发现新故障，维修人员要及时报告车间主任或维修接待员，通知顾客，并由顾客签名确认。

9）维修人员要保证在预期的时间内完成，如果认为可能提前或延迟完工要报告车间主任，以便通知维修接待员与客户联系。

10）作业完毕后将车内旧件、工具、垃圾等收拾干净。

11）将更换下来的旧件放在规定的位置，以方便客户带走。

12）将座椅、转向盘、后视镜等调至原来位置。

四、质检

维修作业结束后，必须进行车辆维修竣工检查。只有稳定的维修质量，才能使得顾客满意，保障客户满意度，更重要的是可以避免顾客抱怨和投诉，减少返工。

质检实施应按照如下规范操作：

1）维修质量实行自检、互检和终检相结合的质量检验制度。车辆维修完成后，需要经过维修技术人员严格的自检、各作业班组负责维修组质量的互检，车间主管或质检员全面负责车辆的终检。

2）检查维修单的所有维修项目应均已完成，且100%达到质量要求。

3）汽车维修检验完毕后，自检、互检、终检检验员要在维修单上签字确认。

4）检验不合格的车辆，应及时通知车间返修。

5）质量检验应贯穿于维修的全过程，零部件在发放前应进行严格检验，不合格品退回配件库，坚决不能装车使用。

某品牌4S店使用的汽车烤漆质检表，见表4-8。

表 4-8　汽车烤漆质检表

任务委托书编号：		车辆底盘号：	日期：	质检员：
			合格	不合格
1	漆面纹路	均匀、细腻；接近原车水平	□	□
2	漆面颜色	与原车一致，不得看出色差	□	□
3	漆底线条/面	与原车一致/平整	□	□
4	光油层	亮泽度，有无收缩失光、流痕、砂纸痕	□	□
5	光油层	是否有明显油点、脏点	□	□
6	抛光	是否抛透(漆面不可有雾雾的蜡层)	□	□
7	其他相关部件	是否被喷到漆，是否有漆雾(特别是玻璃、倒车镜)	□	□
8	作业残留物	是否清理干净(包括蜡点)	□	□
9	作业涉及部件	是否存在由于作业导致进水(如后尾箱、花粉滤清座)	□	□
10	清洁	整车情况	□	□
11	检修过程中涉及移动的客户物品及方向盘、座椅位置	是否按原来位置归位，方向盘、座椅在没有必要时不要移动	□	□
12	完工时间	是否超时	□	□
13	工单内容(无法修复应事先通知)	是否按工单要求作业	□	□
14	补底：			
15	喷漆：			
16	抛光：			
17	收尾：			
18	其他问题：			

五、结算交车

维修接待员在交车之前要环车检查外观、核实维修项目、确认维修旧件等。如发现问题车辆，则按照企业内返作业进行返修。

做好交车工作具体内容：

1）原负责接待的维修接待员核实客户信息，及时与客户取得联系。

2）基本上回忆起在接待过程中为客户作出的服务承诺，并核实履行与否。

3）要基本可以复述各维修项目的实施情况及对应的价格。

4）准备好交车时需要向客户提醒的事项，比如关于汽车使用及维护方面的问题，回访的时间确认问题。

5）要回顾服务过程中有无不足之处，想好与客户进行沟通挽回的方法。

给顾客说明完以后，引导顾客到收银台打印结算单并结算。结算单一般一式两份，一联交由顾客，一联由汽车 4S 企业财务部门留存。

案例：交车时可以增加一点额外的服务

按照顾客要求完成维修后，维修业务接待员就基本完成了工作。但是还可以多做一点点，使顾客对维修业务接待员的关怀体贴产生深刻印象。这不会增加任何额外费用，但的确能够获得顾客的好感。

在工作过程中，你可能注意到一些顾客尚未察觉的问题。你作为维修业务接待员所提的一些专业建议，有可能防止一些故障重新发生。通常在交付维修车辆时，可以口头或以信息卡的形式提出这些建议(包括维修时已经处理过的,提醒顾客今后注意)，例如：

1）发现离合器盘过早磨损，则建议顾客开车时不要将脚放在离合器踏板上。

2）消声器的螺栓松了，我们已经帮您拧紧了。

3）驻车制动器操纵杆行程太大，这可能导致驻车制动器失灵，我们已经调整了。

4）四个轮胎的胎压都太高，这会加速轮胎磨损，所以我们已将它调整至规范值。

5）您的备胎气压只有60kPa，我们已增加至200kPa，以确保随时能用。

6）保险丝盒里已经没有备用保险丝了，建议买几条备用。

7）加速/制动/离合器的踏板橡皮已经磨光了，建议更换，否则雨天可能打滑。

8）变速杆防尘罩已经破裂，车外噪声会由此传入，换上新的会安静得多。

9）千斤顶松了，在行李箱内晃荡作响，我们已将其放入固定夹中。

10）发动机盖不能平顺开关，我们已给发动机盖铰链加了润滑油。

11）车窗喷洗液喷嘴被车蜡堵住了，喷洗液喷不出来，我们已将车蜡清除了，但是以后打蜡时要注意。

以上类似的内容还可以列出很多，多做一点点，并且要将已经服务的内容告诉客户，让客户知道，增加客户对企业的好感与信任。

六、跟踪回访

汽车4S企业应在交车之后的3日内对顾客进行跟踪回访。一方面体现维修企业对顾客及其车辆的关怀，赢得回头客；另一方面企业根据客户对维修质量、顾客接待、收费情况和维修时效性等方面的反馈意见，发现企业存在的不足，促使改进工作，提升服务品质。

电话回访是一种常用方法，较大的汽车4S企业由信息专员负责回访工作，小型企业可由维修业务接待员完成。回访应注意如下事项：

1）打电话时为避免客户误解他的车辆有问题，建议使用标准语言及标准语言顺序，发音要自然、友善。

2）回访者要懂基本维修常识，具有沟通和语言方面的技巧，语速不要太快，一方面给没有准备的客户以时间回忆细节，另一方面避免客户觉得你很匆忙。

3）不要随意打断客户谈话，注意记下客户的评语(批评、表扬)。

4）必须在交车一周之内(最好在3天内)电话回访客户，征询客户的满意程度，若存在某些令人不满意的地方，必须马上设法纠正，并将信息及时反馈给有关部门。

5）回访对象必须包括各种类型的客户，对象越多越有代表性。

6）回访活动要尽量避开客户的休息、会议、活动时间，建议在上午9：00~11：00和下午 2：30~4：30 比较合适。

7）如果客户有抱怨，不要找借口搪塞，而要告诉客户你已记下他的意见，并让客户相信；如果他愿意，有关人员会与他联系并解决问题。在一天内调查清楚情况，给顾客一个合理的回复。

8）对客户不合理要求，要进行耐心、合理的解释并明确地予以拒绝，但态度要婉转。

9）对回访的情况要进行分析并不断采取改进措施。

10）回访客户的比例不应少于 50%。

跟踪回访的内容主要包括车辆使用情况、工作人员态度、工作人员效率、工作人员业务水平、维修价格及企业整体形象等方面，见表 4-9。

表 4-9 回访记录表

日期：

序号	顾客姓名	车牌号	联系电话	维修单号	出厂时间	车辆使用情况	工作人员态度	工作人员效率	工作人员业务水平	满意度	意见与建议
1											
2											
3											

如果在回访过程中发现顾客有强烈抱怨和不满，应耐心向顾客解释说明原因并及时向服务经理汇报，在一天内调查清楚情况，给顾客一个合理的回复，以平复顾客抱怨，使顾客满意。

第三节 汽车常见故障及判断

前台接待员应掌握一定的汽车维修技术，尤其是对汽车常见故障的判断。业务员是维修业务中第一个接触客户的人，业务员有一定的维修技术基础，并且能很快地判断出客户汽车的故障，可以提高客户对该店的信任度，也增强客户对接待员的好感。下面列举一些汽车常见故障、这些故障表现出来的现象及造成这些现象的原因，便于业务员能正确判断和处置。

一、转向盘发抖

转向盘发抖原因及处置见表 4-10。

表 4-10 转向盘发抖原因及处置

现　　象	原 因 与 处 置
汽车行驶时转向盘发抖，随着车速的提高，抖动频率加剧	前轮动平衡差，应做前轮动平衡
汽车行驶时，全车抖动，随车速提高而抖动频率加剧	四轮动平衡差、四轮定位异变。应将底盘螺钉紧固，应做四轮定位和四轮动平衡或者视轮胎情况更换轮胎
汽车行驶时，遇路面不好前轮振动时，转向盘偶尔抖动	转向系连接件、传动件磨损或松动，转向机间隙过大。更换传动件，调整转向机间隙
汽车行驶时，在制动过程中，转向盘抖动，此抖动为转向盘左右摇摆，随车速提高摇摆加剧	前轮制动器制动力不稳定，主要应光磨或更换制动盘，有时更换制动盘效果不持久，也应更换制动片

二、车辆行驶时方向跑偏

汽车行驶时方向跑偏的种类和原因很多，除汽车自身原因外还和一些外界因素有关，比如和动力轮胎胎面磨损程度有关，还和轮胎气压及路面情况有关。

方向跑偏的主要原因在于四轮定位被破坏，常见车辆行驶跑偏的现象与原因见表4-11。

表4-11 车辆行驶跑偏的现象与原因

原 因	现 象
两前轮的外倾角不一致	向外倾角小的一侧方向跑偏(非动力轮)
车辆左右两侧轴距不等	向轴距短的一侧方向跑偏
前轮减振器损坏或减振弹簧损坏	一般向零件损坏的另一侧方向跑偏
下摆臂转向球头锈死或转向轴承损坏	方向跑偏

如果车辆四轮定位值正确，而相关条件均正常但行驶时方向仍有微量跑偏，可用钢圈补偿法或互换左右前轮来纠正方向跑偏。

三、轮胎磨损与噪声

轮胎的磨损与轮胎气压、行驶道路路面情况、轮胎的自身质量有很大关系，轮胎的磨损和四轮定位值正确程度有关。凡是车辆行驶方向跑偏时，轮胎都会有不同程度的非正常磨损。

1. 轮胎磨损的原因及部位

1）轮胎气压过高，胎面中间磨损严重。

2）轮胎气压过低，胎面两边磨损严重。

3）前束过大，磨损两前轮胎面外侧。

4）前束过小，即反前束，则两前轮胎面内侧磨损严重。

5）四轮定位其他数值不正确会造成车辆跑偏，也会造成轮胎磨损。

2. 车辆行驶时轮胎噪声检查方法

汽车行驶时尤其是高速行驶时，轮胎噪声很强烈，其特点是速度越快噪声越大，最好的检查方法是将汽车在举升机上举起，使四轮腾空，汽车在挡位内试车。若此时车辆无噪声，而汽车道路试车噪声明显，车窗玻璃摇下后噪声显著，则可以判断为轮胎噪声。

3. 产生轮胎噪声主要原因

1）路面粗糙。路面粗糙会使轮胎噪声加大。

2）轮胎安装使用不当。有的汽车轮胎安装是有方向性的，在轮胎的侧面有一旋转箭头标记符号，轮胎安装时应按标记符号装胎。轮胎胎面有花纹，花纹的作用主要用来与地面产生附着力和排水。轮胎表面大多斜纹在胎面的两侧，斜纹走向向后。

总之，当前台人员接待问诊时，客户称有车辆轮胎异常磨损和转向跑偏时，应建议该车先进行四轮定位为好。

四、底盘异响

底盘发出响声的部位很多，多数响声是伴随着振动而发出的，问诊时要详细记录发声部位，是否因振动而产生，记录下响声特征。以表格方式阐述底盘响声特征、出声原因及处置方法，见表4-12。

表 4-12 底盘异响现象、原因及处置方法

现象、响声特征	响声原因、处置方法
车辆振动时响声较严重，响声发自车轮位	如发现减振器漏油，更换减振器。如减振器未漏油，推拉减振器活塞杆，有阻力说明减振器良好，无阻力说明减振器损坏；或者检查减振弹簧是否断裂，断裂即失效，更换减振器弹簧
振动时，响声不很大，有金属敲击声，如“哗啦，哗啦……”或“当啷……当啷……”响	平衡杆胶套松阔、纵向稳定杆胶套松阔、下摆臂胶套松阔，应更换磨损的胶套
振动时有响声	紧固件松动，紧固底盘螺钉
座椅、仪表台、排气管等有响声	视情况而定，由钣金工、电工配合解决
制动时有“吱吱……”叫声	制动片过薄所至，原因是制动片磨损限位弹簧片与制动盘摩擦造成的
制动时有“吱吱……”叫声，制动片又不薄	制动片过硬(可能是副厂产品或制动片烧蚀过)，应更换制动片，用砂皮砂磨制动片只会临时起作用，一段时间后还会响
车辆行驶时有响声，响声发至车轮轴头。将车架顶起车轮腾空，用手盘带车轮，轴头有响声	若这种响声是随着车速提高而加剧。可能是车辆车轮轴承响，更换发响轴承
车辆转弯时，车辆前轮轴头有响声，直行响声不明显，声音如“嘎啦，嘎啦……”	此响声发至传动球笼，应更换球笼

五、发动机温度过高

顾客开车来店要求解决发动机温度过高问题，接待员必须根据车辆新旧程度、车辆使用冷却液情况，来判断发动机温度过高的真伪，若发动机真的温度过高，也应判断发动机温度过高的原因。

首先检查冷却器冷却液是否加满、风扇传动带松紧程度是否适当，检查发动机是否有灼热感。问询顾客发动机冷却液是否沸腾过，以及沸腾后补充冷却液、使用冷却液的情况。

1）发动机无灼热感而仪表温度警告灯指示发动机温度过高，应检查发动机温度传感器、温度表等电器设备工作是否正常。

2）发动机有灼热感而电子风扇又不开启工作，应检查温控开关、熔断器、风扇继电器和风扇电动机是否工作正常，当发动机温度过高时，一定要使风扇电动机工作起来再看发动机温度是否会降下来。

3）当发动机灼热，电子风扇工作又正常，此时检查散热器(水箱)上体和下体温度情况，若冷却器上体和下体温度均不高，应检查节温器是否堵塞、水泵是否工作正常。

4）冷却器有加水盖的，打开加水盖（用毛巾盖牢加水盖后慢慢开启加水盖，防止热水伤人），如散热器内有翻水，说明水泵工作正常。

5）对于老式车辆，发动机灼热，冷却器上部很热而下部较冷，我们可以判断冷却器水垢过多，造成水流不畅，冷却器散热受阻。应对冷却器进行清洁与疏通。

6）有的硅油离合器风扇因硅油泄漏，风扇输出功率不足，造成发动机散热受影响。应更换硅油离合器或向离合器加注硅油。

7）发动机气缸垫冲毁，发动机温度会迅速升高，打开冷却器盖，冷却器内有气泡冒出，严重时油底壳机油里有水珠，应更换气缸垫。

六、发动机烧蚀机油

发动机起动以及加速时，排气管有蓝色烟雾冒出，拆下火花塞，发现火花塞积炭较多，并且呈油湿状。驾驶员反映发动机机油会经常变少。

1. 机油烧蚀原因

1）机油加注量过多。

2）气门油封漏油（拧下所有的火花塞，发现个别火花塞呈油湿状，用内窥镜检查发现进气门杆上有油）。

3）活塞环断裂、活塞环磨损严重、活塞环对口、活塞环装配不当、油环垃圾过多。

4）活塞与气缸磨损严重，造成活塞与气缸间隙过大。

2. 检查方法

1）用内窥镜从火花塞口探入，观察气门处漏油情况，可以判断气门油封是否漏油。

2）用气缸压力表，可以检测活塞与气缸磨损情况，气缸压力偏低而又烧蚀机油，可以断定气缸与活塞磨损严重。

3）判断发动机是否达到大修里程，应对发动机解体，测量气缸磨损情况。气缸磨损达到或接近大修标准，建议发动机应进行大修。

3. 前台接待建议客户对发动机的处理意见

1）当发动机行驶 30 万 km 以上时，动员客户对发动机进行大修。

2）当车辆行驶在 15 万 km 以内，发动机又无大小瓦异响，可以动员客户对发动机进行更换活塞、气门和气门油封等三级保养作业，用以解决发动机烧蚀机油等问题。

七、发动机起动问题

发动机不能起动的原因很多，根据不同情况判断起动困难的原因。

1. 蓄电池电量不足而不能起动

发动机起动时，只有电动机吸铁开关的“嗒……嗒……嗒……”声音而起动机不转动或转动无力，按喇叭时，明显感觉电力不足，喇叭响声很弱。

处理意见：①检查蓄电池少电的原因，发电机是否不发电或蓄电池充电不足，或者用电器异常放电；②对于蓄电池使用 2 年以上的车辆建议客户更换蓄电池。

2. 起动电机或起动吸铁开关、起动电路故障

在机械工业出版社出版的《汽车维修车间管理及技术培训》中对此有详细论述。

3. 火花塞上高压无火或高压火弱，起动机运转正常而发动机不能起动

高压无火或高压火弱牵涉问题较多，应解决发动机点火问题，在机械工业出版社出版的《汽车维修车间管理及技术培训》中对此有详细论述。

4. 无燃油或燃油压力不足

检测方法：用压力表检查供油压力，如果无压力或压力不足，应检查燃油泵滤网是否阻塞，燃油泵是否工作完好，汽油滤清器是否阻塞，燃油压力调节器工作是否正常。

5. 冷车起动困难

处理意见：清洗和保养油电路，如清洗节气门、清洗喷油器、清洁或更换火花塞。检查温度传感器、空气流量计、油泵继电器等电路工作是否正常。有冷起动喷油器的汽车应检查冷起动喷油器和温度控制传感器工作是否正常。

6. 热车起动困难

处理意见：①检查喷油器是否滴油（漏油）。检查真空管和通气管是否破漏。②有的车辆节气门前装有电子旁通阀（如五缸奥迪），该阀关闭不严也会造成热车起动困难。③对新车或大修后的汽车，如果气门间隙过小，也会造成热车难起动。

八、发动机其他故障

1. 发动机易熄火，发动机怠速不稳

处理意见：①清洗节气门和怠速步进电动机。②检查是否有真空管和通气管漏气或折堵。③必要时进行怠速基本设定（如大众车系和欧洲车系）。④需要时更换火花塞。

2. 汽车行驶加速时加速不畅或有发动机耸动现象

此故障大部分是点火系统故障，如高压线、分火头、高压线圈、火花塞等故障，即检查点火系统发动机高速运转是否有断火现象出现；另一部分原因是高速燃油供应不畅。

处理意见：①检查高压线、火花塞、分火头、点火线圈、点火放大器是否高速工作正常。②检查燃油供应系统车辆高速时供油压力是否正常（可把压力表串接在汽油导轨上检查），油泵滤网和燃油滤清器是否堵塞，燃油泵供油压力是否足够。

3. 发动机机油警告灯闪亮

发动机机油压力出现故障必须立即停车，故障排除后方可起动车辆，机油压力对发动机极其重要。

处理意见：检查机油储量是否足够，即检查油标尺油平面是否过低，如果机油不少，可以在发动机主油道上安装油压测试表测试机油压力，一般汽油发动机机油压力在1~3kPa。如果测试机油压力过低而机油又不少，应做如下工作：

打开发动机油底壳，检查机油泵集滤器滤网是否堵塞、机油滤清器是否堵塞，在两项没有堵塞的情况下，应调整或更换机油泵。如果机油压力正常而压力灯闪亮，应检查压力传感器等电器设备。

九、汽车空调常见故障

车用空调主要有三个系统：①冷媒体运作循环系统；②冷气输送系统；③电气控制系统。

1. 空调压缩机不工作

1）系统中冷媒不足，由于空调长期使用，系统中冷媒难免泄漏，当系统压力低于

0.35kPa 时，低压保护开关起作用，使压缩机无法工作，这类故障占空调故障的 80%。

处理意见：检漏与加液。

2）熔断器、空调继电器、空调开关等部件损坏使压缩机电磁离合器线圈无法通电。

处理意见：更换损坏部件。

3）压缩机电磁离合器线圈烧毁。

处理意见：更换损坏部件。

4）压缩机损坏(冷媒体运作循环系统中表现为高压系统压力低而低压系统压力高)。

处理意见：更换损坏部件，必要时更换压缩机。

5）离合器磨损严重。

处理意见：更换损坏部件或维修。

2. 汽车空调工作状态不佳(制冷效果不好)

首先测量冷媒系统压力，来判断系统工作状态。

1）高压低、低压高，在加注冷媒液体足够量时，冷媒系统高压低于 8kPa，低压高于 3kPa。

主要原因：空调压缩机工作不良。

处理意见：维修或更换空调压缩机。

2）高压高、低压低，在加注冷媒液体量合适时，即高压达到 14kPa 以上，而低压不足 1.5kPa 时，说明冷媒系统有阻塞。

处理意见：清洗冷媒系统、更换冷媒喷液阀(膨胀阀)，重新加注冷媒。视情况更换干燥瓶。

3）汽车空调运作时好时坏，开始时效果很好，30 分钟后效果就差起来了，而且有时一点也没有，关掉空调 30~60 分钟后再起动空调系统，空调系统又好了。

主要原因：冷媒系统中含水分过高，造成膨胀阀“冰阻”，或电气控制设备故障或蒸发器结霜严重。

处理意见：更换干燥瓶及维修电器控制设备。

4）送风系统故障，应按电路系统来检查有关机件的工作情况。

5）空调系统中冷凝器被泥土垃圾覆盖造成散热效果差，空调系统效果也会差。

处理意见：清洗空调外部。

6）系统内尤其是冷凝器和蒸发器内部结垢也会造成空调效果差。

处理意见：清洗空调内部。

十、发动机异响

发动机异响种类繁杂，部位也很多，在处理这些问题时必须仔细排查。发动机的运行部件比较多，比如发动机的气门、气门弹簧、曲轴、平衡轴、凸轮轴、水泵、空调泵、皮带张紧轮、活塞、活塞销等，这些运动件均可能发出不同类型的响声。首先要听诊发响的部位及声响特征(用听诊器诊听)。发动机异响的现象、原因和处置方法见表 4-13。

表 4-13　发动机异响的现象、原因和处置方法

现　　象	产生原因及处置方法
发动机大瓦响：响声发自发动机中下部，声音如“咚……咚……咚”连续性，响声沉闷，点火断缸检查无变化	发动机不可继续运转，应拆油底壳，检查曲轴情况，视情况修磨曲轴，换瓦，或发动机大修
发动机连杆瓦响：响声部位在发动机中部声音清脆“嘎……嘎……嘎”，响声随发动机转速加快，响声加大，频率加快。做点火断缸检查，断火缸响声音明显减弱	抽缸检查最响缸的连杆瓦，视情况更换小瓦或大修。连杆轴承与曲柄直径间隙过大造成连杆敲击轴承而响
气门间隙响：响声部位在发动机气门室盖内，响声如“哒……哒……哒”清脆金属敲击声。这种响声是发动机常见响声。气门间隙响，断缸检查响声永远存在也不会减弱	造成气门间隙响的主要原因是气门顶筒与气门摇臂间隙过大，应调整气门间隙，检查液压气门顶筒，应检查气门顶筒工况
活塞敲缸响：响声部位在发动机中部，声音像敲钟式的“噹……噹……噹”并有一定的回音，点火断缸检查响声减弱但不消失	响声是活塞敲击气缸壁。原因是活塞与气缸壁磨损严重，造成间隙过大而引起的。发动机大修后连杆小瓦偏紧，发动机冷车运行时也可能有敲缸声，热车响声消失，属于正常。因活塞与气缸壁磨损而敲缸，视情况更换活塞或发动机大修
活塞销响：响声部位在发动机中部，响声类似小瓦响，但有双声响“嗒嗒……嗒啦……”响声节奏随发动机转速变化而变化。此响声应及时排出，否则可能酿成大患。会造成活塞被顶碎以及气缸损伤	响声主要原因是活塞销与活塞销孔磨损严重，间隙过大；活塞销与连杆衬套磨损严重间隙过大，活塞销敲击活塞或活塞销敲击连杆衬套而发出的响声。视情况更换活塞销、活塞、连杆衬套或发动机大修
发电机发出“嘶……”连续声，另一种“咯啦……咯啦”连续声。只有把发电机传动带松脱，发电机两类响声才消失	发电机“嘶……嘶……”响，是电刷被磨短而引起的，应检查更换电刷；“咯啦……咯啦”响，是发电机轴承发出来的，视情况更换发电机轴承或发电机轴承加强润滑
气门弹簧响：响声部位在发动机气门室盖内，响声如“嚓……嚓……嚓”连续声音。拆检气门弹簧可发现气门弹簧圈与圈之间有磨损发亮的痕迹，气门弹簧的长度短于新气门弹簧长度	气门弹簧的长期工作，造成疲劳、弹力下降，响声出自弹簧圈与圈之间的摩擦
发电机传动带响：响声发自发电动机带轮上，声音如“叽……叽……叽”叫声，用水浇在传动带上响声消失	原因是发电机带轮 V 形槽磨损变形，带轮与传动带摩擦的叫声。应更换带轮和传送带或修复带轮
水泵轴承响：水泵轴承响是水泵常见故障之一，用听诊器在水泵体上明显听到“咯啦……咯啦”连续响声	应更换水泵轴承或水泵

十一、发动机加速时冒黑烟

电喷车加速时冒黑烟，原因是混合气燃烧不完全。应清洗节气门、怠速电动机，检查燃油压力调节器、喷油器和氧传感器是否工作正常。

大多数发动机冒黑烟是氧传感器铅中毒或氧传感器损坏。处理方法是氧传感器去铅或更换氧传感器。

十二、制动 ABS 灯闪亮

当制动系统中有如下任一情况，防抱死装置 ABS 灯都会亮。

1）制动液不足。

2）四个车轮上均装有车轮转速传感器，其中任一传感器失效。

3）ABS 泵故障。如电磁阀、泵体电动机损坏，高压泄漏等故障。

十三、自动变速器常见故障

自动变速器型号很多，工作原理也各异，基本可分液压控制式（老式）和微机控制式（新式）两种，现在的自动变速器大部分是微机控制。自动变速器的硬件如齿轮、轴等损坏，可能是驾驶人员操作不当而造成的，这种故障几率不多，下面讲解一些常见的故障。

1. 摩擦片打滑及处理方法

现象：自动变速器不能提速，某一挡位发动机转速提高而车速不能加快甚至汽车不能行驶。检查中发现自动变速器油液变黑并伴有焦臭味。

处理方法：自动变速器进行大修，更换摩擦片或钢片。首先检查出摩擦片烧蚀的原因。摩擦片烧蚀的原因主要是供应该摩擦片组的油压不足，应该检查油压泄漏情况，如果多组摩擦片烧毁，应该检查自动变速器整体供油压力，如油泵工作不良等。自动变速器进行大修时必须更换所有的油封、O 形圈、密封垫。

2. 自动变速器某挡位不能升挡

现象：自动变速器某挡位不能升挡，而变速器摩擦片又未烧毁，变速器油又不发黑，没有焦臭味。

处理方法：此时可做变速器检修，问题大致有三点：

1）该挡位控制电磁阀不工作，电磁阀线圈烧毁或连线接触不良。

2）中心控制油路板堵塞。

3）自动变速器变矩器工作不良。

3. 车辆行驶耸动严重

现象：车辆加速时，车速忽上忽下耸动严重，无法使车速加起来。

原因：此故障多数是自动变速器控制油路板中钢珠击穿中间钢板或电磁阀工作不良造成。

处置：建议自动变速器大修。

第四节 事故车接待

目前多数汽车 4S 企业都设置了事故车接待员岗位。事故车接待员不同于普通维修业务接待员，专门从事事故车辆的接待处理，要求其不仅要熟练掌握维修业务接待流程，具备良好的沟通与组织协调能力，同时应有扎实的汽车保险与理赔知识，强烈的工作责任心，熟悉汽车的评估、定损及配件报价工作，并具备高超的谈判技巧和娴熟的维修技术。

一、任职条件与工作职责

1. 任职条件

1）具有大专以上学历。

2）有三年以上汽车维修或售后前台接待工作经验，具备较强的车辆故障检查和判断能力。

3）责任心强，具有良好的亲和力和组织协调能力，具备较强的沟通技能和服务意识。

4）持有驾驶执照，能熟练驾驶汽车。

5）能熟练使用计算机。

6）扎实的汽车保险与理赔知识，熟知相关交通法律法规。

7）熟悉汽车的定损、评估及配件报价工作。

2. 工作职责

1）接待客户时要热情、彬彬有理，并实行首问负责制，对所接待客户负责，解答客户的咨询。

2）及时下达生产任务单，全程跟踪车辆的维修过程，及时与客户联系，通报车辆维修进度。车辆维修完成后立即通知客户，全程陪同客户进行结算和接车。

3）严格按照事故车处理流程执行。

4）对工作有强烈的责任心，兼顾好车主、保险公司和4S企业三方的利益。

二、事故车接待流程

事故车接待流程如图4-8所示。

1. 事故车辆进店接待

事故车接待员按照正常流程接待登记，记录车辆相关信息(客户姓名、车架号、车牌、油表、里程及车内贵重物品等)，尤其是外观、内饰、玻璃等需特别注意，并且将自己的名片留给客户，以便客户联系。

2. 询问客户是否经保险公司进行理赔

若经保险公司进行理赔，联系保险公司人员是否可以拆检，保险公司给予答复同意拆检后，打印维修项目为“拆检”的派工单，并确认拆检的时间。

3. 安排相关人员对事故车进行拆检

事故车接待员应协同拆检班组作业：

1）将拆卸下的配件逐个放好，一一记录；

2）拆检完成后，进行全车检查，依次由外向内、由前至后，再次确认损坏项目。

3）拟好事故车估价单，联系配件人员认真查看估价单，确认损坏配件的价格、库存等情况(如果配件不齐,在估价单上标注、并确认配件到店时间)。

4. 联系保险公司定损人员到店定损

定损完毕后将估价单第一联交与保险公司。事故车接待员再次确认估价单上标注的事故车实际更换配件，第三联留于配件部用于备货，给车间发货。留存第二联，估算出该车赔付的金额和实际维修的费用，并通知客户来店签署事故车维修合同。

5. 打印详细派工单并确认交车时间

打印详细派工单根据备件库存和车间维修量确认准确交车时间。

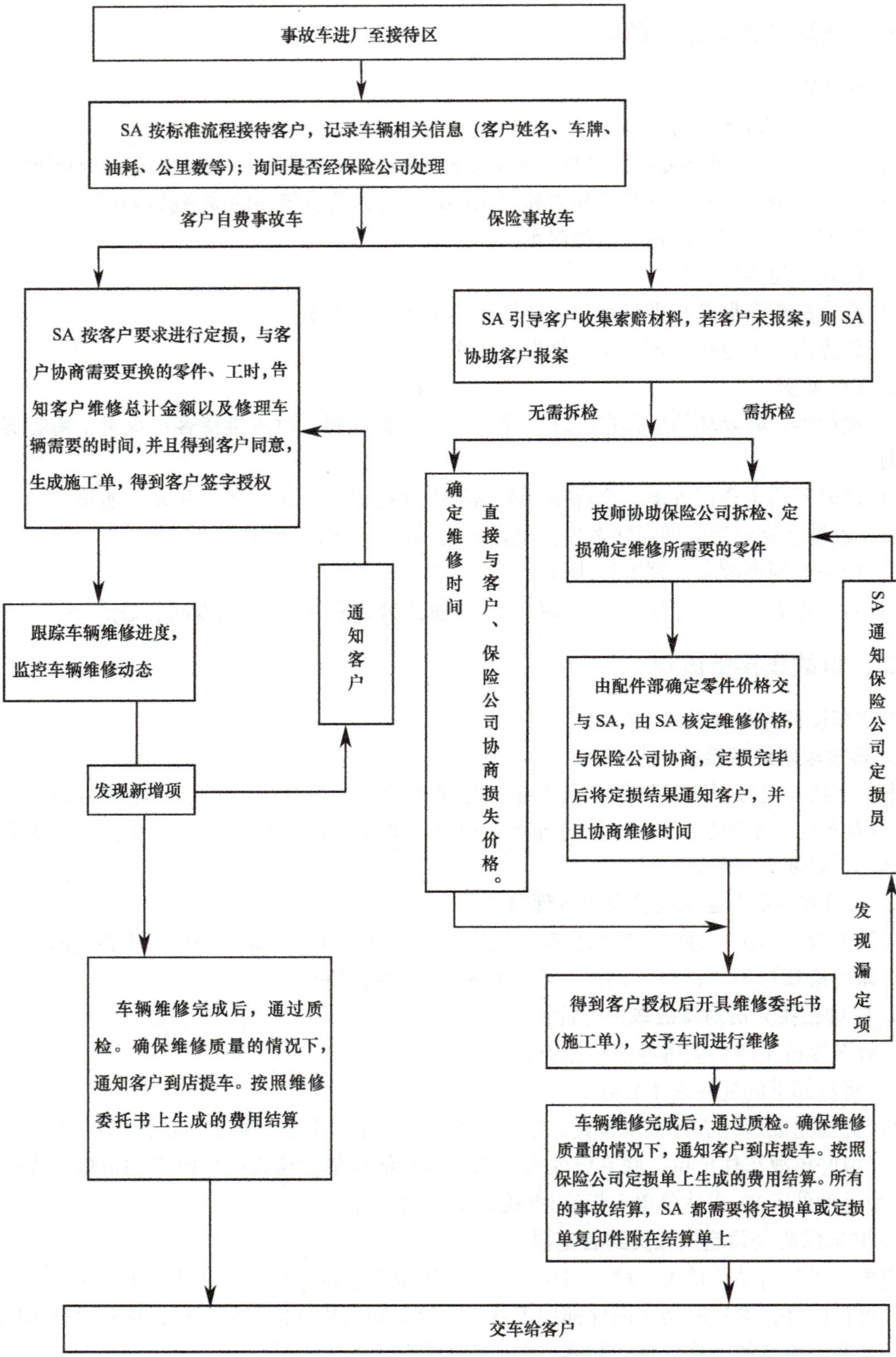

图4-8 丰田汽车4S店事故车接待流程

注：以上事故车流程只针对正常事故车处理流程，极少数特殊事故车处理流程除外。

1）将派工单交予维修技师，开始维修车辆。

2）在维修过程中出现增减项目以及备件问题，及时和备件、客户、保险公司人员及时沟通处理。

3）每天都要关注该车维修进度和配件到货情况，对于大事故车，要做到每3天向客户汇报车辆维修状况。

4）机电、钣金、喷漆各工种维修完毕后需在派工单对应的维修项目后签字并注明完工时间。维修完毕后，维修技师依照派工单，进行车辆自检，合格后转车间主管。

5）车间主管再次检查，合格后签字，通知事故车接待员，进行最后终检。

6. 交车与结账

1）在系统上审查该车的维修项目、工时以及备件出库情况是否正确无误，车辆清洗后，通知客户提车。

2）客户来店提车时，由事故车接待员陪同客户检查车辆维修部位以及维修后的效果。

3）客户满意离店，整理车辆派工单、结算单、定损单和估价单，并存档。

7. 跟踪回访

三日后对客户进行回访，并作记录。

第五节　汽车维修合同

一、维修合同概述

维修合同是承修、托修双方当事人之间设定、变更、终止民事法律关系的契约。它属于加工承揽合同。汽车维修合同作为一种法律文书，其目的是明确承修、托修双方的设定、变更、终止权利义务的一种法律关系。通过合同条款确定当事人之间的权利义务，而所发生的法律后果，是当事人所要求的。同时签订汽车维修合同是承修、托修双方意思表示一致的法律行为。

二、维修合同的主要内容

按照交通部和国家工商行政管理总局发布的《汽车维修合同实施细则》的规定，汽车维修合同主要有以下内容：

1）承修、托修双方的名称。

2）签订日期及地点。

3）合同编号。

4）送修车辆的车种、车型、牌照号、发动机型号(编号)、底盘号。

5）维修类别及项目。

6）预计维修费用。

7）质量保证期。

8）送修日期、地点、方式。

9）交车日期、地点、方式。

10）托修方所提供材料的规格、数量、质量及费用结算原则。

11）验收规范和方式。

12）结算方式及期限。

13）违约责任和金额。

14）解决合同纠纷的方式。

15）双方商定的其他条款。

三、汽车维修合同的签订

1. 合同签订的原则

汽车维修合同必须按照平等互利、协商一致、等价有偿的原则依法签订，承修、托修双方签章后生效。

2. 合同签订的范围

属于以下汽车维修作业范围，承修、托修双方必须签订维修合同：

1）汽车大修。

2）汽车总成大修。

3）汽车二级维护。

4）维修预算费用在1000元以上的作业项目。

3. 合同签订的形式

汽车维修合同的签订方式分为两种：

1）长期合同，即最长在一年之内使用的合同。

2）即时合同，即一次使用的合同。

承修、托修双方根据需要，也可签订单车或成批车辆的维修合同，也可签订一定期限的包修合同。如果是代签合同，必须要有委托单位证明，根据授权范围，以委托单位的名义签订，对委托单位直接产生权利和义务。

四、汽车维修合同示范文本

汽车维修合同是规范市场经营行为，保护承修、托修双方合法权益的法律措施，是道路行政部门处理汽车维修质量和价格纠纷的依据。为了规范汽车维修合同的管理和使用，国家工商行政管理总局和交通部联合发布了专门通知，在全国范围内统一了汽车维修合同示范文本，明确该文本由各省、直辖市工商行政管理监制，省、直辖市交通厅(局)统一印制发放、管理，汽车维修企业和经营者必须使用。汽车维修合同示范文本，如图4-9所示。

五、汽车维修合同的履行

汽车维修合同的履行是指承、托修双方按照合同的规定内容全面完成各自承担的义务，实现合同规定的权利。维修合同的履行是双方的法律行为。如果当事人中有一方没有履行自己的义务在前，另一方有权拒绝履行其义务。合同一旦签订，承、托修双方应严格按照合同规定履行各自的义务。

1. 托修方的义务

1）按合同规定的时间送修车辆和接受竣工车辆。

2）提供送修车辆的有关情况(包括送修车辆基础技术资料、技术档案等)。

汽车维修合同

托修方__________________签订时间__________ 合同编号__________

承修方__________________签订地点__________

一、车辆型号

车种		牌照号		发动机	型号	
车型		底盘号			编号	

二、车辆交接期限（事宜）

送修				接车			
日期		方式		日期		方式	
地点				地点			

三、维修类别及项目

预计维修费总金额（大写）__________（其中工时费________）

四、材料提供方式：______________________________。

五、质量保证期：______________________________。

维修车辆自出厂日起，在正常使用情况下，____天或行驶________公里以内出现维修质量问题承修方负责。

六、验收标准及方式：______________________________。

七、结算方式及期限：______________________________。

现金________ 转账________ 银行汇款__________期限______。

八、违约责任及金额：______________________________。

九、如需提供担保，另立合同担保书，作为合同附件。

十、解决合同纠纷的方式：本合同在履行过程中发生争议，由当事人双方协商解决。协商不成，当事人双方同意由__________仲裁委员会仲裁（当事人双方未在合同中约定仲裁机构，事后又未达成书面仲裁协议的，可向人民法院起诉）。

十一、双方商定的其他条款：______________________________。

托修方	承修方
托修方单位名称（章）：__________	承修方单位名称（章）：__________
单位地址：__________	单位地位：__________
法定代表人：__________	法定代表人：__________
代表人：__________	代表人：__________
电话：__________	电话：__________
开户银行：__________	开户银行：__________
账号：__________	账号：__________
邮政编码：__________	邮政编码：__________

说明：

1.承、托修方签订书面合同的范围：汽车大修、主要总成大修、二级维护及维修费在1000元以上的。

2.本合同正本一式两份，经承、托修方签章生效。

3.本合同维修费是概算费用。结算时凭维修工时费、材料明细表，按实际发生金额结算。

4.承修方在维修过程中，发现其他故障而需增加维修项目及延长维修期限时，承修方应及时以书面形式（包括文书、电报）通知托修方，托修方必须在接到通知后____天内给予书面答复，否则视为同意。

5.承、托修方签订本合同时，应以《汽车维修合同实施细则》的规定为依据。

注：本合同一式____份。承、托修双方各一份，维修主管部门各____份。

图 4-9 汽车维修合同范本

3）如果提供原材料，必须是质量合格的原材料。

4）按合同规定的方式和期限缴纳维修费用。

2. 承修方的义务

1）按合同规定的时间交付修竣车辆。

2）按照有关汽车修理技术标准(条件)修理车辆，保证维修质量，向托修方提供竣工出厂合格证，在保证期内应尽保修义务。

3）建立承修车辆维修技术档案，并向托修方提供维修车辆的有关资料及使用的注意事项。

4）按规定收取维修费用，并向托修方提供票据及维修工时、材料明细表。

第六节　异议与投诉处理

近年来，由于同行业竞争日益加剧，汽车售后服务企业越来越重视客户服务。服务过程中，维修接待人员不可能满足客户的所有需求，服务时难免会接到客户的反对意见，甚至会遇到脾气不好的愤怒客户，问题得不到解决甚至可能遭到客户投诉。因此，处理好客户意见是服务顾问的一项重要工作。

维修接待人员应该会运用一些很好的技巧去化解客户的各种异议和抱怨，去帮助客户解决问题，这样才能在同行业竞争中取得优势。

一、客户异议的处理技巧

在服务过程中，客户若有意见，会向维修接待人员表达，期待能够将问题解决。维修接待员要学会倾听，接受客户提出的意见，找出原因并迅速处理是非常重要的，根据不同的客户采取不同的处理方法使客户满意。

1. 忽视法

所谓“忽视法”，就是当客户提出一些反对意见，并不是真的想要获得解决或讨论时，如果这些意见和眼前的利益没有直接关系，你只要面带笑容地同意他就好了。对于一些“为反对而反对”或“只是想表现自己看法高人一等”的客户的意见，若是你认真地处理，不但费时，还有旁生枝节的可能。因此，你只要让客户满足了表达的欲望，就可采用忽视法，迅速地引开话题。

忽视法常用的方法如下：

1）微笑点头，表示“同意”或表示“听了您的话”。

2）“您真幽默！”

3）“嗯！真是高见！”

2. 补偿法

当客户提出的异议有事实依据时，应该承认并欣然接受，强力否认事实是不明智的举动。但勿忘要给客户一些补偿，让他取得心理的平衡，感觉到物有所值。

补偿法能有效地弥补产品或服务本身的弱点。补偿法效果很好，运用范围也非常广泛。

3. 太极法

太极法用在销售上的基本做法是当客户提出某些不购买的异议时，销售人员能立刻回复说："这正是我认为您要购买的理由！"如果销售人员能迅速将客户的反对意见，直接转换成为什么他必须购买的理由，则会收到事半功倍的效果。同样在售后服务接待中也是可以灵活运用的。

太极法应用实例：

客户："收入少，没有钱买保险。"

销售人员："就是因为收入少，才更需要购买保险，以获得保障。"

太极法能处理的异议多半是客户通常并不十分坚持的异议，特别是客户的一些借口，太极法最大的目的，是让销售人员能借处理异议而迅速地陈述产品或服务能带给客户的利益，以引起客户的注意。

4. 询问法

通过询问，把握住客户真正的异议点。销售人员在没有确认客户反对意见的重点及程度前，直接回答客户的反对意见，往往可能会引出更多的异议。

销售人员的字典中，有一个非常珍贵、价值无穷的字眼是"为什么"。不要轻易地放弃这个利器，也不要过于自信，要通过有效沟通，最好让客户自己说出来。当您问为什么的时候，客户必然会作出以下反应：

1）他必须回答自己提出反对意见的理由，说出自己内心的想法。

2）他必须再次检视他提出的反对意见是否妥当。

此时，销售人员能听到客户真实的反对原因，并明确地把握住反对的项目，这样也能有较多的时间思考如何处理客户的反对意见。

5. "是的……如果"法

人有一个通性，不管有理没理，当自己的意见被别人直接反驳时，内心总感不悦，甚至会被激怒，尤其是遭到一位素昧平生的服务人员的正面反驳。

屡次正面反驳客户，会让客户恼羞成怒，就算说得都对，也没有恶意，还是会引起客户的反感。因此，服务人员最好不要开门见山地直接提出反对的意见。在表达不同意见时，尽量利用"是的……如果"的句法，软化不同意见的口语。用"是的"同意客户部分的意见，在"如果"中表达自己的建议，客户容易接受。

请比较下面的两种方法，感觉是否是天壤之别。

A："您根本没有理解我的意见，因为状况是这样的……"

B："平心而论，在一般的状况下，您说的都非常正确，如果状况变成这样，您看我们是不是应该……"

A："您的想法不正确，因为……"

B："您有这样的想法，一点也没错，当我第一次听到时，我的想法和您完全一样，可是如果我们做进一步的了解后……"

养成用B的方式表达不同的意见，将受益匪浅。

"是的……如果……"是源自"是的……但是……"的句法，因为"但是"的字眼在转折时过于强烈，很容易让客户感觉到你说的"是的"并没有含多大诚意，你强调的是"但是"后面的诉求。因此，当使用"但是"时，要多加留意，以免失去了处理客户异议的初衷。

6. 直接反驳法

在“是的……如果”法的说明中，我们已强调不要直接反驳客户。直接反驳客户容易陷入与客户争辩中，往往事后懊恼，而且很难挽回。但有些情况下，必须直接反驳以纠正客户不正确的观点：

1）客户对您的服务、企业的诚信有所怀疑时。

2）客户引用的资料不正确时。

出现上面两种状况时，服务顾问必须直接反驳，因为客户若对服务顾问的服务、企业的诚信有所怀疑，缔结成功的机会几乎可以说是零。如果客户引用的资料不正确，服务顾问能以正确的资料佐证自己的说法，客户会很容易接受，反而对你更信任。使用直接反驳技巧时，在遣词用语方面要特别留意，态度要诚恳，对事不对人，切勿伤害了客户的自尊心，要让客户感受到服务顾问的专业与敬业。

二、愤怒客户的处理技巧

有时候维修接待员会遇到这样的情况，客户非常的不理性或者愤怒，拒绝任何理性的合乎逻辑的建议。这时可以采取以下的策略逐步平复客户情绪并和维修接待人员达成一致，解决问题。

1. 回形针策略

回形针策略是一个小的获得认同的技巧，是一个经验丰富的一线服务者的经验。当接待情绪激动的客户时，该服务者会请求客户随手递给他一些诸如回形针、笔和纸等东西，当客户递给他时，他便马上感谢对方，并在两人之间逐步创造出一种相互配合的氛围。他使用这个方法好几次，每次都能有效地引导客户进入一种相互合作而达成一致的状态。

2. 柔道术

当了解了客户愤怒的原因后，可以利用客户施加给服务顾问的压力而抓住扭转局面的机会。你可以说：“我很高兴您告诉我这些问题，我相信其他人遇到这种情况也会和您一样的。现在请允许我提一个问题，您看这样处理是否符合您的心意……”

3. 探询“需要”

如果你只是努力满足客户的需求，就失去了更有效地满足客户需要的机会。“需要”是“需求”背后的原因。服务顾问应该努力去满足客户的需要，而不仅仅停留在满足客户需求的层次上。有时客户提出的需求并不一定最符合他的需要，因为我们是专家，完全可以在这方面帮助客户，这也是最能体现我们专业价值的地方。通常，向客户提出的问题，客户总是会有答案的。如果问其理由，客户会把准备好的答案告诉你。但是，只有沿着这个答案再次逐项地追问下去，客户才会告诉其真正的原因，这样，才会形成满足客户“需要”的方案。探询客户“需要”的最好的方法是多问几个“为什么”。

4. 管理对方的期望

顾客满意度是顾客感知和顾客期望比较的结果，提升客户满意度，需要从服务质量（顾客感知）和顾客期望两个方面努力，所以说客户满意度是管理出来的，也是设计出来的。说它是管理出来的，是因为我们需要不断加强管理来提升客户满意度，成功的关键在于服务质量和客户感知的提升；而说它是设计出来的，是因为我们需要在服务方案的设计中严格控制顾客的期望，避免产品或服务的价值抬高顾客的期望。

5. 感谢

感谢比道歉更加重要，感谢客户告诉你他生气的原因，以便你能更好地为他服务；感谢他指出你的问题，帮助你改进工作；感谢他打来电话，使你与他有沟通的机会。客户的抱怨往往起源于我们的失误，客户的愤怒往往起源于我们的冷漠和推诿。所以他打电话来之前会预期这将是个艰苦的对决，而你真诚的感谢大大出乎他的预料，他的情绪也将会很快得到平复。

三、客户投诉的处理

处理客户投诉是特约4S服务中心重要的日常工作之一。不良的客户投诉不仅影响企业的日常工作，而且影响到企业的品牌形象。通常不满意的客户会把不满意的地方告诉自己的亲朋好友，久而久之，企业的不良形象会在社会中生成。

正确地处理好客户的投诉不仅可以解决企业与客户间的矛盾，而且可以赢得客户信任，为打造企业服务品牌走出重要的一步。主动面对客户的投诉，通过各种渠道妥善处理客户投诉，能提升服务品牌的优质形象，赢得更多忠诚客户。

1. 处理客户投诉的基本要求

1）各特约4S服务中心必须在业务大厅明显位置张贴本企业和总公司顾客投诉的电话号码。

2）4S企业员工应将顾客投诉放在首位，当遇到客户投诉时，不可敷衍了事，不逃避每一位客户的投诉。

3）由店长和服务经理负责解决客户的投诉，以避免客户投诉到媒体，并遵循客户投诉处理程序。

4）客户直接向特约4S服务中心投诉的，由店长/服务部经理负责处理，店长/服务部经理必须掌握客户投诉情况，指导、协助相关人员或亲自处理案件。

5）客户向总公司投诉的，由总公司相关人员与相应的特约4S服务中心店长共同负责处理。

6）特约售后服务中心必须尽力地处理好客户投诉案件。做好服务质量跟踪电话访问，做好与销售部门的联系，建立多渠道解决投诉问题，并收集更多的客户信息。

7）企业应建立相关的奖励制度，鼓励员工全力解决客户的投诉。

8）处理客户投诉情况的好坏，将作为总公司售后服务部对特约售后服务中心的考评依据。

2. 客户投诉处理要领

（1）客户投诉信息的来源　客户投诉的渠道是多元的，唯有建立多重渠道的应对窗口及多方面的收集信息，才能了解客户的反映，妥善地处理客户的投诉。4S企业接到客户投诉主要有以下几种：

1）进店客户。

2）服务后三日内电话跟踪的客户。

3）销售部门所获得的客户反映。

4）总公司客户支持中心免费电话获得的投诉。

5）外部社团（如消费者协会）或政府相关部门获得的信息。

6）其他渠道获得的信息。

（2）投诉处理原则

1）处理客户投诉须有诚挚的态度。

2）指派有能力有经验的人员接待有抱怨的客户。

3）接待人员态度要有自信，但不可傲慢。

4）接触顾客之前先了解客户的相关信息（车辆信息、车主背景等）。

5）应让客户有完全陈述其抱怨的机会，使客户能恢复平静。

（3）客户情绪处理　处理客户投诉时，客户产生不满感觉的主要原因有不被尊重、受到不平等待遇、有被骗的感觉、心里不平衡等。因此在处理投诉时，先处理客户的心情非常重要。处理客户的情绪有如下几种方法：

1）让客户感到受欢迎。

2）让客户感到舒适。

3）让客户感到被理解。

4）让客户感到自己很重要。

（4）找出客户的投诉原因　客户的抱怨可大致分为以下几种：

1）4S企业处理不当、维修质量不良、礼节不佳、交车延误。

2）对车辆销售时的承诺未被实现而不满。

3）客户自己操作不当，对汽车产品知识缺乏了解。

4）汽车制造上的质量缺陷。

3. 处理客户投诉流程

客户投诉的发生是难免的，但对已发生过的投诉应有足够的预防措施，并杜绝类似投诉案件的发生。

（1）客户投诉处理流程　客户投诉处理流程如图4-10所示。

1）当特约4S服务中心接到顾客投诉（包括电话、信件、电子邮件等）或总公司转来投诉，相关人员应认真填写“顾客投诉处理表”见表4-14，且必须在2小时内与顾客联系。

表4-14　顾客投诉处理表

表编号：

车辆识别号码		公里数		车型	
车牌号		车主		电话	
特约4S服务中心名称		售后区域经理		状态	
处理人员		联系方式			
投诉内容及时间：					
处理方案					
最后结果					

注：表编号格式“年+月+序号”。

2）重大投诉案件或相同案件多次处理无法完成，要及时向总公司售后区域经理及相关人员汇报、备案。

3）处理困难案件要及时向上级反映或请相关部门相互支持，依团队的力量共同处理。

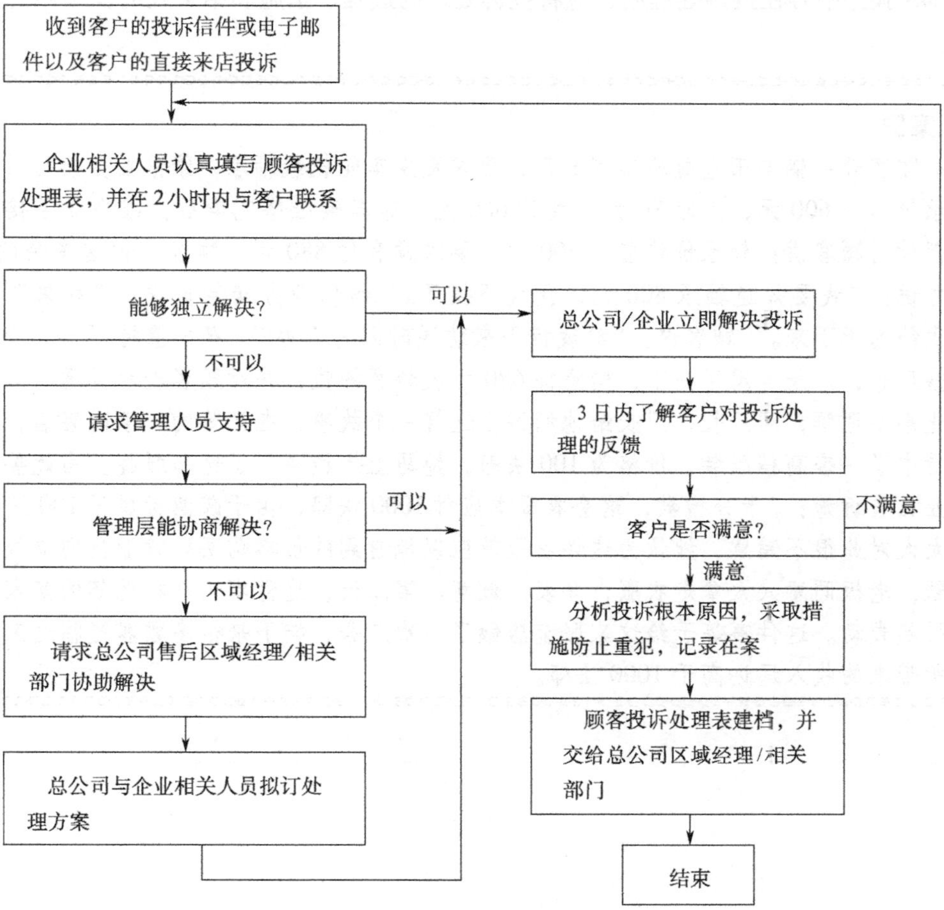

图 4-10　客户投诉处理流程

4）每一投诉案件完成后应呈报最高主管，指定改善计划，利用在职教育方式再教育相关人员。

5）客户投诉处理完成后，4S 服务中心人员应在“顾客投诉处理表”上登记处理完成日期及处理方案。

6）客户投诉处理后应在投诉完成处理后 3 日内采取后续追踪的方式了解客户对处理的满意程度。追踪的形式可以是电话、电子邮件、信函或登门走访。

7）后续追踪客户仍不满意，应再深入了解，评估处理过程。

8）必要时再作一次追踪，使客户的抱怨被处理得尽量完善，达到客户的期望值。

9）投诉处理完成后应及时将处理进程、措施和结果反映给总公司售后区域经理。

（2）对重大投诉案件的处理

1）重大投诉案件处理需要总公司的支持。重大投诉（如有人员伤亡、重大质量事故、媒体司法介入等）应在 4 小时以内将相关投诉信息和处理意见书面反馈给总公司相关部门。

2）总公司相关部门与特约 4S 服务中心一起商讨解决方案，并协助特约 4S 服务中心进行解决。

3）重大投诉案件由店长负责与客户联系，将处理方案回复客户。

4）4S服务中心在投诉处理后，应将投诉处理的进程、措施和结果及时反馈给总公司相关部门。

案例

一顾客开一辆丰田皇冠轿车到F厂，要求更换车轮轮毂轴承，维修业务接待员告诉他轴承价格是600元，工时80元，共计680元。等车辆维修完毕后，维修业务接待员很抱歉地对顾客讲：轴承价格应为800元，要求顾客付880元。顾客拒付这多余的200元，并说：“我要知道轴承800元，我就不换了。”维修业务接待员说：“如果不换的话，我给您拆下来。”顾客说：“给我拆下来耽误时间怎么办?”双方僵持不下。最后找到维修厂长，厂长考虑了一下，同意按680元收顾客的钱，并对顾客表示歉意。有些员工对此事不理解，问厂长，厂长给他们讲了这样一个故事：在巴黎的一家时装店，有位太太看中了一套高档服装，价格为100法郎，她马上掏钱买下了这套服装。当她要离开时营业员告诉她：“十分抱歉，这套衣服本应付1000法郎，由于疏忽标成了100法郎。”这位太太对此很不满意，她认为这件衣服就应以她看到的价格购买。营业员向老板反映此问题，老板同意太太拿走衣服，并表示歉意。第二天，这件事出现在巴黎的某家报刊上，引起轰动。这件事等于给这家服装店做了一次广告，接下来很多顾客光临这家服装店，所带来的收入远远高于1000法郎。

第五章　汽车配件管理

汽车配件，也称汽车零部件或汽车备件。

汽车配件管理是汽车4S企业重要的管理环节。配件的采购、仓储、物流对配件的及时供应、成本控制有着重要影响，直接关系到汽车的维修进度，关系到客户的满意度，甚至关系到企业的声誉和形象。因此，汽车4S企业必须重视汽车配件管理，建立健全包括采购、保管、使用等过程的质量管理体系，有效压缩库存量，降低成本，不断改进管理方法，提高企业信誉和经济效益。

配件管理部的职能主要有：①配件的订购和库房管理。②为售后服务部的车间提供生产中所必需的零件和附料。③对外零配件的调剂和销售。

配件管理部设经理一名，计算机操作人员、仓库管理员及采购人员若干，根据配件部的规模大小设搬运工若干。

现代汽车零配件管理主要靠计算机管理，各大汽车厂都有自己的零配件管理软件供给4S汽车专卖店，大多数软件适用于国际汽车零配件贸易，对于不同规模的4S企业有更详细的内容设置在软件中。

第一节　配件管理基础

汽车是由数万个零配件组成的，品种繁多，不同的配件具有的市场差别很大。在实际的汽车维修及汽车配件应用中，汽车配件分为以下四种：汽车零部件、汽车标准件、汽车材料、汽车美容材料。

一、配件分类

1. 汽车零部件

汽车是由汽车配件组合而成的，在汽车配件销售行业，通常将所供应的汽车配件分为以下几种类型：

（1）零件　零件是汽车的基本制造单元，它是一个不可再拆卸的整体。如活塞、活塞环、气门、气门导管等。

（2）合件　合件是指两个以上的零件装成一体，起着单一零件的作用，如带盖的连杆、成对的轴瓦、带气门导管的缸盖等。合件的名称以其中的主要件定名，如带盖的连杆，即定名为连杆。

（3）组合件　组合件由几个零件或合件装成一体，但不能单独完成某种作用（如离合器压板及盖、变速器盖等）。有时，也将组合件称为半总成件，但它与能单独完成某一机构作用的总成件是有区别的。

（4）总成件 总成件由若干零件、合件、组合件装成一体，能单独起着某一机构的作用，如发动机总成、变速器总成等。

（5）车身覆盖件 由板材冲压、焊接成形，并覆盖汽车车身的零件称为车身覆盖件，如散热器罩、发动机罩和翼子板。

2. 汽车标准件

按国家标准设计与制造的（即对同一种零件统一其形状、尺寸、公差、技术要求等）能通用在各种仪器、设备等上，并具有互换性的零件称为标准件，如螺栓、垫圈、键和销等。适用于汽车行业的标准件，称为汽车标准件。

3. 汽车材料

这里指的是汽车的运行材料，如各种油料、溶液、汽车轮胎、蓄电池、金属材料等。汽车材料大多是非汽车行业生产而由汽车使用的产品，一般不编入各车型汽车配件目录，所以也将其称为汽车的横向产品。

4. 汽车美容材料

汽车美容材料指汽车内、外装饰用品，如车身保护蜡、挂件、玻璃贴膜等。

二、配件常用来源

（1）原厂件 原厂件即正厂汽车配件，使用整车生产厂家的原厂商标，质量好，服务体系完善，价格高。汽车生产厂家强烈建议自己的特约经销商或特约维修站采用原厂件。

（2）副厂件 某些厂家采用原厂本部件图纸或实物自行生产的零部件，即称为副厂件。一般价格低廉，质量参差不齐。

（3）翻新件 翻新件是一些旧件经过专业厂家的重新修复或加工后，能够满足使用性能并有质量保障的配件。

（4）拆车件 是指从报废车辆上拆下的零件，常用于使用时间长的进口车辆的修理。

三、配件的编码

配件编码是为了保证汽车零部件在生产、采购、仓储和销售过程中的准确性和便于进行微机管理，各汽车制造厂都对所生产的汽车零部件实行代码分类，即不同的零件具有不同的代码。目前各汽车制造企业汽车配件的代码编制方法不同，不能通用。以一汽大众品牌的零件编号规律作简单介绍。

在德国大众质量管理体系中，备件编号用阿拉伯数字和26个英文字母组合而成。每个备件只对应一个编号，每组数字、字母都表示这个备件的某种性质，只要找到这个号码，就能从几万或几十万库存品种中找出所需的备件来。德国大众备件号码一般由14位组成，加上空格一共是18位。

例如：	191	863	241	AF	LN8
	4B0	863	241	G	FPK
	（1）	（2）	（3）	（4）	（5）

（1）车型及机组型号 前三位表示车型或机组型号，它们说明这些件最初为哪种车型、哪种发动机和变速器设计及使用，从标记的第三位数字可以区别是左驾驶还是右驾驶。一般

规定：单数为左驾驶，双数为右驾驶。

（2）大类及小类　根据零件在汽车结构中的差异及性能的不同，德国大众备件号码系统将备件号分成十大类（十个主组），每大类（主组）又分为若干个小类（子组）；小类的数目和大小，因结构的不同而不同，小类只有跟大类结合在一起才有意义，如图 5-1 所示一汽大众汽车备件电子目录。

图 5-1　一汽大众汽车备件电子目录

1 大类：发动机，燃油喷射系统。

2 大类：燃油箱，排气系统，空调制冷循环部件。

3 大类：变速器。

4 大类：前轴，前轮驱动差速器，转向系统，前减振器。

5 大类：后轴，后轮驱动差速器，后减振器。

6 大类：车轮，制动系统。

7 大类：手动，脚动杠杆操作机构。

8 大类：车身及装饰件，空调壳体，前后保险杠。

9 大类：电气设备。

0 大类：附件（千斤顶、天线、收音机）及油漆材料。

例如：191　863　241　AF　LN8　8 为大类；电子目录中称为：主组

　　　4B0　863　241　G　FPK　63 为小类；电子目录中称为：子组

（3）备件号　备件号是由三位数（001~999）组成并按照其结构顺序排列的，如果备件不分左右（既可在左边使用，又可在右边使用），最后一位数字为单数；如果备件分左右件，一般单数为左边件；双数为右边件。

（4）设计变更（技术更改号）　设计变更号由一个或两个字母组成，表示该件曾技术变更过。

（5）颜色代码　颜色代码用三位数字或三位字母的组合来表示，它说明该件具有某种颜色特征。

例如：0C→黑色带光泽/041→暗黑色/043→黑花纹/ROH→未加工的原色

上述 191 863 241 AF LN8/4B0 863 241 G FPK 中的颜色代码为 LN8/FPK。

第二节 配 件 订 购

汽车配件的订购直接影响到配件整体流程的顺利进行。汽车 4S 企业配件的订货工作主要由配件计划员完成。配件计划员需要了解库存情况、销售情况，熟悉配件订货系统，不断积累配件订货经验，保证汽车 4S 企业配件供货正常。

对于汽车 4S 企业，配件订购工作是非常重要的，因为：

1）配件订购成本占汽车 4S 企业生产总成本的比例很大，将直接影响到企业的正常运营。

2）订货周转率高，可提高资金利用率。合理的订货数量与适当的订购时机，既能避免停工待料，又能降低库存备货，减少资金积压。

3）配件采购快慢、准确与否直接影响到车辆维修进度和客户满意度。

为了保证汽车厂家的利益和用户的利益，汽车 4S 企业由相应的汽车厂家或其零件供应中心直接供货，并禁止销售非纯正配件给用户。一般汽车 4S 企业（特约经销商）每月配件采购额必须达到各厂家或零件供应中心的月度采购配件指标。

一、配件订购原则

配件计划员需要熟悉配件订货流程，在下单之前必须对现有的库存情况、销售情况有足够的了解。订单信息首先来自销售报表，结合销售报表分析零件的销售历史、销售趋势，并结合仓库的库存状态作出订单计划。

二、订货量的确定

订货量的确定方法有定性分析法和定量计算法。

1. 定性分析法确定订货量

（1）了解市场情况，找出销售规律，确定进货重点　不少汽车配件的需求量是按一定的规律变化的，可以在市场调查的基础上，分析实际销售数量和有关因素的影响，从而找出销售规律，以便确定进货重点。

（2）遵循供求规律，合理确定进货数量　对于供求平衡、货源正常的配件，应采取勤进快销、多销多进、少销少进，保持正常周转库存。

对于供大于求，销售量不大的配件，要少进货，采取随进随销、随销随进的办法。

对于暂时货源不足、供不应求的紧俏配件，要开辟新的货源渠道，挖掘货源潜力，适当多进，多进多销。

对于大宗配件，则应采取分批进货的办法，使进货与销售相适应。

对于高档配件，要根据当地销售情况，少量购进，随进随销、随销随进。

对于销售面窄，销售量少的配件，可以多进样品，加强宣传促销，严格控制进货量。

（3）按照配件的产销特点，确定进货数量　常年生产、季节销售的配件，应掌握销售季节，季前多进、季中少进、季末补进；季节生产、常年销售的配件，要掌握生产季节，按照企业常年销售情况，进全进足，并注意在销售过程中随时补进；新产品和新经营的配件，应根据市场需要少进试销、宣传促销、以销促进，力求打开销路；对于将要淘汰的车型配件，应少量多样、随用随进。

（4）按照供货单位的远近，确定进货数量　本地进货，可以分批次，每次少进、勤进；外地进货，适销配件多进，适当储备。进货时分主次，以本地区紧缺配件、新产品具有知名度的传统配件为主。品种要丰富，数量要适当。

（5）按进货周期确定进货时间　每批次进货能够保证多长时间的销售，这就是一个进货周期，进货周期也是每批次进货的间隔时间。

进货周期的确定，要考虑配件销售量的大小、配件种类的多少、距离供货商的远近、配件运输的难易程度、货源供应是否正常以及企业储存保管配件的条件等。确定合理的进货周期，要坚持以销定进、勤进快销的原则，使每次进货数量适当。既要加快资金周转，又要保证销售正常进行；既要保证配件销售的正常需要，又不使配件库存过大。

2. 定量计算法确定订货量

经济批量法是一种比较常见的定量计算订货量的方法。采购汽车配件既要支付采购费用，又要支付保管费用。每次采购量越少，采购的次数就越多，那么采购费用支出也越多，而保管费用就越少。可见，采购批量与采购费用成反比，与保管费用成正比。所谓经济订货批量(EOQ)是指一定时期内在进货总量不变的前提下，考虑怎样选择订货批量，使库存成本和订货成本合计最低。这个使库存成本和订货成本合计最低的订货批量即为经济订货批量。

一般而言，经济订货批量的确定方法有三种：列表法、图示法、公式法。

（1）列表法

1）汇总历史资料。

2）计算出平均存库量(件)、进货费用平均数、储存保管费用平均值、年总费用等数据。

3）将上述数据，按项目列表。

案例

某配件企业全年需购进某种配件 8000 件，每次进货费用为 5 元，单位配件年平均储存费用为 0.5 元，求该汽车配件的经济采购批量是多少？

用列表法进行计算，表 5-1 为经济采购批量计算表。

表 5-1　经济采购批量计算表

年进货次数/次	每次进货量/件	平均库存量/件	进货费用/元	储存费用/元	年总费用/元
A	B	C＝B/2	D＝A×5	E＝C×0.5	F＝D+E
1	8000	4000	5	2000	2005
2	4000	2000	10	1000	1010
4	2000	1000	20	500	520
5	1600	800	25	400	425
8	1000	500	40	250	290
10	800	400	50	200	250
16	500	250	80	125	205
20	400	200	100	100	200
25	320	160	125	80	205
40	200	100	200	50	250

由表 5-1 可见，所列 10 种进货批量，以全年进货 20 批次，每次进货 400 件，全年最低的总费用为 200 元，即等分为 20 批次购进，则全年需要的该种配件费用较低。

从表中数据还可以看出，只有当进货费用与储存费用趋于平衡时，才会使总费用降到最低的程度。如果以上两种费用完全相同，总费用水平可降到最低水平。

（2）图示法　由图 5-2 可以看出，进货批量与储存成本成正比关系；进货批量与订购成本成反比关系；储存成本与订购成本相等时的总成本最低，此时的订购量为经济订货批量。

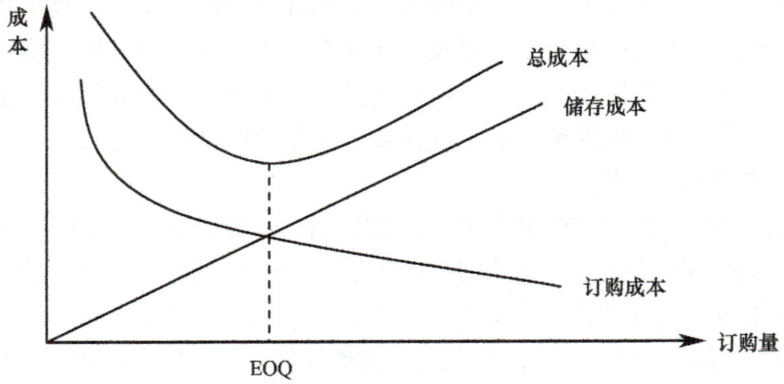

图 5-2　订购量与成本之间的关系

（3）公式法　通过建立数学模型来计算进货量。EOQ 的计算如下：

$$\mathrm{EOQ}=\sqrt{\frac{2SR}{H}}=\sqrt{\frac{2SR}{CI}}$$

式中　EOQ——经济订货批量；

R——年需求量；

C——配件的购入成本；

S——每次订货的订购成本；

H——每单位每年的储存成本；

I——以单位成本系数表述的年储存成本。

上例中，$S=5$ 元，$R=8000$ 件，$H=0.5$ 元，将这组数值代入以上公式，可计算出：

经济订货批量：EOQ＝400（件/次）。

最佳年进货次数：$R/Q=8000/400=20$（次）。

最低年总费用：$(R/Q)S+(Q/2)H=20\times5+(400/2)\times0.5=200$（元）。

三、库存控制

配件库存追求的是“良性库存”。良性库存即是用最合理的费用保证对客户的最佳服务率。实质上是在满足一定时间内客户需求的同时，对库存配件进行不断调整，以取得经济合理的库存状态。正确的订购就是在零件的供应率和库存量之间寻求一个平衡点。既要满足客户的需求，又要有利于资金的周转。

要实现配件的良性库存，一是提高零件供应率，二是减少库存量，提高收益。其中确定库存量关键在于确定配件的库存宽度（库存品种）和库存深度（库存数量）。

1. 库存宽度的确定

确定库存宽度即确定库存品种，核心工作是确定“建立库存”和“报废”的时点，即确定哪些是需要进行库存管理的项目，哪些是不再进行库存管理的项目。随着新车型的上市，老车型的淘汰，每一个配件都有其特定的生命周期。不同状态的零件项目应采取不同的零件管理原则：

1）零件在增长期的项目属非库存管理项目，应采取需一买一的原则。

2）零件在平稳期的项目属库存管理项目，应采取卖一买一的原则。

3）零件在衰退期的项目属非库存管理项目，应采取只卖不买的原则。

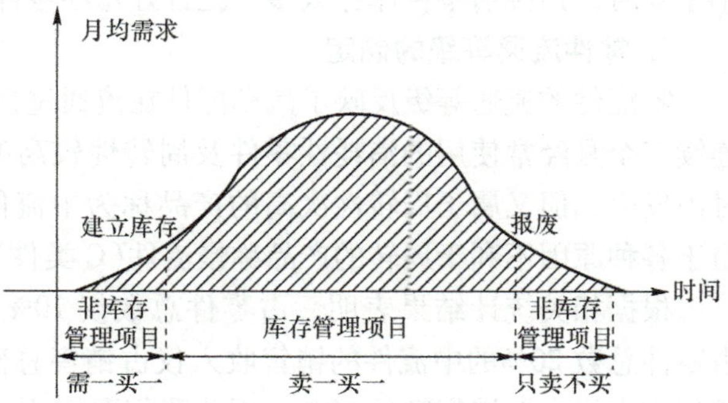

图 5-3 库存状态对应原则

如图 5-3 所示库存状态对应原则，这样才能保证最大零件供应率的同时降低库存金额。

2. 库存深度的确定

确定库存深度即确定库存数量，在订货过程中需要参照一个标准，考虑订货周期、在途零件和安全库存的前提下，保证及时供应零件的最大库存数量。

建议订货量=标准库存量(SSQ)-现有库存量-在途库存量+追加订货(B/O)

其中，标准库存量与月均需求、订货周期、到货周期、安全库存周期有关，如下公式所示：

$$SSQ=MAD\times(O/C+L/T+S/S)$$

式中 MAD——月均需求量，通常采用前6个月的每月需求量来计算月平均需求，单位为个/月。

O/C——订货周期，指相邻两次订货所间隔的时间，单位为月。

L/T——到货周期，指从配件订货到搬入仓库为止的时间，单位为月。

S/S——安全库存周期，指突发的特殊原因导致到货期的延迟，一般建议 S/S=(O/C+L/T)×0.7。

以上公式中有用到月数和天数的，计算时需要全部换算成天数。

案例

计算实例，某家经销店的空气滤芯有如下需求：

月份	第 1 月	第 2 月	第 3 月	第 4 月	第 5 月	第 6 月
需求量	7	9	10	8	17	9

O/C：3 天；L/T：6 天；S/S：6 天。则计算标准库存量为多少？

则 MAD =(7+9+10+8+17+9)/6=10(个/月)。

SSQ=MAD×(O/C+L/T+S/S)

=10×(3+6+6)/30

=5 个

当零件需求增加时，月均需求量随之增加，(订货周期+到货周期+安全库存周期)是定值，所以标准库存量也随之增加，订货量也增加；反之订货量也随之减少，当月均需求减少到一定程度时，订货量也随之减少直至为0，此现象说明该零件不需要再订货了。当订货量小于0时，则说明零件库存太多。把握好每项零件的订货量，就能有效控制库存的深度。

3. 零件流通等级的确定

零配件的流通等级反映了汽车配件在流通过程中周转速度的快慢程度。如雪铁龙公司把连续三个月经常使用的消耗性零件及周转性较高的产品称为快流件(A类件)；把连续六个月内发生，但又属于周转性次高的产品称为中流件(B类件)；把一年内属偶发性的产品或由于各种原因不利于周转的产品称慢流件(C类件)。

根据相关统计结果表明，占零件总数仅10%的快流件的销售收入占销售总额的70%，占零件总数20%的中流件的销售收入仅占销售总额的20%，而占零件总数70%的慢流件的销售收入只占总销售额的10%，因此我们要运用ABC管理法，对配件进行分级管理。也就是我们要对销量大但品种较少的快流件进行重点管理，对销量一般但品种相对较多的中流件、慢流件采取次要的管理，对销量很小但品种很多的零件可不重点管理，但并不是说对此类不进行管理了，而是要采取行之有效的管理办法，如建立可靠快捷的供货渠道、科学合理的订货原则、高效数据统计分析等。

某汽车4S企业配件部门运用ABC管理法，根据过去一年或六个月零件的出库量来划分快流件、中流件、慢流件，区分出了库存级别(ABCD)和非库存级别(EFG)的配件，见表5-2。A、B类配件必须随时保证库存，C、D类配件可以考虑增加库存宽度，选择性备货。EFG类则不要求备货，必要情况下可以用紧急订单来解决。

表5-2 库存级别管理方案表

大级别	MAD(前6个月)	小级别	前六个月月均频次 F	流动性	建议的管理方法
A	MAD>6	A1	$F>12$	非常快速流动件	做库存
		A2	$12\geqslant F>6$		
		A3	$6\geqslant F>0$		
B	6≥MAD>1	B1	$F>3$	快流件	
		B2	$3\geqslant F>1$		
		B3	$1\geqslant F>0$		
C	1≥MAD>0.2	C1	$F>0.8$	中速流动件	结合库存宽度工作把握库存
		C2	$0.8\geqslant F>0.2$		
		C3	$0.2\geqslant F>0$		
D	0.2≥MAD>0	D1	$F>0.4$	慢流动件	
		D2	$0.4\geqslant F>0.2$		
		D3	$0.2\geqslant F>0$		
E	前六个月无需求	7~12个月未流动		非流动件	不库存
F		12~24个月未流动			
G		24个月以上未流动		死库	报废处理

注：MAD为月均需求数量。

4. 零件供应率的计算

（1）零件即时供应率　零件即时供应率可以全面衡量零件的供应情况，包括库存深度和宽度。

$$零件即时供应率=\frac{可以供应的零件件数}{接受订货的零件总件数}\times 100\%$$

（2）施工单供应率　施工单供应率是汽车售后服务部门衡量配件部门零件供应的尺度。

$$施工单即时供应率=\frac{完全供应零件的施工单}{所有有零件需求的施工单}\times 100\%$$

四、汽车配件订单形式

零件订货是汽车4S企业配件部门进行的日常业务之一，库存零件销售出去后，经销店应及时向担当地区零件供应中心进行订货，用以补充或满足客户急需的零件，只有这样才能确保零件的及时供应，提高客户的满意度，同时又能优化库存金额，获得更高收益。表5-3为常见的订单类型分类。

常见汽车配件订单类型有紧急订单(E/O)、补充库存订单(S/O)、专订订单(F/O)等形式，见表5-3。

表5-3　订单类型分类

类型	缩写	含　义	备　注
V	E/O	紧急订单：对于已经入厂或正在接受维修的车辆，经销店没有所需零件或零件库存不足，需要此类订单	紧急订单必须以E/O方式发出，否则将按照S/O的要求进行发、采购，会大大影响时效性
S	S/O	补充库存订单：进行日常补充库存的订货，即定期订货时使用此种方式	
F	F/O	专订订单：不从经销店库存提货的特别配给需求使用此类订单 1. 由经销店指定：大客户的大量订单；特别服务推广活动等提前备货 2. 丰田指定或者推荐	

注：表中紧急订单E/O即为追加订单B/O项目对应的订货类型。

特约售后服务中心配件计划员和配件经理负责保证金账户的使用情况，以保证配件订单的顺利完成和紧急采购的完成，确保车间维修工作的正常运作。保证金的最低金额为5万元。

1. 补充库存订单(S/O)也称为常规定单

特约售后服务中心每周订购的用于补充其正常库存的定时订单，用常规订单形式向总公司电子邮件发送。

2. 紧急订单(E/O)

特约售后服务中心在紧急的情况下，为了满足维修工作的需要进行的紧急订货，总公司根据特约售后服务中心的要求负责配件的发送。每月订购次数不限，但每次订购的品种不得超过20种，用紧急订单的形式订购配件，往往须向特约售后服务中心加收一定的手续费用和急运费。

3. 定时订单(固定订单)

定时订单包括所有的液体、轮胎、蓄电池、制冷剂和保险杠的配件订单，总公司会定时的向特约售后服务中心发送。

4. 特殊订单

特殊订单包括各款发动机总成、车身、散热器框架等，用特殊订单的形式向总公司订货，费用由特约售后服务中心先行支付，运输的快慢按常规程序办理。

特约售后服务中心在定制车身和前围时须在订单上注明相应的车身编码并提供原车上17位编码的钢印铁片，总公司售后服务部在收到铁片后开始定制。如预定车身还须在订单上注明原车身的车型、配置(有否带CD架、有否带天窗、车门外是否带饰板等)、出厂年份、颜色。如要改变车身颜色，则另外提供书面的原件并加盖公章。

第三节 配件仓储管理

一、配件入库管理

汽车配件入库是物资存储活动的开始，也是汽车配件仓库业务管理的重要阶段。配件一经验收入库，也就划清了入库和未入库之间的责任界限。这一阶段主要包括到货接运、配件验收和办理入库三个方面。

1. 到货接运

到货接运时要对照货物运单认真检查，做到交接手续清楚，证件资料齐全，为验收工作创造条件。材料在进货待检区放置准备验收，避免将发生损失或差错的配件带入仓库。

2. 配件验收

零配件的验收工作包括：①拒绝假冒、伪劣产品入库。②材料到库要进行核对和检查。③对于外包装破损的邮件有运输及押运人员在场的情况下打开包装，检查货物数量及损坏情况；如果开箱后发现装箱单与实物不符或货物损坏应当场写明情况，请运输或押运人员签字后，向领导汇报，由有关部门处理。④填制开箱验收单。⑤材料进库首先在进货待查区放置，经检查合格后，填报入库单方可入库上架。

3. 办理入库

经过验收，质量无误、数量准确的汽车配件，要及时填写《汽车配件验收入库单》，同时办理配件入库。对于在验收过程中发现问题的配件，如数量、品种、规格错误，包装标签与实物不符，或者受污受损的，应做好记录，判明责任，联系供应商解决，同时保留照片等凭证说明材料。

二、配件仓库管理

1. 仓库设置及配件布置

配件仓库应有足够的面积和高度，保证多层货架的安装，保证进货及发货通道的畅通。

仓库设置的要求如下：

1）仓库面积，根据配件周转量的大小和企业业务量的多少，库房面积应为250~500m^2。

2）配件仓库地面应能承受0.5t/m^2重压，表面涂以树脂漆，以防清扫时起灰尘。

3）库房内应单独设立危险品放置区，并有明显标志，和其他配件相隔离，确保遵守国家相应的消防和危险品管理规定。

4）配件仓库应有独立的退货索赔零件存放区，以利于零件的装箱与邮寄，如图 5-4 所示。

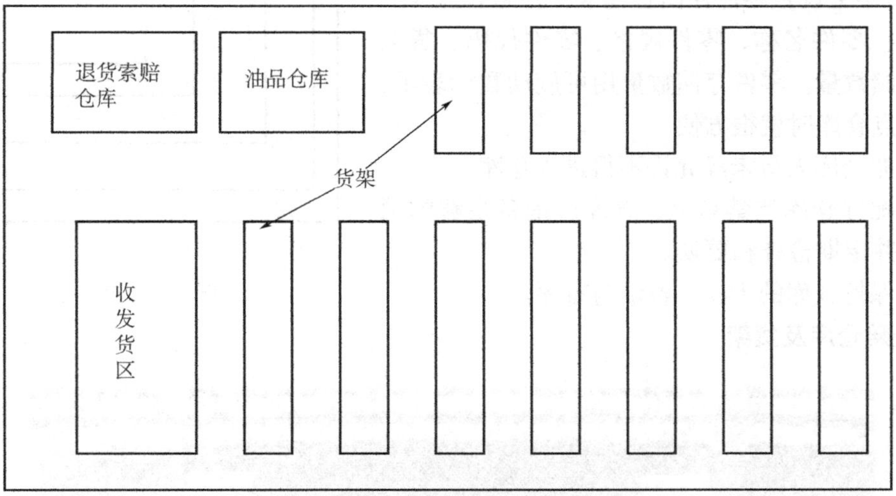

图 5-4　仓库布局示意图

5）配件仓库应有足够的通风、防盗设施，保证光线明亮、充足，分布均匀。

6）仓库的走廊(通道)要有不同的宽度，一般主道宽度为 1.2m，次道宽度为 0.9m。

7）配件按区域放置。把配件分为快流件(A 类)、中流件(B 类)、慢流件(C 类)。快流件放在靠近收发货区，并且放置在货架的底层；中流件放在货架放置区域的中间部位；慢流件放置在离收发区较远的区域，放置在货架的最高层，如图 5-5 所示。

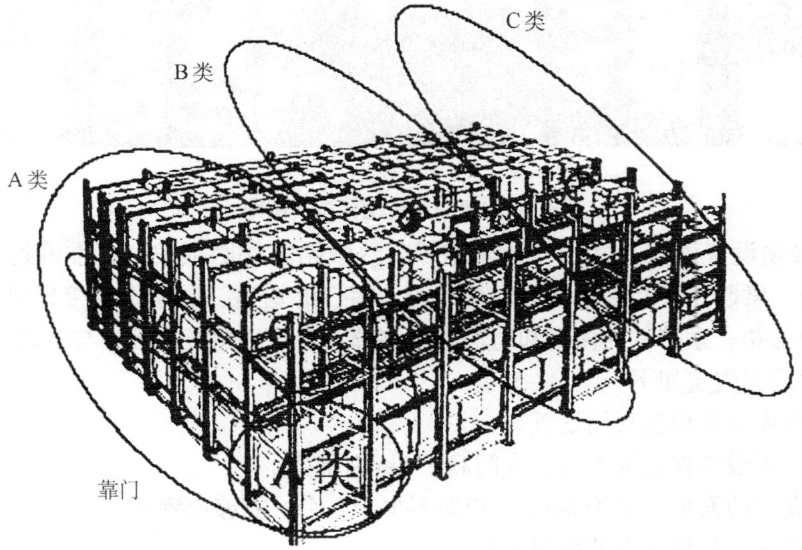

图 5-5　货架摆放示意图

8）库位设置。建议采用固定库位的方式，即每个零件都有一个自己的库位。库位的设置也要充分考虑零件的使用频次，选择存储和提货方便的区域，使搬运总量不高。

库位标志要醒目易懂，便于寻找，一般标志用数列和文字表示，如图 5-6、图 5-7 所示。

9）货架上设置零件存储管理卡。存储管理卡的主要内容：零件名称、零件规格、零件代码、货架上零件存储数量。零件存储数量用可旋动数标表示，这样在盘点仓库时就很方便。

10）非仓库人员未经允许不得进入仓库。

11）配件仓库严禁烟火，仓库应配备足够的消防设备，并定期检查和更换。

12）保持仓库的干净、整洁与有序。

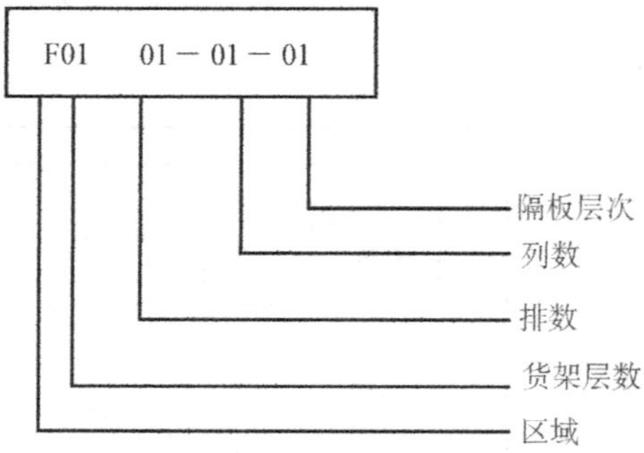

图 5-6 货位标志

2. 索赔仓库及货架

图 5-7 库房及货位标志实例图

4S 企业必须设置索赔仓库，存放索赔零件。索赔零件必须按时、准确运回到总公司，根据索赔政策，索赔零件必须全部运回总公司，零件的错运、漏运将直接导致特约 4S 服务中心索赔款的抵扣。索赔件的保管和运输由仓储部负责，索赔员直接参与管理。

索赔仓库设置规定如下：

1）索赔仓库必须单独封闭设置。

2）索赔仓库设有独立的大门，大门高于 2m 并加锁。

3）索赔仓库的面积不小于 $30m^2$，货架不少于 3 个，能够放置 4 个月存放量。

4）索赔仓库有足够亮度的照明装置。

5）仓库通风良好（如加装排风扇等）。

6）索赔件整齐地摆放在货架上，索赔件必须挂有标签，标签上注明零件名称、索赔车辆牌照号码、零件更换下来的日期。

7）仓库门口挂有索赔仓库字牌，并有“仓库重地，闲人免进”的警告牌。

8）索赔零件要定期检查，按总公司的相关规定及时运回总公司。
9）索赔仓库要定期打扫，保持室内和货架的清洁。
10）仓库钥匙由专人保管，其他人员不得进入。

3. 配件的最低库存量（危险库存量）

推荐配件最低库存量见表 5-4。

表 5-4　配件最低库存表

序号	配件名称	最低库存量单位/车副	序号	配件名称	最低库存量单位/车副
1	换挡电磁阀	2	31	发动机盖撑杆	4
2	内外球笼	各 1	32	发动机盖隔热垫	1
3	制动液	5	33	发动机盖隔热垫卡子	5
4	EGR 阀	2	34	发动机盖锁机	1
5	半轴油封	2	35	发动机油	100
6	保险杠防撞杆总成	1	36	发动机冷却系统节温器	2
7	保险杠螺母	1	37	发动机冷却液	20
8	保险杠皮卡子	2	38	发动机横拉杆内球头	2
9	保险杠饰条	2	39	发动机横拉杆外球头	2
10	保险杠	1	40	转向机修理包	2
11	熔断器	10	41	转向驲油	10
12	避震器	1	42	风窗玻璃刮水器	10
13	变速器大修包	1	43	风窗玻璃	1
14	标牌	3	44	风扇继电器	2
15	玻璃升降电动机	1	45	风扇电动机	2
16	发动机传动带	3	46	鼓风机电阻	1
17	齿轮油	5	47	鼓风机电动机	2
18	前照灯螺母	5	48	刮水继电器	3
19	前照灯螺栓	5	49	后制动蹄摩擦片	3
20	怠速控制阀（怠速电动机）	1	50	外后视镜	2
21	灯泡	10	51	后雾灯继电器	2
22	点火起动开关	1	52	火花塞	20
23	点火线圈	2	53	机油滤清器	100
24	点火线束（高压线）	2	54	加油口盖总成	3
25	点火钥匙	5	55	节气门位置传感器	2
26	点烟器	2	56	气门顶筒	2
27	顶梁拉手	1	57	发动机进气滤芯	50
28	发电机	1	58	喇叭	5
29	发动机大修包	1	59	冷凝器	1
30	发动机盖	1	60	轮圈	1

（续）

序号	配件名称	最低库存量 单位/车副	序号	配件名称	最低库存量 单位/车副
61	轮圈螺母	5	81	散热器	1
62	轮胎	4	82	散热器出水软管	2
63	门窗密封条	1	83	散热器进水软管	2
64	门窗饰条	2	84	闪光继电器	3
65	门槛饰条	2	85	水泵总成	2
66	门饰板	1	86	冷却液温度传感器	3
67	门饰条	2	87	散热器盖	5
68	门锁总成	2	88	外后视镜片	2
69	门外开把手总成	1	89	尾灯总成	2
70	起动电动机	2	90	蓄电池	4
71	汽油泵	3	91	遥控门锁发射器	1
72	汽油滤清器	50	92	液压泵继电器	2
73	汽油添加剂	120	93	发动机油底壳及垫	4
74	前制动蹄摩擦片	5	94	中网	3
75	前雾灯	2	95	转向信号灯	2
76	前翼子板	2	96	自动变速器滤清器	5
77	前翼子板内衬	2	97	自动变速器油	50
78	前翼子板饰条	2	98	自动变速器油底壳	2
79	前照灯总成	2	99	自动变速器油底壳垫	2
80	驱动带张紧轮	1	100	组合开关	1

三、配件出库管理

汽车配件的出库，标志着储存保管阶段的结束，把好“出货关”是全库管理工作的重要一环。

1. 配件出库程序

1）核对单据。维修业务接待部门开出的供应单据是仓库发货、换货的合法依据。库管员接收到发货或换货单据后，应先核对单据内容、收款印戳，然后备货或换货。

2）备货。库管员根据技师填写的领料单如表5-5所示，核对品名规格、数量、质量等，核对无误，方可备货。

3）库管员根据技师的领料单，在计算机配件系统中录入配件信息，打印“出库单”，见表5-6。出库单需库管员和技师同时签字，然后按照单据内容如数点交给领料人。

4）单据归档。发货完毕后，应及时将领料单、出库单归档，并按照其时间顺序，分月装订妥善保管，以备查考。

2. 出库的要求

1）发货要凭单发货。

表 5-5 领料单

XXX 汽车有限公司精品/备件领料单

款　　式：① 01 款 ② 02 款 ③ 03 款 ④ 04 款 ⑤ 05 款 ⑥ 06 款

班　　组：① 机电团队 ② 钣金团队 ③ 油漆团队

修理性质：① 小修 ② 免保 ③ 索赔 ④ 事故 ⑤ 内耗

工程号：		牌照号：		领料人：
车　型：	排量：	排挡类型：手动、自动、无级		日期：　年　月　日
序号	名　称	颜　色	数　量	备　注
1				
2				
3				
4				
5				
6				

表 5-6 出库单

出库单号：			对应单号：			车型：			
客户名称：			车牌号：			发出仓库库号：			
行号	备件号	备件名称	单位	出库单价	出库数量	金额	库区	库位	性质
总金额：			发料人：		库管员：		领料人：		
备注：					打印时间：				

2）发货要贯彻“先进先出，存新发旧”原则，减少配件储存时间。

3）发货要及时准确。

4）发货要保证包装完好。

5）仓库管理部门要严格执行签发手续。

四、配件盘点

为了及时掌握库存配件的变化情况，避免配件的短缺、丢失或过储积压，必须对配件进行定期或不定期的盘点。汽车配件的盘点是指仓库对库存汽车配件的数量进行核实，清点实存数，核对账目。

1. 盘点内容

1）检查汽车配件的数量。

2）盘存汽车配件的重量。

3）检查汽车配件实有数量和账面数量是否相符。

4）检查收发情况以及有无按照先进先出原则发放配件。

5）检查各种配件有无超储积压、损坏、变质等情况。

6）检查仓库配件账与卡是否相符，仓库的配件账目是否与业务部门的配件账目相符。

7）检查汽车配件的堆放以及维护情况。

8）检查仓库内的安全设施和安全情况。

9）检查对不合格品及呆滞品、废品的处理情况。

2. 盘点方法

盘点的方法主要分为日常盘点、定期盘点、重点盘点和循环盘点四种。

（1）日常盘点　日常盘点是一种不定期、局部性的盘点。一是动态复核，即对每天有出入库变动的配件，进行查点结存数。这种核对花时少，发现差错快，可以有效地提高账货相符率。二是巡回复核，即在日常翻仓整垛、移仓、过户分垛后，对新组合的货垛，或零散的货垛巡回核对点数。

（2）定期盘点　所谓定期盘点一般是在月末、季末、年末进行。盘点时，按批清点库存数量，以实存数对卡、对账，核完作出已盘标记。

（3）重点盘点　重点盘点是根据工作需要，为某种目的而对仓库物资进行的盘点和检查，如工作调动、意外事故、搬迁移库等进行的盘点。

定期盘点和重点盘点时均应有财务人员负责监盘，监督保管人员进行实物清点、确认，同时检查各财产物资堆放是否合理，库存是否适宜，有无过期、损坏情况存在，盘点情况登记于相应的《材料物资盘点明细表》上。盘点结束以后，完成《盘点分析报告》，填写处理意见并上报。

（4）循环盘点　库管员对自己所管物资分别依照轻、重、缓、急，作出月盘点计划，按计划逐日盘点。

3. 盘点结果的验收及总结

盘点过后，其结果应由上级有关部门检查、验收，财务部门核算出盈亏。盘点后应作出总结，仓库配件暴露出的各种不良情况，应组织复查、分析产生的原因、亡羊补牢，及时处理。

（1）合理储耗　对于易挥发、潮解、融化、散失、风化等物品，允许有一定的储存损耗。凡在合理储耗标准以内的，由配件保管员填报“合理储耗单”，经批准后，即可转财务部门核销。正常储耗的计算，一般一个季度进行一次。

（2）盈亏和调整　在盘点中发生盘盈或盘亏时，应反复落实，查明原因，明确责任。由保管员填写“库存物资盘盈盘亏报告单”，经由配件部门负责人审签后，按规定报经企业主管领导审批。

（3）报废和削价　由于保管不善，造成霉烂、变质、锈蚀的零配件，在收发、保管过程中自己损坏并已失去部分或全部使用价值的，因技术淘汰需要报废的，经有关方面鉴定并确认不能使用的，由配件保管员填制“物品报废单”报经企业主管领导审批。由于上述原因需要削价处理的，经技术鉴定后，由配件保管员填制“物品削价报告单”，报经企业主管领导审批。

（4）事故处理　由于被盗、火灾、水灾、地震等原因，或因配件保管员失职使零配件数量和质量受到损失的，应作为事故向企业主管报告，并按照企业有关规定处理。

（5）呆料处理　在盘点过程中，还应清查有无本企业多余或暂时不需要的配件。呆料是百分之百可用的物料，且一点都未丧失物料原有应具备的特性和功能，只是呆置在仓库中，很少动用。应将呆料进行统计上报，并及时处理，可以采取内部员工销售奖励、客户促销机制等方法，或者把这些配件调剂给其他需用的单位。

第四节　配件与整车索赔

汽车及其配件的产品质量缺陷是不可避免的，因此汽车制造厂为汽车产品（包括整车和配件）提供了有条件的保修索赔。索赔工作维护了汽车消费者的权利，也为汽车厂家树立了品牌形象，以优质的服务赢得客户的信赖。

负责配件索赔的工作需要有专门的索赔员，索赔员必须经生产厂家培训，获得索赔员的资格证书，方可上岗进行理赔工作。根据汽车4S企业的大小，一般汽车4S企业的索赔员应1~2名。

一、汽车产品的质量担保

众所周知，所有商品都有质保期，即商品的质量担保期。汽车也一样，汽车生产企业一般都会给出行驶时间和行驶里程两个质量担保期的限定条件，以先到达者为准，符合厂家规定的质量担保条件，可以享受免费的更换零部件或者是总成件的售后服务。

2013年10月1日，历时12年的汽车三包法案正式实施。新三包法的实施，明确了授权经销商的基本权利、义务和责任，有利于预防争端的发生，同时也为争端解决提供处理意见，降低投诉率、提升客户满意度；另一方面也有利于提升汽车行业产品质量，减少假冒伪劣产品。

汽车三包政策规定：家用汽车产品包修期限不低于3年或者行驶里程6万公里，以先到者为准；家用汽车产品三包有效期限不低于2年或者行驶里程5万公里，以先到者为准；易损耗零件种类范围及其质量保证期由生产者规定并明示在三包凭证内。家用汽车产品三包期、保修期、易损耗零部件质量担保期三个核心时间的责任划分如图5-8所示。家用汽车产品包修期和三包有效期自销售者开具购车发票之日起计算。

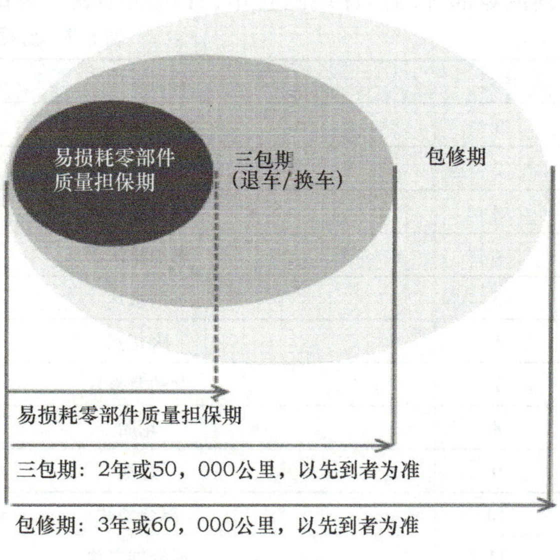

图5-8　三包责任划分图

以一汽-大众汽车有限公司生产的大众品牌汽车为例，了解整车和配件在质量担保方面的要求及质量担保方面的变化。一汽-大众销售有限责任公司自2013年9月2日起，率先实施三包政策。

（1）整车的质量担保要求　2013年9月2日起从授权经销商购买一汽-大众品牌家庭用

车的用户：

1）营运车辆用户享受包修服务：包修期为1年或10万公里（以先到者为准）。

2）公务车辆用户享受包修服务：包修期为3年或10万公里（以先到者为准）。

3）军用车辆用户享受包修服务：包修期为3年或10万公里（以先到者为准）。

4）家用汽车用户享受三包服务。三包有效期为2年或5万公里（以先到者为准）；包修期为3年或10万公里（以先到者为准）。

家用汽车用户在三包有效期内可享受的包退、换服务内容如下：

① 家用汽车用户自经销商开具购车发票之日起60日内或者行驶里程3000公里之内（以先到者为准），车辆出现转向系统失效、制动系统失效、车身开裂或燃油泄漏，消费者选择更换或退货的，经销商应当负责免费更换或退货。

② 因严重安全性能故障累计进行了2次修理，严重安全性能故障仍未排除或者又出现新的严重安全性能故障的，消费者选择更换或退货的，经销商应当负责更换或退货。

③ 发动机、变速器累计更换2次后，或者发动机、变速器的同一主要零件因其质量问题，累计更换2次后，仍不能正常使用的，发动机、变速器与其主要零部件更换次数不重复计算，消费者选择更换或退货的，经销商应当负责更换或退货。

④ 转向系统、制动系统、悬架系统、前/后桥、车身的同一主要问题因其质量问题，累计更换2次后，仍不能正常使用的，消费者选择更换退货的，经销商应当负责更换或退货。

⑤ 因产品质量维修时间超过35日且因同一产品质量问题累计修理超过5次的，消费者可进行更换。

⑥ 退回的车辆不再享受三包服务；退换的新车可享受三包服务。

（2）汽车配件的质量担保要求　易损耗零部件规定购车日期或购件日期自2013年9月2日起，易损耗零部件的担保期如表5-7所示，之前的应按原特殊件/易损件相关规定执行。其他零部件的担保期随整车（油液品不属于零部件范畴，油液品的担保规定见相关规定）。

表5-7　易损件明细规定

序号	易损零部件	质量担保期
1	空气滤清器	6个月或10000公里
2	空调滤清器	6个月或10000公里
3	机油滤清器	6个月或10000公里
4	燃油滤清器	6个月或10000公里
5	刮水片	6个月或10000公里
6	火花塞	6个月或10000公里
7	制动摩擦片	6个月或10000公里
8	轮胎	6个月或10000公里
9	灯泡	6个月或10000公里
10	离合器片	6个月或10000公里
11	遥控器电池	6个月或10000公里
12	蓄电池	12个月或20000公里
13	熔丝及普通继电器（不含集成控制单元）	12个月或20000公里

（3）汽车延保　汽车延保是汽车延长保修服务的简称，汽车延长保修服务是指车辆在原厂质量担保期满后，由车辆延长保修服务公司在原厂特约维修中心提供延长年限及里程的保修服务。客户只需支付一定的延长保修服务费用，在延长保修期内，车辆在正常保养及使用中，出现的一切属于延长保修服务范围的维修费用，均由车辆延长保修服务公司承担。

汽车延保业务是在传统汽车销售服务业基础上融合了先进的保险理念和管理技术而形成的一项汽车金融保险业务，是保险业务和传统业务紧密结合，协同发展的一个典型。

延保产品可以根据承保的周期、范围的差异形成不同的产品。

根据周期一般可分为原厂质保后1年、2年或3年期。

根据承保的范围一般可分为以下三类：

① 重要部件质保，主要覆盖发动机、变速器、驱动系统等。

② 综合部件质保，在重要部件的基础上增加对电气系统、燃油系统、转向系统等部件的质保。

③ 全面质保，接近于新车质保范围。

延保产品供应商通常分为两类。一类是由整车厂为主体的延保产品的供应商（整车厂体系）。这种情况下，整车厂通常会通过一家专业的延保业务服务及管理公司为其策划并管理整个延保业务。另一类是独立的延保产品供应商（独立供应商体系），通常会有保险公司或保险经纪公司充当该类角色。该类公司可以通过第三方的延保业务服务及管理公司帮助其管理业务或以内部部门的形式自行开展该类业务。

随着人们对汽车消费和理念的不断提升，汽车延保的概念逐渐被大家所熟悉。汽车延保在欧美发展已有40余年的历史，而在我国尚刚刚起步。汽车延保业务成为了经销商保证老顾客忠诚度，提高自有品牌残值率，促进品牌内置换的重要手段，势必成为我国汽车维修的新趋势。

二、配件索赔流程

汽车索赔就是汽车生产企业对所生产的汽车产品为客户提供的一种质量担保形式。这里的配件索赔是指汽车4S企业对售出的车辆，在保修期内出现由车辆制造、装配及材料质量等原因造成的故障或零部件损坏，由索赔员代客户与生产企业协商，给予配件的维修或更换，其相关费用（包括材料费和工时费）由汽车生产企业支付。

一般汽车生产企业索赔流程如图5-9所示。

1. 客户向经销商索赔

1）客户在使用车辆过程中，发现车辆出现故障或者存在缺陷，应当向汽车生产企业的特许经销商提出索赔要求。

2）经销商的服务顾问查看客户的《行驶证》《保养手册》，验车校对发动机号、底盘号及行驶里程，对故障车辆进行鉴定。在质量担保期内，符合质量担保条例的车辆给予索赔，维修工时费、材料费不与客户结算。

3）经销商的服务顾问询问并确定车辆的故障部位、原因；初步确定是否符合“索赔原则”，如果判断符合索赔原则，由服务顾问开具《任务委托书》，客户签名，第一联交由客户保存；如果判断不符合索赔原则，则由服务顾问向客户说明原因，经客户同意后开具《任务委托书》，进行正常的维修处理。

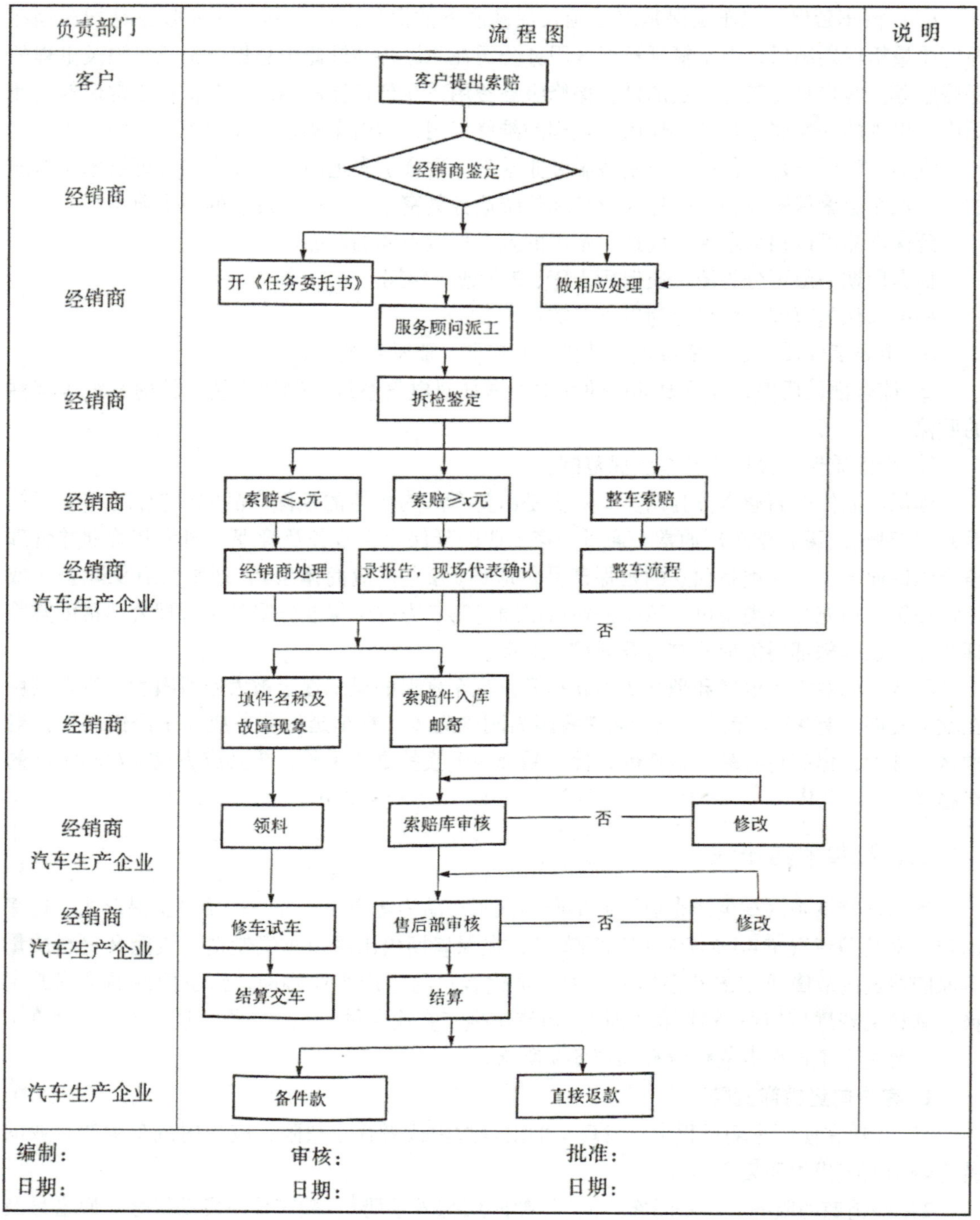

图 5-9　汽车生产企业索赔流程图

4）对于索赔的车辆，车间主管派工并将《任务委托书》的第二联交给维修技师。技师依照《任务委托书》的要求对索赔车辆进行拆修检查，确定损坏的零部件。

5）经销商的索赔员对待索赔件进行真假件的鉴定，根据“索赔原则”判断是否符合索赔条件，如果不符合索赔条件则交给服务顾问处理。

6）如果符合索赔原则，经销商确认同意客户索赔，还要视索赔件金额的大小执行不同的索赔程序。不同的汽车生产企业对索赔的管理不同，对索赔件金额的限定值也不同。有的汽车生产企业规定索赔金额在5000元以下的，由经销商索赔员依照索赔原则处理；索赔价值超过5000元以上的，经销商要请示售后服务部门的现场服务代表，并在索赔软件管理系统中录入《车辆故障信息报告》，现场服务代表网上批准后，经销商才可以为客户办理索赔业务。

7）对于经过索赔员或者是汽车生产企业的现场服务代表确认可以索赔的车辆，索赔员在《任务委托书》上签字，并且要在《任务委托书》上填写索赔件的名称及故障现象。

索赔员对完成索赔的车辆填写《索赔登记卡》，见表5-8，并录入索赔软件管理系统，维修技师将索赔件交给索赔员，索赔员验收索赔件后在《任务委托书》上填写《索赔申请单》，负责粘贴条形码并对索赔件进行管理，将索赔内容录入索赔软件管理系统，同时还要将《索赔申请单》上传到索赔软件管理系统。索赔件每月都要按汽车生产企业的规定按时返回到指定地点。

表5-8 索赔登记卡

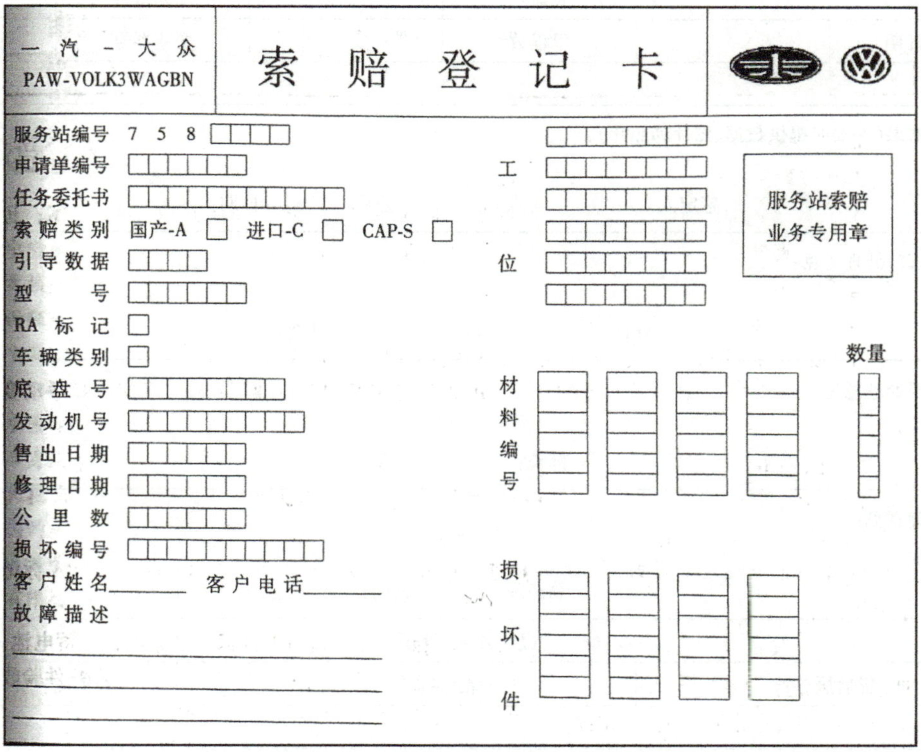
一 汽 - 大 众
PAW-VOLK3WAGBN
索 赔 登 记 卡
服务站编号 7 5 8
申请单编号
任务委托书
索赔类别 国产-A 进口-C CAP-S
引导数据
型 号
RA 标 记
车辆类别
底 盘 号
发动机号
售出日期
修理日期
公 里 数
损坏编号
客户姓名______ 客户电话______
故障描述
工 位
材料编号
数量
损坏件
服务站索赔业务专用章

8）配件管理员依照《任务委托书》的内容打印领料单，维修技术领料、装车、试车，将车钥匙及《任务委托书》的第二联交给服务顾问，服务顾问再交给结算员。

9）结算员依照索赔《任务委托书》的内容打印结算单，共两联，客户签字，第一联客户留存，第二联及索赔《任务委托书》的第二联交给索赔员存档。

2. 经销商向汽车生产企业索赔

1）索赔软件管理系统每月分4次将确认的《索赔申请单》转入索赔结算库，经销商根据索赔软件管理系统中“经销商月结算”信息开具增值税发票，并将发票按要求录入索赔软件管理系统（在发票备注栏填写经销商代码），每月按规定为经销商进行索赔结算。

2）发票经过汽车生产企业的财务人员审核无误后，汽车生产企业的财务部门通过索赔软件管理系统直接将索赔款转为配件款，如果经销商有特殊要求，可以写书面申请直接返款。

三、整车索赔流程

1）客户提出整车索赔的要求后，经销商服务总监填写《整车索赔申请表》，见表5-9所示，报汽车生产企业的区域负责人员。

表 5-9 整车索赔申请表

<table>
<tr><td colspan="3">经销商代码：</td><td colspan="3">编号：</td></tr>
<tr><td>客户单位</td><td colspan="3"></td><td>联系人</td><td></td></tr>
<tr><td>地址</td><td colspan="3"></td><td>电话</td><td></td></tr>
<tr><td>车型</td><td></td><td>底盘号</td><td></td><td>发动机号</td><td></td></tr>
<tr><td>领证日期</td><td></td><td>里程数</td><td></td><td>变速器号</td><td></td></tr>
<tr><td colspan="6">故障现象：</td></tr>
<tr><td colspan="6">检查分析结果（必要时提供数据、图片和照片）：
鉴定人： 电话： 公章： 日期：</td></tr>
<tr><td colspan="6">售后服务部门处理意见：
处理人： 科长： 日期：</td></tr>
<tr><td colspan="6">售后服务部处理意见：
部长： 日期：</td></tr>
<tr><td colspan="6">主管总经理意见：
总经理： 日期：</td></tr>
<tr><td colspan="6">提车各部门程序</td></tr>
<tr><td colspan="2">售后服务：</td><td colspan="2">储运部门</td><td colspan="2">经销商：</td></tr>
<tr><td colspan="6"></td></tr>
<tr><td rowspan="4">经办人：
日期</td><td rowspan="4" colspan="2">经办人：
日期：</td><td>底盘号</td><td colspan="2"></td></tr>
<tr><td>发动机号</td><td colspan="2"></td></tr>
<tr><td>颜色</td><td colspan="2"></td></tr>
<tr><td>经办人：
日期：</td><td colspan="2"></td></tr>
</table>

2）汽车生产企业的现场服务代表初步判断是否符合整车索赔原则，技术经理进行技术鉴定并向售后产品责任部及现场服务代表反馈鉴定结果。

3）经销商将汽车生产企业区域负责人批复的《整车索赔申请表》和情况说明报给售后产品责任部门。

4）产品责任部门负责上报各级领导审批，并将审批结果反馈给区域相关人员，由现场服务代表和经销商共同为客户办理相关手续。更换整车原则上应该在客户原来购车的经销商处进行，特殊情况可在区域现场代表指定的经销商处进行。经销商向客户收取折旧费用（按《整车索赔申请表》中汽车生产企业审批标注的数目）。

5）经销商凭《整车索赔申请表》到区域商品车中转库提车，同时将旧车发送到区域商品车中转库；区域的相关人员将《整车索赔申请表》转给订单管理部门和财务部门，由财务部门负责在经销商的购车款中扣除车辆折旧费用。

6）经销商负责与客户办理车辆的交接手续。经销商负责支付换车过程中发生的相关费用，准备相关材料，经过区域现场服务代表确认后，传给售后的产品责任部门；客户将原来的购车发票退还经销商，同时经销商为客户开具新购车发票。

四、索赔件的管理

1. 索赔件条形码

索赔件要粘贴或拴挂条形码或标签，方便“见件索赔”。

2. 索赔件操作规范

（1）索赔件条形码粘贴要求　对于索赔件表面平整的，条形码可以直接粘贴在索赔件平面空白处。为便于条形码扫描，还要注意以下事项：

1）条形码不能粘贴在索赔件的外包装盒上。

2）条形码不能粘贴在索赔件有油污或灰尘的面上。

3）条形码不能折着或弯曲粘贴在索赔件上。

4）条形码不能粘贴在索赔件上有文字、数字、字母和图形处。

适合这种要求的索赔件有：发动机、变速器、门锁、电脑、轮辋、仪表台、蓄电池、后桥、制动摩擦片、制动盘、制动鼓、空调等。

（2）条形码拴挂要求　对于不能直接粘贴条形码的索赔件，需先将条形码粘贴在索赔挂签上，再将索赔挂签牢固地拴挂在索赔件上。索赔挂签拴挂位置选择：

1）索赔件有小孔处。

2）拴挂在闭环处、柱型的凹处。

3）在索赔件上用胶带、绳、铁丝人为制成闭环来拴挂索赔挂签。

（3）多个索赔件的捆绑要求　一张索赔申请单对应多个索赔件，索赔件须要进行捆绑，且保证索赔件上的厂家代码、厂家标识、生产日期等标记不被遮挡。

（4）索赔件的清洗要求

1）索赔件存有油液须将残液倒放干净。适合这种要求的索赔件有：发动机、变速器、汽油箱、汽油泵、水箱、冷却液罐、动力转向机、转向助力泵、转向助力油罐、制动分泵等。

2）有油污、泥土等污物须清洗干净。适合这种要求的索赔件有：发动机总成及散件、变速器总成及散件、汽油箱、减振器、内外等速万向节及保护套、转向机、消音器等。

案例

马先生于2011年10月28日购买了一辆梅塞德斯奔驰ML350。该车于2013年8月10日无法正常起动，马先生致电梅塞德斯奔驰客服热线，寻求道路救援。后由拖车拖至4S店，维修接待员从客户口中得知故障基本情况。车间技师通过DOS(故障检测电脑)检查发现EIS(电子点火开关)故障码显示通讯故障。车辆无法正常起动是由EIS无法正常识别钥匙，EIS内部电器故障引起。经拆检，EIS内部无进液，且无人为痕迹，车间技师判断属于产品本身质量问题，通知负责质量索赔的保修人员，采集故障现象的影像证据。

维修接待员接到车间技师反馈，对更换部件进行报价，EIS模块价格为3849.63元，工时费用为338.16元。车间技师再去保修部，领料单盖章确认零件是否符合厂家索赔要求。配件部出货，车间技师领料更换EIS模块。最后，依据厂家规定将有质量问题的EIS旧件交还给保修部，经厂家保修检查后集中销毁。

由于马先生的车辆尚在质保期内，此次故障产生的所有费用包括救援费用、零件费用、工时费用等均由梅塞德斯奔驰负责。

第六章　客户关系管理

客户关系管理（Customer Relationship Management，CRM）的概念首先由美国高德纳咨询公司（Gartner Group）在 1993 年前后提出。20 世纪 90 年代，CRM 成为国外企业营销策略研究和营销系统应用的持续热点，中国著名客户关系管理研究专家齐佳音在《客户关系管理理论与方法》一书中对客户关系管理的定义是：客户关系管理是一种商业管理策略，它通过使企业组织、工作流程、技术支持和客户服务都以客户为中心来协调和统一与客户的交互行动，达到保留有价值客户，挖掘潜在客户，赢得客户忠诚，并最终获得客户长期价值的目的。因此，客户关系管理是一个不断加强与客户交流，不断了解客户需求，并不断对产品及服务进行改进和提高以满足客户需求的连续过程。

客户关怀是 CRM 的中心，其目的是与所选客户建立长期、有效的业务关系，在与客户的每一个“接触点”上都更加接近客户、了解客户，满足不同价值客户的个性化需求，以期最大程度地提高客户满意度和忠诚度，保留现有客户，挽回流失客户，不断发展新客户，实现客户价值的持续贡献，从而全面提升企业盈利能力。

第一节　客户关系管理概述

市场是由需求构成的，需求的多少决定了企业的获利潜力，而企业对需求满足的品质决定了企业获利的多少。客户对产品和服务的满意与否成为企业发展的决定因素。因此，“以客户满意为中心”成为当今企业管理的中心和基本观念，它替代了传统的“以利润为中心”的观念。企业的竞争重点正在经历着从以产品为中心向以客户为中心的转移，客户已成为企业的一项重要资产，客户满意已成为企业效益的源泉。

为了实现以“以客户满意为中心”这种管理中心的改变，克服传统市场营销的弊病，现代市场营销理论的核心已由过去的“4P”，即产品（Product）、价格（Price）、渠道（Place）和促销（Promotion），发展演变为“4C”，实现了真正以客户满意为中心。

“4C”理论的主要内容：

1）满足消费者欲望与需求（Consumer's wants and needs）。企业应努力研究消费者的需求，不要销售自己所能制造的产品或所能提供的服务，要销售消费者确实想购买的产品或服务。

2）降低满足消费者欲望与需求的成本（Cost to satisfy wants and needs）。企业应了解消费者要满足其需求所能付出的费用，降低满足消费者欲望与需求的成本。

3）购买的便利（Convenience to buy）。企业应积极思考如何给消费者提供方便，以使消费者能更便利地购得商品或获得服务。

4）沟通（Communication）。企业应加强同消费者的联系沟通，了解消费者对产品或服务的真实想法。

一、客户关系管理的目的

客户关系管理的目的主要有以下三方面：

（1）挖掘关键客户　根据20/80定律，20%的客户为企业创造了80%的利润，因此企业应特别关注那些最能为企业创造利润的客户，把他们牢牢“锁定”。把所有的精力分配给每一个客户，即“一碗水端平”的做法是不可取的。要想取得事半功倍的效果，应将有限的精力分配给最能为企业带来利润的客户，通过各种营销手段提升其购买欲望，增加企业效益。

（2）留住现有客户　调查显示，企业用于留住一个老客户的费用比开发一个新客户的费用要低得多。因此，为了稳定现有客户，许多公司加强了对现有客户的管理，使得客户关系管理成为现代企业销售管理的一项重要内容。

要想留住现有客户，首先要服务好现在的客户，并通过对这些客户的优质服务进行客户资源扩展。其次是对全部客户资源进行智能化管理，实现客户价值的扩大和增值。另外，利用信息技术提高业务处理效率，使企业高效运转，与客户建立起交互的沟通服务方式，大大提高客户服务的效率。

（3）放弃回报低的客户　企业在客户身上的投资得不到应有的回报时，就应该把这些客户列入放弃名单中而另外去开发新客户。那么，哪些客户应该放弃呢？这就可以从客户关系管理数据库中找出。

简言之，客户关系管理的目的就是使企业可以更低成本、更高效率地满足客户需求，从而使企业最大程度地提高客户满意度及忠诚度，挽回失去的客户，保留现有客户，不断发展新客户，发掘并牢牢地把握住能给企业带来最大价值的客户群。

二、客户关系管理的内容

1. 客户资料采集

客户资料是客户关系管理的基础，主要包括客户的姓名、地址、电话、兴趣、爱好、性格、学历、年龄、能力等；企业所有者、法人代表、创业时间、与本公司交易时间、企业组织形式、资产等。一方面要采集客户信息，输入到客户数据库中，同时，对已有客户信息要不断验证并更新。

案例：建立客户档案，更多地了解客户

乔·吉拉德说：“不论你推销的是任何东西，最有效的办法就是让顾客相信——真心相信——你喜欢他，关心他。”

如果顾客对你抱有好感，你成交的希望就增加了。要使顾客相信你喜欢他、关心他，那你就必须了解顾客，搜集顾客的各种有关资料。

乔中肯地指出：“如果你想要把东西卖给某人，你就应该尽自己的力量去收集他与你生意有关的情报……不论你推销的是什么东西。如果你每天肯花一点时间来了解自己的顾客，做好准备，铺平道路，那么，你就不愁没有自己的顾客。

刚开始工作时，乔把搜集到的顾客资料写在纸上，塞进抽屉里。后来，有几次因为缺乏整理而忘记追踪某一位准顾客，他开始意识到自己动手建立顾客档案的重要性。他去文具店买了日记本和一个小小的卡片档案夹，把原来写在纸片上的资料全部做成记录，建立起了他的顾客档案。

乔认为，推销员应该像一台机器，具有录音机和电脑的功能，在和顾客交往过程中，将顾客所说的有用情况都记录下来，从中把握一些有用的材料。

乔说："在建立自己的卡片档案时，你要记下有关顾客和潜在顾客的所有资料，他们的孩子、嗜好、学历、职务、成就、旅行过的地方、年龄、文化背景及其他任何与他们有关的事情，这些都是有用的推销情报。

所有这些资料都可以帮助你接近顾客，使你能够有效地跟顾客讨论问题，谈论他们自己感兴趣的话题，有了这些材料，你就会知道他们喜欢什么，不喜欢什么，你可以让他们高谈阔论，兴高采烈，手舞足蹈……只要你有办法使顾客心情舒畅，他们不会让你大失所望。"

2. 客户差异分析

不同客户之间的差异主要表现在：一是他们对企业的价值不同；二是他们对产品或服务的需求不同。对客户进行有效的差异分析，可以帮助企业更好地配置资源，使产品或服务的改进更有效，识别并掌握最有价值的客户以期获得最大的收益。

对客户差异化的分析，可引用美国数据库营销研究所休斯教授的 RFM 模型。该模型的具体内容如下：

R—recent，是指客户最近一次购买的情况。通过对"最近一次购买"的分析，企业可以了解客户最后一次交易的时间距离现在多久。最后一次购买是维系客户的一个重要指标，企业定期检查这一信息来跟踪客户的忠诚度，并及时调整服务从而与客户保持长期的良性接触。

F—frequent，是指购买频率。购买频率即客户在测试期间的购买次数，高购买频率意味着更大的市场感召力。根据客户购买频率与最近一次购买情况和购买金额，就能准确判断一定区域和时期内的一般客户和主力客户，使企业的营销策略更有针对性。

M—monetary，是指花费金额。花费金额能够为企业提供客户在一定时期的需求量信息。结合该信息就可以预测一定时期、一定区域内的市场占有率，并能确定哪些客户的需求量大。

RFM 分析法不需要添加任何数据，只要企业的客户数据库记录了客户的购买历史，就可以使用 RFM 分析法。企业不需要花费任何额外代价，也不用聘请统计员。

3. 良好客户关系的建立

为了与客户建立和保持长期良好关系，首先企业要通过服务取得客户的信任；其次要加强与客户的感情沟通，关心客户购买产品后是否真正获得了利益，必要时加强对客户的业务指导和帮助。

4. 客户反馈管理

客户反馈在衡量企业承诺目标的实现程度和及时发现企业在客户服务过程中的问题等方

面具有重要作用。投诉是客户反馈的重要途径，如何正确处理客户的意见和投诉，对于消除客户不满，维护客户利益，赢得客户信任都是十分重要的。

伴随着信息技术发展应运而生的客户关系管理系统软件，不仅为企业提供了一个收集、分析、利用客户信息的系统，更为现代企业提供了一个全新的商业管理战略工具，它可以帮助企业充分利用其客户资源，提高客户的满意度和企业的赢利能力，帮助企业在激烈的市场竞争中立足和发展。

三、客户关系管理的意义

"客户满意"是客户关系管理的核心内容，是战胜竞争对手的最好手段，也是企业取得长期成功的必要条件。因此，"客户满意"不能仅仅是口号和规划，更需要企业落到实处，在运营的每一个环节，处处以客户为中心，事事为客户着想，不断改进产品与服务，为企业赢得更多的满意客户，提升客户忠诚度，创造良好口碑，提升企业的竞争能力与盈利能力。

要想做到"客户满意"，须树立正确的客户管理理念：

1）着眼于客户的期望，按客户想购买的方式销售。

2）客户第一而不是利润第一。

3）客户是企业的衣食父母。

4）客户并不总是对的，但永远是第一位的。

5）客户满意是一个标准不断变动的过程，不求最好，但求比竞争者做得好。

汽车4S企业要想在市场竞争中立于不败之地，必须树立客户满意的经营理念，并且整个企业要上至决策层，下至一线员工都要深刻认识到"客户资源是企业最重要的资源""客户是公司生存和发展的基础"，自觉地将"以客户为中心"的经营理念贯彻到工作的每个环节中，真正做到"想为客户所想、急为客户所急"，让每一个客户通过享受令人满意的服务产生对企业员工人品的信赖，进而信赖企业及其产品。

案例：250定律——不得罪一个顾客

在每位顾客的背后，都大约站着250个人，这是与他关系比较亲近的人：同事、邻居、亲戚、朋友。如果一个推销员在年初的一个星期里见到50个人，其中只要有两个顾客对他的态度感到不愉快，到了年底，由于连锁影响就可能有5000个人不愿意和这个推销员打交道，他们知道一件事：不要跟这位推销员做生意。这就是乔·吉拉德的250定律。

由此，乔得出结论：在任何情况下，都不要得罪哪怕是一个顾客。

在乔的推销生涯中，他每天都将250定律牢记在心，抱定生意至上的态度，时刻控制着自己的情绪，不因顾客的刁难，或是不喜欢对方，或是自己心绪不佳等原因而怠慢顾客。乔说得好："你只要赶走一个顾客，就等于赶走了潜在的250个顾客。"

第二节 客户满意度战略

客户满意度战略作为现代企业经营活动中的一种整体经营理念和手段，最早产生于美国并应用于汽车行业，它是指通过对影响客户满意度的因素进行分析，发现影响客户满意度的因素、客户满意度及客户消费行为三者的关系，从而通过最优化成本有效地提升影响客户满意度的关键因素，以达到改变消费者行为，建立和提升客户忠诚度，减少客户抱怨和客户流失，增加重复性购买行为，创造良好口碑，提升企业的竞争能力与盈利能力。

一、客户满意度概述

客户满意度(customer satisfaction)，也叫客户满意度指数，是指客户通过对产品或服务的实际表现与其期望值相比较后，所形成的感觉和状态。它反映的是客户的一种心理状态，因此，“满意”并不是一个绝对概念，而是一个相对概念，是客户期望值与客户体验的匹配程度。

客户满意度可简单表示为

$$c = b/a$$

其中，c 表示客户满意度；b 表示客户对产品或服务所感知的实际体验；a 表示客户对产品或服务的期望值。

如果产品或服务的实际体验低于期望，客户就会不满意；如果实际体验与期望相匹配，客户就会满意；如果实际体验超过期望，客户就会高度满意，见表 6-1。

表 6-1 客户满意度

客户满意度 c	含 义
当 c 接近 0 时	表示客户的期望完全没有实现
当 c 小于 1 时	表示客户对产品或服务不满意
当 c 等于或接近于 1 时	表示客户对产品或服务一般满意
当 c 大于 1 时	表示客户对产品或服务高度满意

二、客户满意度测评对企业的意义

据美国《财富》杂志对“全球 500 强企业”的跟踪调查，企业的客户满意度指数同“经济增值”和“市场增值”呈明显的正比关系：企业的客户满意度指数若每年提升一个点，则 5 年后该企业的平均资产收益率将提高 11.33%。对企业而言，“满足顾客的要求和期望”将取代追求质量合格或服务达标而成为企业所追求的最高目标。

客户满意度指数测评对企业的意义表现在以下几个方面：

1. 调整企业经营战略，提高经营绩效

通过客户满意度指数测评，可以使企业尽快适应从“卖方”市场向“买方”市场的转变，意识到客户处于主导地位，确立“以顾客为关注焦点”的经营战略。在提高客户满意度、追求客户忠诚的过程中显著提高经营绩效。

2. 塑造新型企业文化，提升员工整体素质

外部客户满意度测评使员工了解客户对产品的需求和期望，了解竞争对手与本企业所处的地位，感受到客户对产品或服务的不满和抱怨，这使员工更能融入企业文化氛围，增强责任感。内部客户满意度测评使员工的需求和期望被企业管理层了解，可以建立更科学完善的激励机制和管理机制，最大限度发挥员工的积极性和创造性。

3. 促进产品创新，利于产品/服务的持续改进

客户满意度测评使企业明确产品或服务存在的急需解决的问题，并识别客户隐含的、潜在的需求，利于产品创新和持续改进。

4. 增强企业竞争力

经营战略、企业文化和员工队伍的改善，创新机制的推进，显著增强企业的适应能力和应变能力，提高市场经济体制下的竞争能力。

三、客户满意度的影响因素

客户满意度受多种因素影响，大致可分为直接因素和间接因素。

1. 直接因素

(1) 产品因素　主要有3个方面：

首先是产品与产品在功能、质量、价格方面的比较，如果有明显优势或个性化突出，则容易获得客户满意。其次是产品的消费属性，客户对价值高、耐用消费品要求比较苛刻，因此这类产品较难取得客户满意；然而一旦客户满意，未来客户忠诚度则会很高。最后，产品的外观因素，如包装等，若设计细致，也会促进客户满意。

(2) 服务因素　售后服务时间长短，服务人员的态度、响应时间、投诉与咨询的便捷性等都会影响客户满意度。

(3) 人员因素　服务人员的素质与诚信度、服务意识与理念、语言交流能力水平等都将直接影响客户满意与否。服务人员在服务过程中片面夸大产品优点和功能，甚至欺骗顾客，导致诚信度缺失，间接因素影响客户满意。

2. 间接因素

间接因素主要包括企业与客户的沟通、企业对客户的关怀等方面。

(1) 企业形象　企业是产品与服务的提供者，其规模、效益、形象、品牌和公众舆论等都影响消费者的判断。企业留给消费者一个什么样的形象，会很大程度上影响消费者的选择。

(2) 企业宣传与反馈渠道　企业宣传有效与否会影响客户对产品性能的了解程度；同时客户因为质量、服务中存在的问题需要向企业投诉反馈，如果缺乏必要的反馈渠道或渠道不畅，易使客户不满意。

(3) 企业对客户的关怀　企业是否积极对产品、服务等方面可能存在的问题主动向客户征求意见，倾听客户抱怨；是否对客户有情感上的维系都会影响客户满意度。

四、客户满意度调研

客户满意度调研步骤一般如图6-1所示。

(1) 制订客户满意度调研计划　有了周密的计划，才能保证调研的有序、有效进行，避免出现误导或错误的信息。

（2）选择专业咨询顾问公司　实施调研计划要选择有一定声誉的机构，专业机构的水平关系到调研结果的正确性、可靠性、有效性。

（3）锁定客户　通过访问、面谈等方式细分市场，锁定目标市场，了解客户要求和期望。

（4）确定绩效指标　客户满意度调研的核心是确定产品和服务在多大程度上满足了客户的期望和要求，这些期望和要求可归纳为一系列的绩效指标。

（5）设计问卷　这是客户满意度调研的关键之一，问卷设计得好坏将直接影响调研效果。

（6）实施调研　问卷可通过邮寄征询、电话访问、面谈等方式进行调查，倾听客户的意见与对满意度绩效指标的评价和反映。

（7）调查结果的研究和分析　对调查访问结果信息按要求归纳分析，利用统计方法得出调查结果，确定需解决的问题和改进的方向和目标。

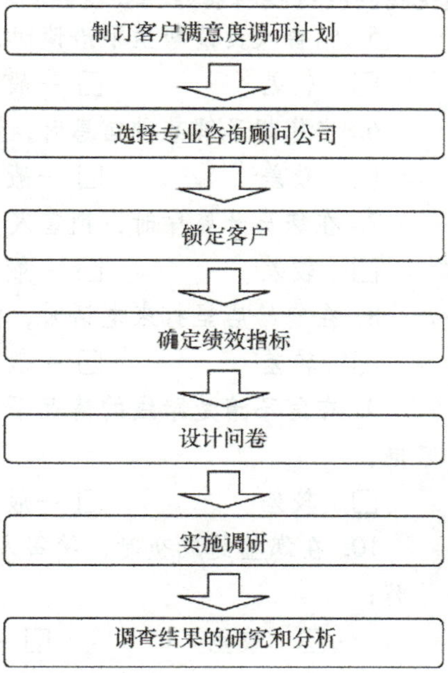

图 6-1　客户满意度调研步骤

案例：广本 4S 店客户满意度问卷调查

尊敬的客户：

您好！感谢您信任我们，并选择在我店购车。为使我们的服务更加完善，能够向您提供更加优质的服务，提高客户满意度，请您在百忙中协助我们做好这份《客户满意度问卷调查》。

一、基本信息

您的姓名：　　　　　　　　　　性别：

联系电话：　　　　　　　　　　所购车型：

二、问卷内容

1. 当您来店时，销售顾问能在第一时间接待您；

□ 较差　　□ 一般　　□ 满意　　□ 非常满意

2. 销售顾问能随身携带名片，在您进店时，能进行简短的自我介绍，并请教您的称呼；

□ 较差　　□ 一般　　□ 满意　　□ 非常满意

3. 销售顾问在给您介绍产品时，能准确自如地为您提供各种车型的配备、性能和所有技术参数；

□ 较差　　□ 一般　　□ 满意　　□ 非常满意

4. 在您遇到疑问时，销售顾问能及时、主动趋前询问；

□ 较差　　□ 一般　　□ 满意　　□ 非常满意

5. 销售人员请您坐下洽谈时，能第一时间为您奉上可供选择的免费饮料；

□ 较差 □ 一般 □ 满意 □ 非常满意

6. 当您想了解某种信息时，销售顾问能为您提供整套的产品资料向您展示；

□ 较差 □ 一般 □ 满意 □ 非常满意

7. 在您离开展厅时，销售人员能主动送您到展厅门外；

□ 较差 □ 一般 □ 满意 □ 非常满意

8. 在您给店里打来电话时，能听到销售人员通报自己特约店名称及自己的姓名；

□ 较差 □ 一般 □ 满意 □ 非常满意

9. 在您不清楚路线的情况下，能给予给您明确的指引，并在电话结束时感谢您的来电；

□ 较差 □ 一般 □ 满意 □ 非常满意

10. 在您签约成交时，销售人员为您解释过各项费用，使您对所交付的费用能清楚了解；

□ 较差 □ 一般 □ 满意 □ 非常满意

11. 在与您签定购车合同时，对交车的时间向您确认，并对可能延误的情况予以说明；

□ 较差 □ 一般 □ 满意 □ 非常满意

12. 通知您提车时，能清楚地告诉您所要准备的手续及各种付款方式的提示；

□ 较差 □ 一般 □ 满意 □ 非常满意

13. 若您在店内办理一条龙服务，销售人员能尽量给您安排合适的时间，并向您说明所需时间及此项流程；

□ 较差 □ 一般 □ 满意 □ 非常满意

14. 在销售人员向您交车时，您对新车的清洁程度是否满意；

□ 较差 □ 一般 □ 满意 □ 非常满意

15. 销售顾问能清晰明了地向您讲解车辆各功能的操作办法，逐一为您做了演示，并请您亲自操作；

□ 较差 □ 一般 □ 满意 □ 非常满意

16. 在与您合影留念时，为您介绍了服务部门负责人员，并恭喜您喜购新车；

□ 较差 □ 一般 □ 满意 □ 非常满意

17. 首次保养的服务项目及公里数能够对您作重点提示，并清楚地加以解释；

□ 较差 □ 一般 □ 满意 □ 非常满意

18. 销售人员利用《保修手册》，向您说明了保修内容和保修范围；

□ 较差 □ 一般 □ 满意 □ 非常满意

19. 销售人员对当您的新车一旦发生故障，您所需准备的有关手续和联系方法作了提示；

□ 较差 □ 一般 □ 满意 □ 非常满意

20. 在向您交车时，与您逐一核对过所定购的选装件、备胎、千斤顶、随车工具；

□ 较差 □ 一般 □ 满意 □ 非常满意

21. 销售人员与您确认可接受的售后跟踪和联系方式，并简要告知您跟踪内容；

□ 较差　　□ 一般　　□ 满意　　□ 非常满意

22. 从看车、定车到购车，您对于我们销售顾问为您提供的整个销售过程的服务是否满意，并请您在 10 分制内给予打分；

□ 较差　　□ 一般　　□ 满意　　□ 非常满意

如方便，请您为我们提出一些具体意见或建议：________________

____

感谢您的参与和配合！

为了表示谢意，我们将赠送您一份有广本标志的精美小礼品！

五、客户满意度提升对策

1）利用客户信息数据库，分析客户信息，细分客户类型。

通过客户档案，了解成交客户的年龄段、性别、购入量、购车类型、购车原因、职业等；了解流失客户的年龄段、性别、未成交原因（如经济负担、无喜好车型、服务因素或对品牌的信任度不足等）。

2）有效利用电子网络系统。

① 公司网站内容要及时更新，包括近期市场活动、新车推介测评等。

② 建立车主俱乐部论坛，采用以客户为中心的交流方式，方便车主对产品、服务、市场活动提出建议。此外，论坛的注册用户应不只限于车主，这样有助于带来大量的潜在客户。

3）建立优良的售后服务和客服系统，及时处理客户投诉与抱怨，包含对网站论坛中车主建议的回复与投诉抱怨处理，周期总结并提出改进意见，有助于提升客户满意度与忠诚度，带来潜在客户，提高企业的市场竞争力。

4）实施年度客户满意度调研、市场调研，研究整体汽车市场，重点在本区域城市，了解其他品牌情况并提出对策。

5）建立准确的销售业绩数据库，考察周期销量变动原因，针对客户满意度提升工作后的销量变化、畅销车型、滞销车型进行分析。

总之，客户满意度经营战略不仅仅是规划和计划，还应是实实在在的以客户为中心，以不断提高客户满意度为目标，不断进取、改进不良行为。客户满意是客户关系管理的核心内容，是汽车行业战胜竞争对手的最好手段，也是企业取得长期成功的必要条件。

第三节　客户档案管理

一、客户档案的建立

客户档案是企业的重要资源，不仅在客户关系管理，而且在企业面向客户服务的各项工作中都具有广泛而重要的作用。保留完整、清晰的客户资料和车辆档案，有利于企业建立客户群、开展售后服务跟踪、开拓新业务、提高企业的知名度等。客户档案的建立通常有两种方式：一是客户基本资料的建立；二是客户业务资料的建立。

1. 客户基本资料的建立

客户基本资料的建立包括客户基本资料的获取、整理、录入、保存、更新、取用和应急处理等。对于不同的企业来说，对客户基本资料的内容的要求各不相同，应该根据需要制定有关的规章制度细则，当然这些制度一般来说大同小异，一般客户的资料分为四个部分。

1）车辆的基本信息：车牌号、VIN 码、发动机号、车架号(底盘号)、钥匙号、出厂日期、首保日期、车型和车型分类等。

2）车辆的扩展信息：购买日期、档案登记日期、保险公司名称、保险联系人、续保日期、下次应保养日期、上次业务日期、行驶证年检日期和养路费缴纳日期等。

3）车主的基本信息：姓名、性别、出生日期、身份证号码、住址、邮政编码、联系电话和手机号码等。

4）车主的扩展信息：车主的电子信箱、即时通信号码、车主的其他联系人、开户银行、开户账号、税号、所在地区和类别等。需要说明的是，车型的分类和客户的分类，都有很多种分类办法。例如，可以按照年龄分类、可以按照地区分类、可以按照车辆用途分类、可以按照客户来源分类、可以按照业务大小分类，甚至还有企业要求记录客户的兴趣爱好等。

2. 客户业务资料的建立

客户业务资料的管理包括客户的来访记录、购车记录、购买配件记录、修车记录、保养记录、跟踪回访记录和投诉记录等。

1）销售记录。如果一个企业刚刚开始建立客户档案，查阅企业销售记录是一个最为直接、简单的方法。从销售原始记录中，可以看到现有客户和曾经进行交易的客户的名单，以及企业客户的类型。

2）维修服务登记。利用客户维修服务时进行的登记是建立客户档案的一个最简单的办法。这可以采取请客户自己登记的办法，以获得更多、更准确的客户信息，不过这需要得到客户的配合。但很多客户不愿花费时间和精力填写登记卡，即使填了也难以保证质量。企业可以以某种方式对自愿登记的客户进行奖励，如采用赠送小礼品等方式来提高填写质量。

二、客户档案分析

建立客户档案、收集客户资料是为了利用这些信息，使其在实现企业的客户向导中真正发挥作用，实现信息的价值。由于对客户档案分析的内容常取决于客户服务决策的需要，而在不同的企业、不同的时期这种需要不同，所以对客户档案分析利用的内容有差异。在实践中，不同类型的客户对服务需求、评价标准等存在较大差异，因此汽车 4S 企业应以客户档案为基础，积极分析客户类型，针对不同的客户提供个性化的服务和差异化管理，有利于提高客户满意度忠诚度。

在客户关系管理中，客户分类方法并不固定，企业可根据客户档案中的已有信息和自身管理的需要对客户进行分类，通常按车龄、车辆用途、客户价值、客户职业类别、客户所处区域、车辆档次等可进行如下分类。

1. 按照车龄划分

按照车龄，可以划分为保修期内客户、2~5年的客户、5年以上的客户三大类，客户特征和应对策略见表6-2。

表6-2 按照车龄划分

客户类别	客户特征	应对策略
保修期内客户	此类客户对车辆的关注度非常高，对汽车4S企业的依赖度也相当高，大部分的车辆保养与维修基本上都是在4S店进行	汽车4S企业最基本的目标客户，引导客户消费习惯，建立和谐信赖的客户关系
2~5年的客户	此类客户对定期保养的积极性逐年降低，但随着车龄的增长，车辆的故障率也在逐年增加，维修费用占了很大比例 在服务时，客户对服务质量、清晰的服务过程和费用比较关注，对消费积分或其他服务优惠活动表现出浓厚兴趣	4S企业营销的重点目标客户，应与客户积极接触、沟通，提供高质量的服务，创造客户忠诚度
5年以上的客户	随着车辆老旧，逐步进入淘汰期，客户的消费欲望降低到最低值，但一旦车辆出现大的故障或出险，客户仍然会首选到4S企业维修	4S企业不能轻言放弃的客户，有针对性地开发客户新的兴趣，挖掘客户深层需求

2. 按照车辆用途划分

按照车辆用途，可以划分为私家车、公务车、营运车三大类，客户特征和应对策略见表6-3。

表6-3 按照车辆用途划分

车辆类别	客户特征	应对策略
私家车	客户在消费时，对质量和价格非常敏感，希望得到清晰的服务，同时也希望在情感方面得到4S企业服务人员的理解与尊重	汽车4S企业创新并提供个性化的服务是赢得此类客户的关键
公务车	此类客户对车辆维修质量的关注度是最高的；同时，对于服务环境、服务享受、服务人员的礼仪等方面也比较在意	细致的维修作业、严格的质量检验、多项的车辆检测、紧密的私人交往等必不可少
营运车	价格、时间、效率是此类客户接受服务时的三大考虑因素；相反，对服务态度、礼仪、环境等服务质量不足的容忍度较高	对此类客户的服务应体现在快速和适当的价格上

3. 按照客户价值划分

（1）A类客户（忠诚客户群） A类客户是4S企业最重要的客户资源，是4S企业赖以生存和发展的重要源泉，区分、熟记、挽留、赢得他们是客户关系管理工作的重中之重。区分A类客户不能只简单地以消费金额多少为参考标准，还要关注客户的非货币因素。

（2）B类客户（机会客户群） B类客户在4S企业客户资源中所占比例相对较大。此类客户只是由于时间较短，暂时没有表现出A类客户的特质，4S企业应尽量促使这类客户向A类客户转化。

（3）C类客户（边缘客户群） C类客户对4S企业的贡献相对较低。此类客户极易占用企业相当大的一部分人力、精力、物力和财力。为平衡企业资源的利用效率，需对C类客户进行精准区分，以便企业更好调配资源。

（4）D类客户（流失客户群） D类客户是4S企业值得挖掘的重要客户群，企业应引起高度重视。由于客户流失原因较为复杂，因此4S企业应对流失客户群进行收集、整理和分析，针对流失客户群的原因和特点，举办有特色的客户服务活动，动员、吸引其返回，做好流失客户的挽回将有利于企业提升赢利能力、保持持续发展。

不同类别客户的特征、服务特色及措施，见表6-4。

表6-4 按照客户价值划分

客户类别	客户特征	服务特色及措施
A类客户	1）消费金额高，消费频率高 2）品德、素质高，信用度高 3）对品牌忠诚度高，对4S企业的依赖度高 4）对价格敏感度低，对质量问题承受能力强 5）宣传价值高	1）提供一对一专人服务，第一时间安排技师、工位和配件 2）优先发布重要优惠和服务提醒信息 3）严控维修质量 4）高度重视客户抱怨，防止滑向B类
B类客户	1）4S企业与客户接触时间短，未完全挖掘客户潜力 2）尚未形成对服务品牌的忠诚度 3）对4S企业的服务存有疑虑 4）服务尚未得到客户认可，客户不愿回报	1）一流的硬件设施、整洁的服务环境、完美的职业素养，为客户展示专业水准 2）确保维修质量和按时交车 3）提供养护、改装等特色服务 4）认真清洁维修车辆，满意交车
C类客户	1）接受服务以获取己方单方面利益为驱动，在4S企业只做保修或免费服务，付费维修选择非4S企业 2）与4S企业的业务联系极少，消费周期超过6个月或更长时间，可称之为潜在流失客户	1）针对C类客户，经常举办换季免费检测等特色优惠活动 2）宣传专用设备、工具优势和认证技师特色 3）严控维修质量，展示专业技术能力和水平 4）提供养护、改装等特色服务 5）加强客户关怀，举办客户训练营，讲授机械和使用常识及驾驶技巧，促使其向B类客户转化
D类客户	1）过保修期就不再来4S店 2）价格敏感度极高 3）忍耐力低，对服务过程中人员的态度、能力、素质、质量、便捷、快速准确等因素极易产生不满 4）对4S企业的服务评价容易以点概面、以偏概全	1）宣传展示专业技术能力和水平 2）定向举办优惠活动 3）定期回访客户，提供长期关怀性信息提醒服务 4）定期上门拜访、出诊和免费检测及接送车等服务 5）提供优惠的特色改装和翻新服务，招揽老客户回店 6）丰富客户俱乐部活动，有针对性地开展联谊、公益等活动，增加品牌凝聚力 7）分析客户流失的主要原因，及时纠正和改进

除此以外，在实践中企业还利用客户档案进行客户信用度分析、客户资产回报率分析、客户占有率分析、开发新客户与损失客户分析、企业营销效果分析、合同履行分析等。

三、客户档案管理

客户档案管理，是汽车维修的基础管理工作，也是企业生产、技术管理的基础工作。

1）客户进厂后业务接待人员当日要为其建立业务档案；客户档案由业务部门负责收集、整理和保管。汽车大修、总成大修、汽车二级维护的客户档案一车一档，一档一袋，档案内容包括维修合同、检验签证单、竣工证存根、工时清单、材料清单等；汽车一级维护、小修的资料在维修登记本中保存。

2）客户基本信息应进行整理，并利用计算机存档；纸质档案应保持整齐、完整，不得混杂乱装，档案袋应有明确的标志，以便检索查询，同时防止污染、受潮、遗失。

3）车辆维修竣工后，检验员应在车辆技术档案中记载总成和重要零件更换情况及重要维修数据(如气缸、曲轴直径加大尺寸)。

4）单证入档后除工作人员外，一般人员不得随意查阅、更改、抽换。如确需更正，应经有关领导批准同意。

5）档案内容有客户有关资料、客户车辆有关资料、维修项目、修理保养情况、结算情况、投诉情况，一般以该车“进厂维修单”的内容为主。老客户的档案资料表填好后，仍存入原档案袋。

6）客户维修档案应保存两年或两年以上。

第四节　优质服务策略

优质服务是为客户提供的最佳服务，要求企业不仅要在整个售后服务过程中贯彻最佳服务，还要为客户提供一些超值的服务项目，扩大服务范围，兑现服务承诺，贯彻客户第一的服务宗旨。优质服务有助于与客户建立稳固的关系，提高客户的忠诚度，吸引新的客户，也是树立企业和品牌形象，提高企业竞争力的有效措施。

一、优质服务规范

1. 服务周到、礼仪规范

1）穿戴统一整洁的工作服，以礼待客。

2）从客户的角度出发，给予客户周到的答复。

3）积极地对待客户的请求和抱怨，并给予明确的答复。

4）礼貌接听电话。

2. 作业可靠、服务质量高

1）根据客户提供的信息给予准确的诊断。

2）提供正确的信息，并遵守承诺时间，给出正确的工作指示。

3）严格执行质检制度，确保维修作业质量。

4）作业标准化、专业化，工作效率高。

3. 体贴入微的跟踪服务

1）定期地用信函、电话来提醒客户对车辆进行保养维护。

2）车辆维修之后的跟踪回访。

3）用信函和电话进行日常关怀、提醒，增进与客户的关系。

4. 服务环境舒适，维修设备/设施可靠

1）营造客户友好型环境，带给客户轻松和谐的氛围。

2）维修仪器/设备专业、齐全，可靠、有效。

二、优质服务举措

汽车 4S 企业需减少客户抱怨和客户流失，建立和提升客户忠诚度，创造良好口碑，增加重复性购买行为，提升企业的竞争能力与盈利能力。应时时事事以客户为中心，收集客户需求与质量反馈信息，并在运营过程中对汽车产品及服务质量进行持续改进，满足客户的“优质服务”需求。

1. 维修质量

1）根据客户需求、车辆保养历史和技术状况推荐服务项目。

2）礼貌接待客户，根据客户提供的信息准确诊断故障。

3）给出准确的工作指示，技师按照规范流程进行维修作业。

4）维修工作完成后，会进行最终质量检查。

5）不使用技术术语解释维修工作。

6）跟踪拜访，并确认维修质量。

2. 环境

1）经常检查、维护店内外环境。·

2）在接待区、客户休息区、维修车间等区域实施 5S 管理。

3）独立设置废物储藏区。

4）正确处理废弃物，注意环境保护。

5）定期清洗机油/水分离器。

3. 沟通

1）以礼待客。

2）穿戴统一整洁的工作服。

3）及时迎接客户。

4）从客户的角度出发，给予周到的答复。

5）积极对待客户的请求和抱怨，并给予明确的答复。

6）清晰解释。

7）有礼貌地接听电话。

4. 客户数据库管理

1）准确记录新客户和车辆数据。

2）及时更新客户数据。

3）定期地维护和重新整编客户数据库。

5. 作业管理

1）实施作业管理，有效利用车间设备和技师时间。

2）为技师指派适当的工作。

3）定期召开会议。

4）给出维修作业的完成时间，确保技师遵守许诺的作业时间。

6. 实绩管理

1）准确记录日常业绩。

2）及时汇总数据。

3）分析计划和结果之间的差距。

4）根据差距原因，采取相应的对策。

7. 设备管理

1）按照标准配置、安装各种专业维修设备/实施。·

2）经常性保养、维护各种维修设备/实施。·

3）查看并补充配置各种维修设备/实施。

8. 客户满意度提升对策

1）经常收集、整理客户的反馈信息。

2）采取措施提升客户的满意度。

3）落实各项满意度提升措施。

4）经常检查并回顾执行结果。

5）积极对待客户的请求和抱怨。

三、建立会员制度

企业吸引到客户之后，需要持续努力，才能够长期留住客户，使其成为忠诚客户。会员制度，就是留住老客户的常用办法之一，也是客户关系管理的一种有效手段。一套完善的会员制度，是与客户建立良好关系的纽带与桥梁，有助于提升客户的忠诚度，以便长期稳定客户。

（1）会员制实施方式

1）车友会。

2）客户教室。

通过客户教室可以培训指导客户车辆使用维护方面的知识，有利于固定客户。例如，一汽丰田公司定期在全国各经销店举办“爱车养护课堂”活动，免费为车主讲解车辆使用常识，以及安全驾驶、常见故障排除等基本知识，并对车主现场指导，解决车主的疑问，拉近经销店与车主的距离。

（2）建立会员制的方法

1）将现有的客户或有可能惠顾的客户进行登记，每逢有宣传节目、服务活动，便将有关资料或优惠券邮寄过去，以建立与客户的关系。

2）对于特定老客户，可赠送记名的购物卡或证件，凭卡券购买物品，亦可现金折扣优待。

3）建立会员折扣与积分制度，让会员每次来店都能享受到工时、配件的折扣优惠或增值服务，有利于激发客户持久的消费积极性。

四、日常关爱

1. 新车提醒

若顾客购买新车，应做到以下几点：

1）新车交车的 3 周至 4 周内，使用信函或电话询问新车的使用情况。

2）主动告知服务站地点、营业时间、顾客需要带的文件，并进行预约。

3）提醒首次保养的里程与日期。

2. 节日短信关爱

以短信方式在节假日转达服务站对其的问候，让客户时刻感受到4S企业的关爱。

节日包含但不限于：春节、清明节、五一、父亲节、母亲节、端午节、中秋节、国庆节等，另针对客户职业在教师节、护士节等节日进行问候。

3. 生日短信提醒

提前设置好客户的农历和阳历生日日期，在两个日期都进行提醒。

在客户生日当天早上8点30分之前，以短信方式转达生日问候，如有优惠券或特约商家信息就一起送上。

4. 天气突变关怀

在天气发生突变时，以短信方式进行提醒，并表达如有任何问题请拨打4S企业服务电话。

突变天气包含但不限于：雷雨、台风、降温、高温等。

案例：天气突变提醒

某地突降大雪，一维修厂给用户发了一条短信：尊敬的车主朋友，冰雪天气开车请慢行，不要突然加减速，不要急转弯，起步时要慢抬离合器踏板，缓踩加速踏板。有问题，请拨打服务热线×××××××。这条短信既体现了对用户的关心，又教给了用户正确的驾驶方法，在寒冷的冬天给用户送上了一丝暖意。

5. 四季活动关爱

以短信方式提前一天通知，第二天电话通知客户近期进站进行的关爱活动，尽量跟客户确定进站时间，并事后跟进。四季活动包含冬送温暖，夏送清凉，五一、十一出游，春节安全关爱等活动，跟其他项目类比一起安排，避免短期内多次关爱。

案例：广汽丰田“心悦驿站”活动

随着私家车的猛增，驱车出行已成为时下人们出行的主要方式。2011年8月~10月期间，广汽丰田在全国推出“心悦驿站”活动，活动范围包括上海、广州、武汉、潍坊、温州等全国13个城市。活动期间，车主将在户外移动式服务站，免费享受车辆轮胎胎压、刮水器、制动液、冷却液等检测服务，还可以参与一系列服务体验活动。除此之外，广汽丰田还向车主提供了别具特色的出行服务，包括手机充电、临时休息区、简单的外伤急救药品、车辆维修及保养问题咨询等在内的多项贴心的服务。同时，活动期间参加活动的车主均可获赠温情礼品，以及参加车用多功能安全锤、景点门票抽奖等。

“心悦驿站”使销售店服务模式由被动等客上门转向主动出击的贴心关怀，让顾客无论身处何地，都能体验到无处不在的广汽丰田式贴心服务。因此，“心悦驿站”不仅是“心悦服务”品牌的进一步延展，更是广汽丰田保障车主安全、安心用车的又一创新之举。

五、车务提醒

1. 保险到期提醒

以短信方式提醒车辆保险即将到期，并在第二天电话提醒其进行续保。可由俱乐部管理人员进行联系，并介绍各种保险的价格差及便利性，以便促成购买。

2. 年度车检通知

以短信方式提醒车辆要进行年检，并在第二天电话提醒其年检注意事项。

告知客户年检项目，车辆需要提前做好准备；如检查项目需预检，可与服务站提前预约。同时，告知客户可代办年检。

同样，对客户的驾照、行驶证年审等事项也可通过短信方式进行及时提醒。

3. 保养预约提醒

以短信方式提前一天提醒，第二天电话预约客户进站进行定期保养，尽量跟客户确定进站时间，并事后跟进，包含首次保养、日常保养及超保提醒。

六、跟踪回访

汽车维修企业的客户关系管理中，有必不可少的一项内容——维修后的跟踪回访。维修跟踪也是直接影响客户对维修企业的好感度的重要因素。维修跟踪的目的是了解客户在修车过程中与修车后对本企业各种服务的评价、意见与建议，并对可能存在的问题进行处理。

客户的反馈信息，对修理厂纠正自己的问题、改善自己的服务、完善自己的管理，都起着重要的作用。一个好的修理厂，只有不断地了解客户所想，满足客户所需，才能提升修理厂在客户心目中的形象，更好地为客户服务。

维修跟踪包括跟踪记录、投诉记录、客户维修满意度与投诉处理满意度调查：

1）跟踪记录是修理厂在客户维修结束后的一定天数后（通常小修3~5天，大修2~4周），主动联系客户，询问客户的评价、意见与建议。同时，对客户提出的问题进行解决，反馈给客户并记录处理结果。

2）投诉记录是指对客户投诉的各种问题，进行投诉记录，然后与相关部门讨论，找到问题并解决。

3）客户维修满意度统计是指在某时间段内，对维修跟踪过程中的客户总体评价进行打分，然后根据分数值进行的统计。

4）投诉处理满意度统计是指在某时间段内，对客户投诉处理过程中的反馈结果进行打分，然后根据分数值进行的统计。

客户服务部门，应该妥善处理跟踪回访和投诉解决。建立良好的客户服务关系，对于修理厂获得客户忠诚度是十分重要的。

七、紧急救援

紧急救援是车辆在行驶时因故障抛锚，而客户无法自行排除，须专业技术人员现场救援的服务作业。要求救援的客户一般都是在他最困难的时候，若及时得到救援帮助，客户一般都会对救援人员非常感激，并对企业乐于助人印象深刻。相反，若客户需长时间等待救援或不能得到有效帮助，客户会对企业的技术服务能力和信誉产生怀疑，并失去信心。实践证明，良好运转的紧急救援服务对提高顾客满意度和顾客忠诚度，增加企业收入，具有显著作用。

企业要想实行良好的紧急救援要具有以下条件：

1）成立紧急救援小组。

2）建立 24 小时值班制度。

3）设立救援电话，并让顾客知道救援电话。

4）设立紧急救援车辆。

八、上门取车与送车服务

在竞争日趋激烈的汽车业务中，“上门取车和送车服务”是一项深度展示企业服务能力和赢得新老客户青睐的贴心服务。

客户将车辆送到修理厂是一个耗时、费钱、劳神的过程，需要做下列工作：

1）开车去修理厂。

2）安排回程(无车)。

3）安排按时取车的时间及交通。

4）最后开车回家。

因此，汽车维修企业很有必要向客户提供“上门取车和送车服务”，即在约定的时间地点取车，在完成约定的维修工作后，再将车送回给客户。这项服务有如下好处：

1）提高老客户的满意度。

2）增加赢得新客户的机会。

3）使自己的服务更具吸引力。

4）改善企业形象。

实践证明，在当今这个“时间就是金钱”的时代，很多客户都愿意享受这种服务，并把“上门取车和送车服务”看做是汽车维修的超值服务。事实上，企业可以向客户收取一定的服务费用，为了提高企业的知名度、美誉度，吸引更多的客户，目前很多企业都不收取这笔费用。

九、备用车服务

备用车服务，即当车辆维修需要几小时或几天时，客户可以在修的车辆作为抵押，租借维修厂的备用车作为代步工具，处理一些在这段时间内需要办理的紧急业务或私人事宜。因此，汽车 4S 企业通过向客户提供备用车，能为客户提供极大便利，使自己的服务对客户更具吸引力。提供备用车服务时，企业可以向客户收取一定的费用，当备用车的利用率超过一定界限，还可以获得部分利润。

随着《家用汽车产品修理、更换、退货责任规定》(汽车新三包法规)的实施，备用车已成为汽车 4S 企业不可或缺的服务项目。

第七章　汽车金融服务

汽车金融服务是指在汽车的生产、流通与消费环节中融通资金的金融服务活动，主要包括为最终客户提供零售性消费贷款或融资租赁、为经销商提供批发性库存贷款、为各类汽车客户提供汽车保险、为汽车服务企业提供营运资金融资等活动，具有资金量大、周转期长、资金运动相对稳定和价值增值等特点。它是汽车制造业、流通业、服务维修业与金融业相互结合渗透的必然结果，并与政府有关法律、法规、政策，以及与金融保险等市场相互配合，为汽车产业发展提供全方位的金融支持。

汽车金融服务的内容涉及范围甚广，在我国常见的有汽车消费信贷、汽车保险、汽车置换、汽车租赁四种服务。目前，多数汽车 4S 企业除了代办汽车保险理赔业务，还接受分期付款购车业务，并经营二手车置换业务。为了汽车 4S 企业更好地开展汽车金融服务，本章结合实际工作对汽车保险理赔、汽车消费信贷、汽车置换等相关内容进行详细阐述。

第一节　汽车保险理赔

一、汽车保险概述

汽车保险，也称为机动车辆保险，是以汽车(机动车辆)本身及其第三者责任为保险标的的一种运输工具保险。汽车保险是一种不定值财产保险。

机动车辆是指汽车、电车、电瓶车、摩托车、拖拉机、各种专用机械车和特种车。

1. 汽车保险的特点

（1）保险标的出险率较高　汽车是陆地上的主要交通工具。由于其经常处于运动状态，总是载着人或货物不断地从一个地方开往另一个地方，很容易发生碰撞及意外事故，造成人身伤亡或财产损失。

（2）业务量大，投保率高　由于汽车出险率较高，汽车的所有者需要以保险方式转嫁风险。各国政府在不断改善交通设施，严格制定交通规章的同时，为了保障受害人的利益，对第三者责任保险实施强制保险。

（3）扩大保险利益　不仅被保险人本人使用车辆时发生保险事故保险人要承担赔偿责任，而且凡是被保险人允许的驾驶人使用车辆时，也视为其对保险标的具有保险利益。如果发生保险单上约定的事故，保险人同样要承担事故造成的损失，保险人须说明汽车保险的规定以“从车”为主，凡经被保险人允许的驾驶人驾驶被保险人的汽车造成保险事故的损失，保险人须对被保险人负赔偿责任。此规定是为了对被保险人提供更充分的保障，并非违背保险利益原则。

（4）被保险人自负责任与无赔款优待　为了促使被保险人注意维护、养护车辆，使其保持安全行驶状态，并督促驾驶人注意安全行车，以减少交通事故，保险合同上一般规定：驾驶人在交通事故中所负责任，车辆损失险和第三者责任险在符合赔偿规定的金额内实行绝对免赔率；保险车辆在保险期限内无赔款，续保时可以按保险费的一定比例享受无赔款优待。

2. 汽车保险的作用

汽车保险在不同的社会制度及不同的历史时期具有不同的作用。我国现阶段，汽车保险在维护社会稳定、防灾减损，以及提高车辆性能等方面起着重要作用。

（1）稳定了社会秩序

1）汽车保险解决了机动车辆在交通事故中可能承担的对第三者责任赔偿能力的问题，稳定了社会关系和社会秩序。

2）保险车辆遭受自然灾害或意外事故，轻则会使企业财产受损，重则会使生产停顿，破坏正常的经济秩序。通过保险筹集赔偿基金，及时进行经济补偿，可使受灾单位或个人得到及时救济，迅速恢复生产，有利于人民生活的安定。

（2）扩大了汽车的需求　汽车保险业务自身的发展对于汽车工业的发展起到了有力的推动作用，汽车保险的出现，解除了企业和个人对在使用汽车过程中可能出现的风险的担心，扩大了对汽车的需求。

（3）保证了道路安全畅通　发挥保险防灾减损的作用是保险的一个鲜明标志。保险公司无论从自身效益考虑，还是从社会效益考虑，都必须做好防灾减损工作，把预防工作做到前面，减少各种损失。另外，保险公司在查勘、理赔的过程中，必然接触到各种情况和信息，这不仅是保险公司进行理赔的重要依据，还是从中分析发生事故的特点和规律，进而找到预防交通事故的办法，促进道路的安全与畅通。

（4）促进了车辆安全性能的提高　汽车保险的保险人从自身和社会效益的角度出发，联合车辆生产厂家、维修企业开展关于机动车辆事故原因的统计分析，研究和应用安全设计新技术，促进了车辆安全性能的全面提高。

3. 汽车保险的参与者

车辆保险的参与者中有保险人、投保人、被保险人及保险中介人四类。

（1）保险人　保险人指经营汽车保险业务，收取保险费用，并在保险事故发生后负责赔偿损失的机构法人，通常保险人是保险公司。在我国，保险公司的设立必须符合我国《保险法》和《中华人民共和国公司法》的规定。

（2）投保人　投保人是指汽车保险标的具有可保利益，并且与汽车保险人订立保险合同，按保险合同负有支付保险费义务的人。自然人和法人都可以成为汽车投保人。

（3）被保险人　被保险人是指其车辆等财产或者人身受保险合同保障，享有保险赔偿请求权的人。被保险人有一定的范围。由于保险汽车的使用者可能是被保险人本人，也可能是被保险人以外的其他人，所以机动车辆第三者责任险中所承担的被保险人，除了被保险人本人，即保险单中所载明的被保险人外，还包括被保险人允许的合格驾驶人员。当投保人为自己的利益投保，且保险人接受其投保时，投保人就同时成了被保险人。

（4）保险中介人　保险中介人是指介于保险人与投保人之间，专门从事汽车保险业务咨询与招揽、风险管理与安排、价值衡量与评估、损失鉴定与理赔等中介服务活动，并从中获取手续费或佣金的单位或个人。现在4S店及一些有规模的修理厂都担任着这个角色。

二、汽车保险的种类

为了规范市场行为，促进汽车保险行业的有序竞争和良性发展，2006年7月1日，保监会将第三者责任险分成交通事故责任强制保险(简称“交强险”)和商业第三者责任险(简称“商三险”)，同时车损险和商业第三者责任险再次实行统一，并分为A、B、C三款供保险公司任选其一(太平保险公司除外)，即2006版条款。其中，对于划痕险、玻璃险等附加车险，仍允许保险公司进行差异化经营。后经几个月的使用，为了使文字更加简化、更加统一，内容更加清晰，保险协会又对2006版条款进行了修整、补充和完善，并与2007年4月1日实施了新版A、B、C条款，即2007版条款。2008年2月1日，保监会又将交强险的责任限额从6万元提升至12.2万元，将原来的商业第三者责任险承担的部分保险责任转由交强险承担，同时下调了费率，即实行新版交强险。同时，商业第三者责任险费率也进一步降低，配合新版交强险同步上市销售。

根据我国目前实行的机动车保险政策，机动车保险因保险性质的不同，一般又分为机动车强制责任保险和机动车商业保险两大部分。虽然它们都属于商业保险公司经营，但机动车强制责任保险是强制性保险，而其他的险种则是建立在保险人和被保险人自愿基础上的机动车商业保险。

目前我国机动车辆保险产品的分类见表7-1。

表7-1　我国机动车辆保险产品的分类

机动车强制保险	机动车商业保险		
机动车交通事故责任强制保险	主险	车辆损失险	第三者责任险
	附加险	全车盗抢险、玻璃单独破碎险、自燃损失险、新增加设备损失险、车辆停驶损失险、车身划痕损失险、特约救助条款等	车上人员责任险、无过错责任险、车载货物掉落责任险等
		不计免赔特约险	

当然在这个列表中是比较常见的车险险种，车险改革后，有的保险公司把全车盗抢险以及车上人员责任险也列为基本险。比如，中国保险行业协会根据中国人民保险公司制定的《机动车辆保险条款(A)》就把车上人员责任险作为基本险，并可单独投保；根据太平洋保险公司制定的《机动车辆保险条款(C)》把盗抢险及车上人员责任险同样作为基本险，也可单独投保，如图7-1所示，主要体现在主险的附加险方面。不同地区、不同的车险产品都不尽相同，而且各车险公司根据市场情况的变化，适时会推出新的车险品种。

1. 机动车交通事故责任强制保险

机动车交通事故责任强制保险，是指由保险公司对保险机动车发生道路交通事故造成本车人员、被保险人以外的受害人的人身伤亡、财产损失，在责任限额内予以赔偿的强制性责任保险。依据此条的规定如下：

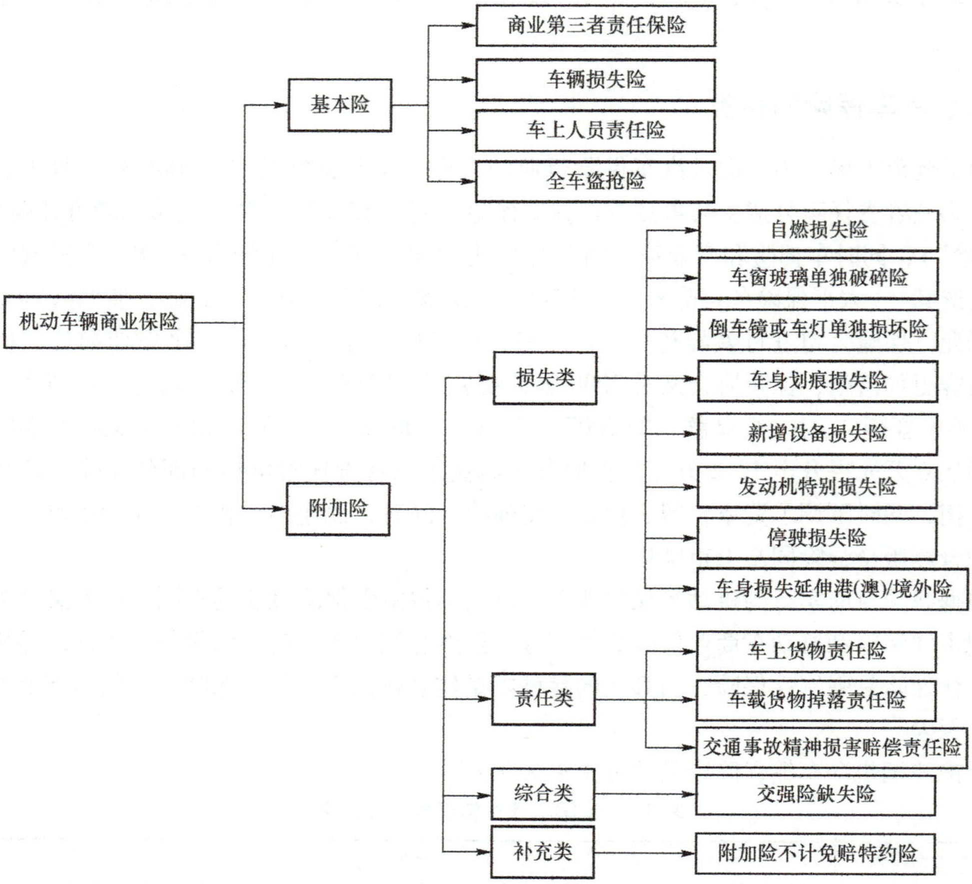

图 7-1 汽车保险种类

1）该强制性保险只承保机动车上的人员、被保险人之外的第三人所遭受的损害。

2）第三人所遭受的损害包括人身损害和财产损失，不包括精神损害。

3）该强制性保险有一定的责任限额，保险人只在该限额内承担支付保险金的责任。

2. 商业机动车保险

我国的强制机动车责任保险采取限额保险制，在强制险之外，还有商业机动车险。根据保障的责任范围，商业机动车险分为基本险和附加险两类。基本险主要包括车辆损失险和第三者责任险，但也有保险公司把全车盗抢险和车上人员责任险列入基本险。附加险包括全车盗抢险、车上人员责任险、无过错责任险、车载货物掉落责任险、玻璃单独破碎险、车辆停驶损失险、自燃损失险、新增加设备损失险、不计免赔特约险。

（1）商业第三者责任险　负责赔偿保险车辆因意外事故，致使第三者遭受人身伤亡或财产的直接损失，保险人依照保险合同对于超过交强险各分项赔偿限额以上部分给予赔偿。

商三险是自愿保险，与机动车交通事故责任强制保险不同，是对交强险的补充。车主投保商三险后，一旦发生交通事故，将由保险公司向受害第三方提供赔偿。消费者可根据自身的需要，在投保交强险基础上选择投保不同档次责任限额的商业第三者责任险，以便享受更高的保险保障。

（2）车辆损失险　在我国，车辆损失险是包括碰撞在内的一种综合险，其保险标的是机动车辆本身。车辆损失险是保险人对于投保人投保的机动车辆，在使用过程中因自然灾害或意外事故所致的毁损、灭失和合理施救费用予以赔偿的保险。

车辆损失险是汽车保险中最主要的商业险种，同时也是主险之一。由于汽车使用时的意外事故较多，对于一般车辆而言，购买此险种能获得较大的保障。

（3）车上人员责任险　在保险期间，被保险人或其允许的合格驾驶人在使用被保险车辆过程中发生意外事故，致使车上人员遭受人身伤亡（包括驾驶人和乘客），依法应当由被保险人承担的损害赔偿责任，保险人依照合同的约定负责赔偿。

注意的是，将车上人员责任险列为附加险的保险公司，必须投保商三险后方可投保。另外，车上人员责任险是随“车”不随“人”，不论什么样的乘客，只要在车上，就属于车上人员责任险的保障范围。

（4）全车盗抢险　该险种负责赔偿车辆因被盗窃、被抢劫造成的全部损失，以及被盗窃、被抢劫期间由于车辆损坏或车上零部件、附属设备丢失所造成的损失。

注意的是，全车盗抢险实行全国统一，但A、B、C三款略有不同。选2007-C款的保险公司将全车盗抢险列为主险，选2007-A或2007-B款的保险公司可自行决定是否将全车盗抢险列为主险。

将全车盗抢险列为附加险的保险公司，必须投保车辆损失险后方可投保。

（5）无过错责任险　负责赔偿在交通事故中造成对方人身伤亡、财产损失，虽然保险车辆无过失，但车主为抢救伤员等已经支付而无法追回的费用。根据《道路交通事故处理办法》第44条的规定，应由被保险人承担10%的经济补偿，对于10%以上的经济赔偿部分，在事故责任认定前已由被保险人垫付的医疗费用、抢救费用及丧葬费用，经公安交通管理部门或人民法院裁定由被保险人承担时，保险人在合同规定的赔偿限额内负责赔偿。保险人承担的10%及10%以上的赔偿责任加免赔偿金额之和，最高不得超过赔偿限额。

（6）车上货物掉落责任险　承担保险车辆在使用过程中，所载货物从车上掉落导致他人（即第三者）人身伤亡或财产的直接损失，依法应由被保险人承担的经济赔偿责任，保险人在保单载明的保险赔偿限额内赔偿。

（7）玻璃单独破碎险　玻璃单独破碎险，是指在保险期间，车辆在停放或使用过程中，其他部分没有损坏，仅风窗玻璃和车窗玻璃单独破碎，保险公司按实际损失赔偿。高档车辆很有必要购买这个险种。

注意的是，已购买车辆损失险的车辆方可投保玻璃单独破碎险。

（8）车辆停驶损失险　车辆停驶损失险负责赔偿保险车辆发生保险事故造成的车辆损坏，因停驶而产生的损失。保险人在双方约定的修复时间内按保险单约定的日赔偿金额乘以从送修之日起至修复竣工之日止的实际天数计算赔偿。对于从事专业营运的大型客货车辆及营运出租轿车，由于肇事后修车耽误营运，间接损失较大，是有必要投保的。

（9）自燃损失险　自燃损失险负责赔偿保险车辆在使用过程中，因本车电器、线路、供油系统发生故障及运载货物自身原因起火燃烧，造成保险车辆的损失；而由于外界火灾导致车辆着火的，不属于自燃损失险责任范围。

虽然车辆发生自燃的概率相对较小，但自燃往往导致较严重的经济损失。因此，超载车，或使用频率高，或已使用5年（或10万公里）以上，或发动机舱维修过的车辆，建议车主投保自燃损失险。

注意的是，自燃损失险由保险公司自行拟定，已购买车辆损失险的车辆方可投保。

（10）新增设备损失险　新增设备损失险负责赔偿车辆发生保险事故时造成车上新增加设备的直接损失。新增设备是指保险车辆除出厂时原有各项附属设备外后，被保险人员另外加装或改装的设备及设施，如加装的制冷、加氧设备，清洁燃料设备，CD及电视录像设备，真皮或电动座椅等。

新增设备损失险保费不贵，性价比极高，但投保手续复杂，需要验车，并提供新增设备的发票。否则，当这些设备因事故受损时，即使投保了车辆损失险，保险公司也不给予赔偿。

（11）不计免赔特约险　不计免赔特约险是指把原来合同中规定的应该由被保险人自行承担的免赔金额部分转嫁由保险公司负责赔偿，仅针对车辆损失险和第三者责任险范围内的损失，不适用附加险的免赔规定。

根据条款规定，一般情况下，上述险种范围内的每次保险事故与赔偿计算履行按责免赔的原则，车主须按事故责任大小承担一定比例的损失(称为免赔额)。但如果投保了不计免赔特约险，发生保险事故后，保险公司不再按原免赔规定进行免赔，而按规定计算的实际损失给予赔付。

不计免赔特约险保障范围大，费率适中，比较适合车技不佳的新手，车技老练的车主不必投保该险种。

三、投保方案的确定

案例

L先生是一位公司高管，由于平时工作繁忙再加上上班路程太远，于是到上海大众某经销店购买了一辆帕萨特轿车。令他头痛的是，朋友曾建议他不要在4S店购买保险，不仅保费贵，而且会附带很多不必要的险种，但经销商强烈推荐他在4S店购买保险，而且说出种种诱人的好处来。此时，L先生该怎么办呢？

1. 投保渠道

目前，购买车险的渠道很多，不同渠道从保险公司拿到的成本价不同，在市场上代理费率也不同，所以选择不同渠道购买汽车保险所需的保费是不同的，只要找准方法，客户还是有办法省钱的。

车险的投保渠道，如图7-2所示。

（1）通过专业代理机构投保　专业代理机构是指主营业务为代卖保险公司的保险产品的保险代理公司。

专业代理的优点如下：

1）专业代理公司一般提供多家保险公司的汽车保险产品，可为客户提供较多的产品设计方案。

2）服务积极，能上门办理手续。

3）出险理赔时有人帮助。

专业代理的缺点如下：

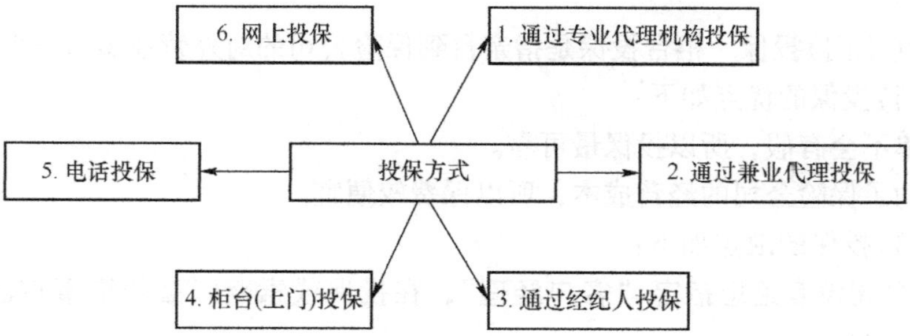

图 7-2　车险的投保渠道

1）投保成本高。

2）保险代理公司选择不当时会有风险。

选择专业代理的注意事项如下：

我国目前的保险市场较为庞杂，专业代理公司的竞争也较为激烈，客户通过专业代理公司购买保险时，一定要仔细挑选可靠的公司，并要验看许可证、代理合同、代理人资格证书。

（2）通过兼业代理投保　兼业代理是指受保险人委托，在从事自身业务的同时，指定专人为保险人代办保险业务的单位。

汽车保险中常见的兼业代理如下：

① 汽车经销商(如 4S 店)；② 汽车修理厂；③ 银行；④ 邮政局；⑤ 机场。

兼业代理的优点如下：

保险及理赔可以在一起办。有 4S 店作后盾，不管是代理理赔的便捷性，还是维修质量、配件质量，客户都能得到保障。

兼业代理的缺点如下：

1）由于兼业代理机构代卖保险产品属于副业，所以不够专业。

2）需要客户有讨价还价的本领且费口舌，所以保费不一定便宜。

3）选择不当时会有风险。

兼业代理的注意事项如下：

1）应选择实力强、品牌好的汽车经销商。

2）代理商高度推荐的保单，可能是对代理商佣金最高的保单，但不一定是最适合您的保单。

3）如果是新车投保，考虑到理赔和维修时的便捷性，除非您在保险公司有熟人，最好还是在经销商那里购买，但要注意砍价。

（3）通过经纪人投保　经纪人是指基于投保人的利益，为投保人和保险人订立保险合同、提供中介服务并依法收取佣金的保险经纪公司。

通过经纪人投保的优缺点与专业代理较接近，但经纪人在中国保险市场还处于起步阶段，而且较少涉及汽车保险领域，原因如下：

1）2003 年前及 2006 年 7 月 1 日后，汽车保险的条款和费率统一，没有太多的调整余地。

2）作为投保人的大型运输单位具有良好的风险管理技术，保险经纪人不具有特别的优势。

(4) 柜台(上门)投保 柜台投保是指亲自到保险公司的对外营业窗口投保。

柜台(上门)投保的优点如下:

1) 因保单不会有假，所以投保最可靠。

2) 因节约了保险公司的经营成本，所以保费较便宜。

柜台(上门)投保的缺点如下:

如果保险公司没有给您指定“客户经理”，在投保或索赔时必须事事自己动手亲自去跑，既费时又麻烦。

(5) 电话投保 电话投保是指通过拨打保险公司的服务电话进行投保。

电话投保的优点如下:

1) 保费便宜。因为电话投保省去营销中间环节，保险公司把支付给中间人或中介机构的佣金直接让利给车主，所以对商业车险而言，通过电话营销方式，可根据不同车型，在最高7折优惠的基础上再优惠15%。

2) 足不出户就可以办理投保。

3) 因有专人接听电话，解答各种问题并协助办理投保手续，且保单送上门，所以安全、周到、省事，一举数得。

电话投保的缺点如下:

1) 不太容易和保险公司谈判。

2) 因不是直接沟通，所以有误导可能。

(6) 网上投保 网上投保是指客户在保险公司设立的专用网站(电子商务平台)上发送投保申请，保险公司在收到申请后电话联系客户进行确认的一种投保方式。

网上投保的优点如下:

1) 是目前最方便、快捷的投保方式。

2) 保单送上门。

网上投保的缺点如下:

1) 客户必须对保险较熟悉。

2) 对于不经常使用网络的客户来讲，可能不太方便。

综上所述，对于购买汽车保险来讲，通过汽修厂或4S店是最方便的，因为在今后的汽车维修、事故索赔等方面都可以直接由汽修厂代办。据统计，目前北京市场中约有60%的汽车保险是通过代理来做的。对于一般消费者而言，找一个大一点的或者比较有规模的保险代理商，应该是比较值得信赖的。

(7) 通过中介购买保险时的注意事项

1) 应该选择具有合法资格、信誉较好、大的汽车保险中介。需要注意的是：一般不要选择街头小维修点代理的保险。因为小维修厂一般不具有合法的保险兼业代理资格，所以保单造假的可能性也较大。

2) 应对保险公司推荐的“最佳险种组合”进行筛选。因为保险中介一般站在多收保险代理费的角度为客户设计“最佳险种组合”，所以，他们推荐的险种往往较多，其中的一些险种不一定适合客户。

3) 要善于与销售员砍价。因为销售员在算保费的时候会给您一个市场统一的折扣，而且会告诉您这是最低的折扣。其实，保险公司除了这个折扣以外还会对经销商有一个20%~30%的额外返利，能否让经销商进一步让利就看您的谈判技巧了。

4）收到保单后应打电话给保险公司，以便确认保单是否生效、保单的有效期限等。

2. 保险公司选择

目前，我国经营车险业务的财产保险公司主要有中国人民财产保险股份有限公司、中国太平洋财产保险股份有限公司、中国平安财产保险股份有限公司等25家公司。对于急需购买车险的客户而言，如何选择投保渠道和保险公司直接关系到能否购买到最符合自己要求的保险产品。

衡量一个保险公司的好坏牵涉到很多因素，不仅要看其资本实力是否雄厚，更要看其服务水平的品质，而且要看是否适合自己的判断标准。可以说，很难有最好的，却有最适合自己的保险公司。当然，公司的信誉和服务质量是首要考虑的因素。同时，根据自身的风险特点选择投保项目，结合保险公司推出的个性化服务，最终确定适合自身要求的保险公司。

选择保险公司时，应着重考虑以下因素：

1）要有合法资质且经营车险业务。如果通过保险中介购买汽车保险时，尤其要注意其是否具有合法的保险兼业代理资格，是否可能出现保单造假现象。

2）信誉及口碑良好。值得注意的是，市场知名度高的公司其信誉不一定就高。

3）服务网络是否全国化。因为汽车是流动性风险，当在异地出险时，只有在全国各地建立服务网络的保险公司才能实现全国通赔（就地理赔），这样可省却客户的不少麻烦。

4）车险产品的"性价比"。客户应比较保险公司产品之间的差异，找出能针对自身风险的保险产品，从而达到在最省钱的状态下获得最有用、最安全的保障。如酒后驾车在C款的全车盗抢险中属于保险责任；倒车镜、车灯玻璃破碎时，A款的车辆损失险就赔，而B、C款的车辆损失险却不赔。

5）费率优惠和无赔款优待的规定。尽管保监会有最高限价7折的规定，但实际的费率和无赔款优待方面的规定在各保险公司之间仍存在差异。

6）增值和个性化服务。如中国人民财产保险股份有限公司的拖车救援服务、汽车抛锚代送燃油服务、汽车代驾服务等。有的保险公司还建立了汽车保险会员俱乐部，为车主提供全方位的服务；又比如北京一些地区性保险公司，就推出了全天候出单服务：全年365天，投保车险的客户均可以拿到正式保单。对于拿到保单，但没上牌照的新车，一旦出险，将严格按照保单中的条款承担保险责任。因为新车容易被盗抢，而大多数保险公司规定无牌照车辆一律不赔，这个政策就满足了新车的车主在无牌照期间出险索赔的需求。

3. 车险投保方案选择

车险险种的搭配可以说是"五花八门"，多种多样的形式中实在是没有标准答案，关键应了解自身的风险特征，并结合自身的风险承受能力及经济状况来选择险种，只有适合自己需求的险种组合才是最好的。但无论怎样搭配险种，都应遵守一些基本原则，如图7-3所示。

不同组合的保险方案及其优缺点，详见表7-2。

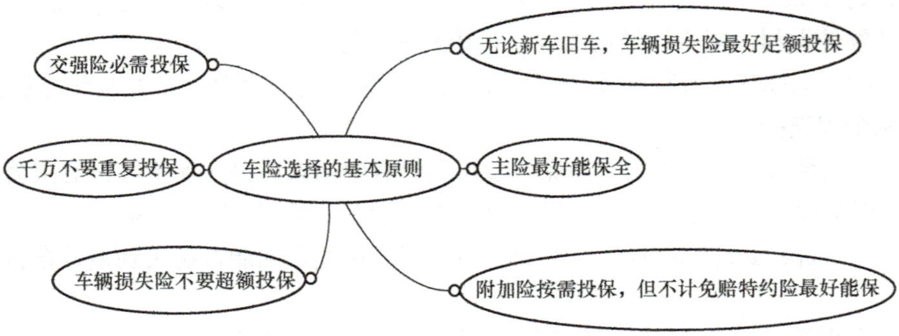

图 7-3 车险选择的基本原则

表 7-2 机动车辆保险方案

保险方案	险种组合	保障范围	适用对象	特点	优点
最低保障型	交强险	第三者的损失	急需上牌照或年检的客户	最低保障，费率低	应付上牌或年检，缴纳最低限度保费
基本保障型	交强险+车辆损失险+第三者责任险	投保基本险，不含附加险	有一定经济压力的客户	能够提供基本保障	费用适度，经济支出少
经济保障型	交强险+车辆损失险+第三者责任险+不计免赔险+全车盗抢险	投保基本险和部分附加险	精打细算者	投保最必要、最有价值的险种	最有价值的险种组合，保险性价比最高
最佳保障型	交强险+车辆损失险+第三者责任险+车上人员责任险+玻璃单独破碎险+不计免赔险+全车盗抢险	投保基本险和主要附加险	一般公司或个人	能够提供安全保障	投保价值大的险种，价格略高，物有所值
全面保障型	交强险+车辆损失险+第三者责任险+车上人员责任险+玻璃单独破碎险+不计免赔险+新增加设备损失险+自燃损失险+全车盗抢险	投保基本险和较多附加险	新车客户和富裕客户	保全险，保障非常全面，从容上路	几乎与汽车有关的全部事故损失都能得到赔偿

案例：车险投保方案选择

H小姐刚学了驾照，2013年7月购买了一辆5座家庭自用汽车，车价为30万，平时喜欢和朋友一起外出旅游。问如何给她上保险呢？

推荐方案：

建议投保最佳保障型险种组合，即交强险+车辆损失险+第三者责任险(30万元)+车上人员责任险(5座/每座5万)+玻璃单独破碎险+不计免赔险+全车盗抢险。

方案说明：

H小姐属于新车新手，对车十分爱惜，希望有全面的保险保障，而且喜欢和朋友一起外出旅游，车上乘客、车辆被盗及玻璃的风险应该考虑，况且经济比较宽裕，对于这种情况，建议上最佳保障的车险。

四、机动车辆的投保

机动车辆的投保，就是投保人购买机动车辆保险产品，办理保险手续，与保险人正式签订机动车辆保险合同的过程。投保操作就是办理相应的保险手续，该手续一般要经过以下程序：准备材料，填写投保单，交保险费并签订保险合同，领取保险单证并进行妥善保管。

1. 机动车辆投保的条件

1）有正式的车辆号牌，如果是新车投保，在车辆上牌的同时办理保险业务。如果是购买的新车开往异地的，投单程提车保险的，必须有公安交通管理部门核发的临时车辆号牌。

2）有公安交通管理部门核发的机动车辆行驶证。

3）有车辆检验合格证和购车发票。新车应有出厂前的检验合格证，在用车的行驶证上应有年审的合格章。所投保的车辆必须达到《机动车运行安全技术条件》(GB 7258—2012)的要求，否则视为质量不合格车辆或报废车辆，不具投保资格。

4）对于在用车续保的应提供上年度保单正本。另外，车辆应保养良好，清洁干净，技术状况正常。

2. 机动车辆保险金额

保险金额即保额，是指保险人赔付的最高限额，也是计算保费的依据，主要是针对机动车辆损失险、全车盗抢险及其附加险而言的。保险人根据保险金额确定方式的不同承担相应的赔偿责任。

保险金额由投保人和保险人从下列三种方式中选择确定。

1）按投保时被保险车辆的新车购置价确定。新车购置价是指在保险合同签订地购置与被保险车辆同类型新车的价格(含车辆购置税)。投保时的新车购置价，根据投保时保险合同签订地同类型新车的市场销售价格(含车辆购置税)确定，并在保险单中载明，无同类型新车市场销售价格的，由投保人与保险人协商确定。

2）按投保时被保险车辆的实际价值确定。实际价值是指新车购置价减去折旧金额后的价格。投保时被保险车辆的实际价值，根据投保时的新车购置价减去折旧金额后的价格确定。被保险车辆的折旧按月计算，不足一个月的部分，不计折旧。A、B、C 三款的折旧率略有差异，依照 A 款非营业 9 座以下客车月折旧率为 0.6%，非营业 10 座以上客车月折旧率为 0.9%，最高折旧金额不超过投保时被保险机动车新车购置价的 80%。

折旧金额=投保时的新车购置价×被保险机动车已使用月数×月折旧率

3）在投保时被保险车辆的新车购置价内协商确定。投保人和保险人可根据实际情况选择保险金额的确定方式。原则上新车按第一种方式承保，旧车可以在三种方式中由投保人和保险人双方自愿协商确定，但保险金额的不同确定方式，直接影响和决定发生保险事故时保险赔偿的计算原则。

另外，投保车辆标准配置以外的新增设备，应在保险合同中列明设备名称与价格清单，并按设备的实际价值相应增加保险金额。新增设备随保险车辆一并折旧。

3. 机动车辆保险责任限额

责任限额主要是针对机动车辆第三者责任险、车上人员责任险及其附加险而言。

第三者责任险的责任限额，由投保人和保险人在签订保险合同时按 5 万元、10 万元、

15万元、20万元、30万元、50万元、100万元和100万元以上不超过1000万元的档次协商确定。

主车与挂车连接时发生保险事故，保险人在主车责任限额内承担赔偿责任。

4. 投保险种的保险费计算公式

车辆损失险保险费=基本保险费+保险金额×费率

第三者责任险保险费=相应档次固定保险费(国家统一规定)

车上人员责任险保险费=每座位赔偿限额×投保座位数×费率

全车盗抢险保险费=全车盗抢险保险金额×费率

自燃损失险保险费=自燃损失险保险金额×费率

玻璃单独破碎险保险费=车辆保险价值×费率

新增设备损失险保险费=新增设备损失险保险费保险金额×车辆损失险费率

不计免赔特约险保险费=(车辆损失险保险费+第三者责任险保险费)×费率

5. 机动车辆保险合同的签订

机动车辆保险合同是指投保人以机动车为保险标的，保险人按照约定，对被保险人因自然灾害、意外事故而遭受的经济损失或者依法应承担的民事责任负赔偿责任，而由投保人交付保险费的合同。

商业汽车保险合同的订立和其他商业合同一样，采取要约与承诺的方式订立。在初次订立汽车保险合同的过程中，通常由投保人提出要约申请，投保人的要约必须采取书面形式即填写保险投保单，投保人填写投保单是汽车保险合同订立的一个必经程序。保单也是保险单的一个重要组成部分。

(1) 最大诚信原则　我国商业汽车保险合同订立的基础是诚信。由于保险的特殊性，法律对保险合同诚信的要求超过其他民事活动。投保人在投保时如果对保险人隐瞒一些有关保险标的的重要情况，保险人会判断失误上当受骗。因此，保险合同也被称为“最大诚信合同”。

最大诚信原则是指保险合同双方在订立或履行保险合同时，对于与保险标的有关的重要事实，应本着最大的诚信的态度如实告知，不得有任何隐瞒、虚报、漏报或欺诈，同时恪守合同的认定与承诺，否则保险合同无效。最大诚信原则中所指的重要事实是指那些足以影响保险人判别风险大小、确定保险费率或影响其决定承保与否及承保条件的每一项事实。最大诚信既是对投保人或被保险人的要求，也是对保险人的要求，合同当事人在订立合同前和合同时，互相据实申报与陈述。

最大诚信原则要求投保人在投保时做到告知和保证两个方面。告知的形式有询问告知和无限告知两类，我国采取询问告知方式。询问告知要求投保人对于保险人询问的问题必须如实告知，对询问以外的问题，投保人没有义务告知。一般操作方法是保险人将需投保方告知的内容列在投保单上，要求投保方如实填写。保证是指保险人要求投保人或被保险人做或不做某事，或者是某种事态存在或不存在作出承诺。保证是保险人签发保险单或承担保险责任时要求投保人或被保险人履行某种义务的条件，其目的在于控制风险，确保保险标的及周围环境处于良好的状态之中。

(2) 汽车保险投保单的填写　投保单也称“投保书”“要保单”，是投保人向保险人购买保险的书面要约。投保单上载明了保险合同所涉及的主要内容，其中保险费条款是投保单的主要内容。投保单经过保险人的核保后就成为保险合同的重要组成部分。

某保险公司的机动车保险/机动车交通事故责任强制保险投保单，详见表 7-3。

表 7-3　机动车保险/机动车交通事故责任强制保险投保单

<table>
<tr><td rowspan="3">投保人</td><td>投保人名称/姓名</td><td colspan="3"></td><td>投保机动车数</td><td>辆</td></tr>
<tr><td>联系人姓名</td><td></td><td>固定电话</td><td></td><td>移动电话</td><td></td></tr>
<tr><td>投保人住所</td><td colspan="3"></td><td>邮政编码</td><td>□□□□□□</td></tr>
<tr><td rowspan="5">被保险人</td><td colspan="2">□自然人姓名：</td><td>身份证号码</td><td colspan="3">□□□□□□□□□□□□□□□□□□□□</td></tr>
<tr><td colspan="4">□法人或其他组织名称：</td><td>组织机构代码</td><td>□□□□□□□□□□</td></tr>
<tr><td>被保险人单位性质</td><td colspan="5">□党政机关、团体　□事业单位　□军队（武警）　□使（领）馆
□个体、私营企业　□其他企业　□其他</td></tr>
<tr><td>联系人姓名</td><td></td><td>固定电话</td><td></td><td>移动电话</td><td></td></tr>
<tr><td>被保险人住所</td><td colspan="3"></td><td>邮政编码</td><td>□□□□□□</td></tr>
<tr><td rowspan="16">投保车辆情况</td><td>被保险人与车辆的关系</td><td colspan="2">□所有　□使用　□管理</td><td>车主</td><td colspan="2"></td></tr>
<tr><td>号牌号码</td><td colspan="2"></td><td>号牌底色</td><td colspan="2">□蓝□黑□黄□白□白蓝□其他颜色</td></tr>
<tr><td>厂牌型号</td><td colspan="2"></td><td>发动机号</td><td colspan="2"></td></tr>
<tr><td>VIN 码</td><td colspan="3">□□□□□□□□□□□□□□□□□</td><td>车架号</td><td></td></tr>
<tr><td>核定载客</td><td>人</td><td>核定载质量</td><td>kg</td><td>排量/功率</td><td>L/kW</td></tr>
<tr><td>初次登记日期</td><td colspan="2">年　　月</td><td>已使用年限　　年</td><td>年平均行驶里程</td><td>km</td></tr>
<tr><td>车身颜色</td><td colspan="5">□黑色□白色□红色□灰色□蓝色□黄色□绿色□紫色□粉色□棕色□其他颜色</td></tr>
<tr><td>机动车种类</td><td colspan="5">□客车　□货车　□客货两用车　□挂车　□摩托车（不含侧三轮）□侧三轮
□农用拖拉机　□运输拖拉机　□低速载货汽车　□特种车：请填写用途________</td></tr>
<tr><td>机动车使用性质</td><td colspan="5">□家庭自用　□非营业用（不含家庭自用）
□出租/租赁　□城市公交　□公路客运　□旅游客运　□营业性货运</td></tr>
<tr><td colspan="3">上年是否在本公司投保商业机动车保险</td><td colspan="3">□是　　□否</td></tr>
<tr><td>行驶区域</td><td colspan="5">□省内行驶　□固定行驶路线　具体路线：________________</td></tr>
<tr><td colspan="2">是否为未还清贷款的车辆</td><td>□是　□否</td><td colspan="2">车辆损失险与车身划痕险选择汽车专修厂</td><td>□是　□否</td></tr>
<tr><td>上年赔款次数</td><td colspan="5">□交强险赔款次数______次　□商业机动车保险赔款次数______次</td></tr>
<tr><td colspan="3">上一年度交通违法行为</td><td colspan="3">□有　□无</td></tr>
</table>

<table>
<tr><td colspan="2">投保主险条款名称</td><td colspan="3"></td></tr>
<tr><td>指定驾驶人</td><td>姓名</td><td colspan="2">驾驶证号码</td><td>初次领证日期</td></tr>
<tr><td>驾驶人 1</td><td></td><td colspan="2">□□□□□□□□□□□□□□□□□□</td><td>____年____月____日</td></tr>
<tr><td>驾驶人 2</td><td></td><td colspan="2">□□□□□□□□□□□□□□□□□□</td><td>____年____月____日</td></tr>
<tr><td colspan="2">保险期间</td><td colspan="3">______年______月______日零时起至______年______月______日 24 时止</td></tr>
<tr><td colspan="2">投保险种</td><td>保险金额/责任限额（元）</td><td>保险费（元）</td><td>备注</td></tr>
<tr><td colspan="2">□机动车交通事故责任强制保险</td><td></td><td></td><td></td></tr>
</table>

（续）

□机动车损失险：新车购置价______元				
□商业第三者责任险				
□车上人员责任险	投保人数_____人	/人		
	投保人数_____人	/人		
□盗抢险				
□附加玻璃单独破碎险	□国产玻璃			
	□进口玻璃			
□附加停驶损失险：日赔偿金额____元×____天				
□附加自燃损失险				
□附加火灾、爆炸、自燃损失险				
□附加车身划痕损失险		元		
□附加新增设备损失险				
□附加车上货物责任险				
□附加不计免赔特约条款	□机动车损失险			
	□第三者责任险			
□附加可选免赔额特约条款		免赔金额：		
保险费合计（人民币大写）：		（¥：		元）
特别约定				
保险合同争议解决方式选择	□诉讼 □提交______________仲裁委员会仲裁			

本保险合同由保险条款、投保单、保险单、批单和特别约定组成。

投保人声明：保险人已将投保险种对应的保险条款（包括责任免除部分）向本人做了明确说明，本人已充分理解；上述所填写的内容均属实，同意以此投保单作为订立保险合同的依据。

投保人签名/签章：

_____年_____月_____日

验车验证情况	□已验车 □已验证 查验人员签名： _____年_____月_____日_____时_____分		
初审情况	业务来源：□直接业务 □个人代理 □专业代理 □兼业代理 □经纪人 □网上/电话业务 代理（经纪）人名称： 上年度是否在本公司承保：□是 □否 业务员签字： _____年_____月_____日	复核意见	复核人签字： _____年_____月_____日

注：阴影部分内容由保险公司人员填写。

投保单内容是保险合同的重要组成部分。如果投保人填写的投保单不符合要求，保险公司将该投保单作退单处理。因此，投保人在填写投保单之前必须要知道保险公司投保单的一些填写规则。

1）投保单须使用黑色钢笔或黑色签字笔填写。

2）投保单填写一律用简体字，不得使用繁体字和变体字。

3）投保单要求保持整洁，不得随意折叠、涂改和使用修改液，否则视为无效，需要更换投保单。

4）投保单填写时应字迹清晰、字体工整、字与字之间保持一定间距。内容要填写完整、不能有空项，不可遗漏、不能涂改。如有更改，应让投保人或被保险人在更改处签字盖章。

填写投保单时，投保人应依据所列项目一一如实填写，供保险人决定是否承保或以何种条件、何种费率承保。否则，投保人在投保单中填写不实或有意隐瞒真实情况，则会导致保险人拒绝承保。即使侥幸订立了保险合同，一经查实，保险人亦有权解除保险合同。因此，投保人填写投保单时应注意如下各点：

1）保险人应指导投保人正确填写投保单，投保单至少应当载明机动车的种类、厂牌型号、识别代码、号牌号码、使用性质，投保机动车所有人或者管理人的姓名(名称)、性别、年龄、住所、身份证或者驾驶证号码(组织机构代码)，以及续保前投保机动车交通安全违法行为、交通事故记录等影响费率水平的事项。

2）要求投保人真实、准确填写交强险投保单的各项信息，并在投保单上签字或加盖公章。

3）投保人提供的资料复印件粘附于投保单背面。

4）保险期间的起期必须在保险人接受投保人的投保申请日之后，保险期间开始前保险人不承担赔偿责任。

(3) 汽车保险合同的生效　我国《保险法》规定："保险合同成立后，投保人按约定缴纳了保险费后，保险人按照约定的时间开始承担保险责任，保险合同开始生效。"缴纳保险费是投保人的义务。虽然投保人办理了保险手续，但是我国投保人没有按照约定如数缴纳保险费，汽车保险合同也没有法律效力，即使被保险人发生了事故，保险人也有理由拒绝承担赔偿责任。

我国的汽车保险合同期限为一年。我国汽车保险合同的生效时间一般从×年×月×日凌晨零时起至次年×月×日的24点止，如保单有效期限从2012年7月29日凌晨零时起至2013年7月28日的24点止。

在我国汽车保险实务中，投保单经保险人接受并在其上签章后，保险合同即告成立。如果对于投保单，保险人未签字承保，保险合同不成立，投保单不发生法律效力，若发生保险责任事故，保险人不承担赔偿责任。

五、保险车辆理赔和维修流程

案例

W小姐第一次开车，是典型的新人加新车类型。在一次行驶中被后面的车猛地从侧面超车时轻轻地"亲吻"了一下，但由于比较紧张，没有注意到那辆车的车牌号，下车查看后发现右后侧被刮了一片，非常心痛。但因为车已经走了，而自己的车也不影响驾驶，不好意思总是停在马路中间，于是将车开到了路边停车。因为依稀记得保险公司曾经说过出险的时候一定要打电话报险，刘小姐迅速地拨通了保险公司的热线电话，告知保险公司自己出险了，是被别人剐蹭但车已经走了。让刘小姐高兴的是，对于这种情况保险公司说可以给予赔偿。于是在告知保险公司自己的保单号等相关信息后，刘小姐安心地回家了，等待第二天到保险公司定损。

W小姐到保险公司后，定损人员要求刘小姐出示交通队的事故认定书，刘小姐傻眼了。由于当事肇事车辆已走，并不知道还要证明，于是没有报警。而此时刘小姐也不能再补办，于是保险公司给予免赔30%的裁定。就是因为这么一个过程的疏忽，刘小姐白白地花了300多元。

机动车辆保险理赔是指保险人依据机动车辆保险合同的约定，对被保险人提出的给付赔偿金的请求进行处理的行为和过程。机动车辆保险理赔工作是保险政策和保险职能的具体体现，是保险人执行保险合同，履行保险人义务，承担损失补偿责任的实现形式。

如果被保险人熟悉保险公司的理赔手续，一旦投保车辆出险，就能较快获得保险公司的赔偿。如果了解保险公司的拒赔规定，就能在车辆使用或索赔时避免不当的行为，减少被拒赔的可能性。

车辆保险理赔流程，如图7-4所示。

1. 报案定损

作为车主，在车辆出险后，要保护现场，及时报案，除了向交通管理部门报案外，还要及时向保险公司报案。

出险车辆定损的基本流程如下：

1）车主出示保险单证、行驶证、驾驶证、被保险人身份证。

2）车主出示保险单。

3）车主填写出险报案表，详细填写出险经过、出险地点、时间、报案人、驾驶人和联系电话。

4）保险公司理赔员和车主一起检查车辆外观，拍照定损。

5）根据车主填写的报案内容拍照核损。

6）交付维修站修理。

7）理赔员开具任务委托单，确定维修项目及维修时间。

8）车主签字认可。

9）车主将车辆交予维修站维修。

以上是广大车主要做的事情，也是保险公司理赔员必须做到的事情。一定要注意做好前期工作，避免事后理赔时麻烦被动。

2. 保险车辆的维修流程

保险车辆的维修涉及车辆的理赔，因此承担维修任务的企业应熟知保险车辆的理赔流程，这样有利于保险车辆维修工作的顺利开展，也便于保险车辆的理赔。

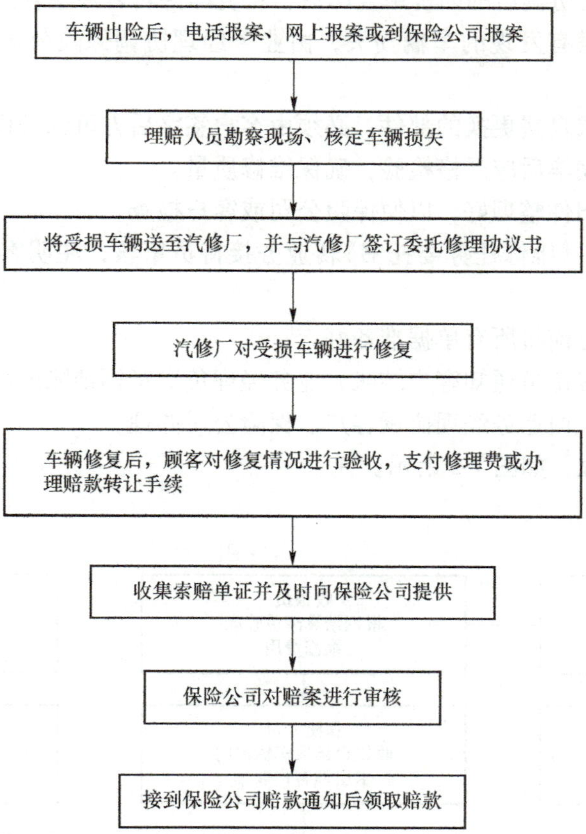

图 7-4　车辆保险理赔流程

保险车辆维修流程一般如下：

1）保险车辆进厂后应确定是否需要保险公司进行受损车辆损伤鉴定，若需要，由业务经理负责联系保险公司进行鉴定。切不可不经保险公司而直接拆卸，以免引起纠纷。

2）要积极协助保险公司完成对车辆查勘、照相及定损等必要工作。

3）保险公司鉴定结束后，由车间主任负责安排班组进行拆检。各班组长将拆检过程中发现的损伤件列表，并通知车间主任或业务经理。

4）服务主管将损伤件列表后联系保险公司，对车辆进行全面定损并协商保险车维修工时费。定损时应由业务经理陪同，业务经理不在，应提前向业务接待员交代清楚。

5）业务接待员根据保险公司定损单下达《维修任务委托书》。顾客有自费项目，应征得客户同意，并另开具一张维修任务委托书，然后将《维修任务委托书》交由车间主管安排生产。

6）业务接待员开完《维修任务委托书》后，将定损单转报给报价员。

7）报价员将定损单所列材料项目按次序填入《汽车零部件报价单》，报价单必须注明车号、车型、单位、底盘号，然后与相关配件管理人员确定配件价格，并转给备件主管审查。

8）报价员在备件主管确定备件价格、数量、项目后，向保险公司报价，并负责价格的回返。

9）报价员将保险公司返回价格交备件主管审核，如价格有较大出入，由业务经理同保险公司协调。报价员将协调后的回价单复印后，将复印件转备件主管。

10）对于定损时没有发现的车辆损失，由业务经理协调保险公司，由保险公司进行二次查勘定损。

11）如有客户要求自费更换的部件，必须由客户签字后方可到备件库领料。

12）保险车维修完毕后应严格检验，确保维修质量。

13）维修车间将旧件整理好，以便保险公司或客户检查。

14）检验合格后，《维修任务委托书》转业务接待员审核，注明客户自费项目。审核后转结算处。

15）结算员在结算前将所有单据准备好。

16）最后由业务接待员通知客户结账，业务经理负责车辆结账解释工作。

17）如有赔款转让由业务经理协调客户、保险公司办理。

保险车辆维修流程，如图7-5所示。

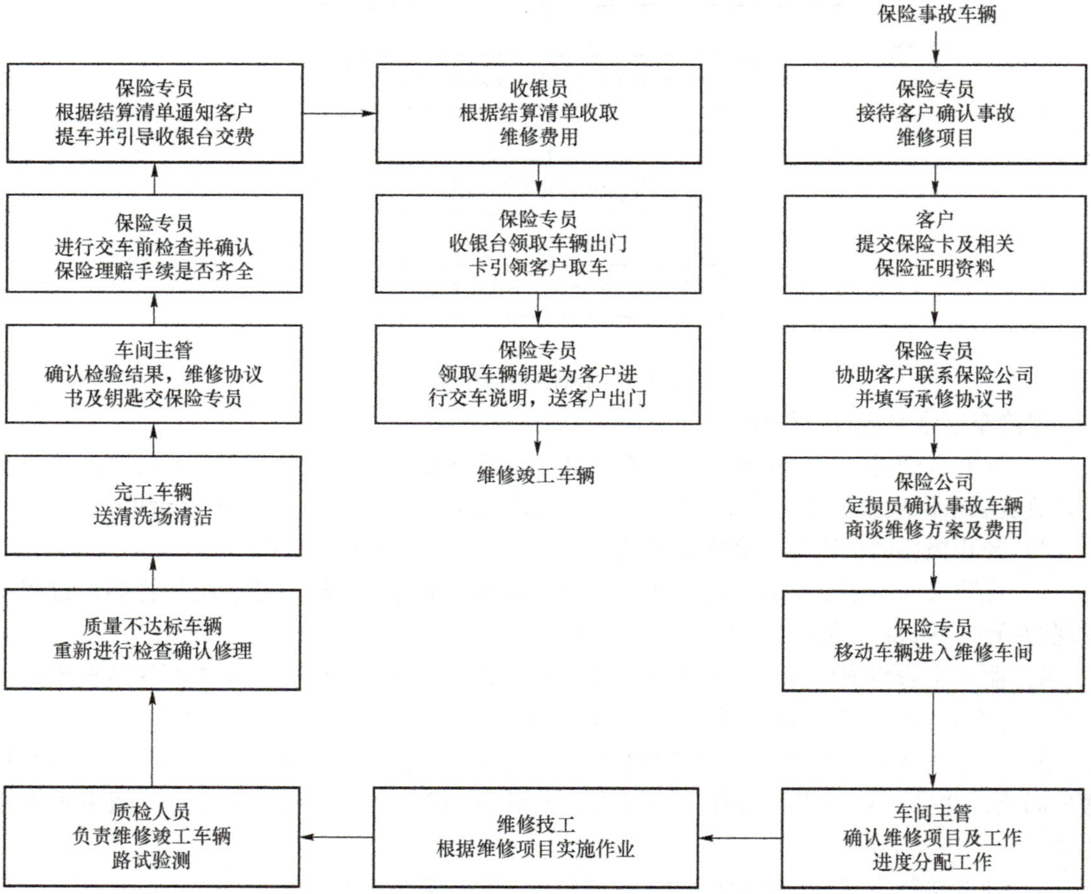

图7-5 保险车辆维修流程

案例

一辆捷达轿车发生倾翻事故后被拖至一修理厂维修。车辆在钣金整形过程中，维修人员曾多次起动发动机，但感觉发动机转动无力，以为是蓄电池亏电，更换蓄电池后起动还是转动无力。后经拆卸发现车辆倾翻时有机油进入气缸，加之维修人员多次强行起动发动机导致大部分气门顶弯。保险公司认为事故系人为造成拒绝赔偿，维修厂因此损失了2000多元人民币。

3. 赔付规定

（1）全部损失

1）保险车辆发生全部损失后，如果保险金额等于或低于出险当时的实际价值，将按保险金额赔偿。

2）保险车辆发生全损后，如果保险金额高于出险当时的实际价值，将按出险时的实际价值赔偿。

（2）部分损失

1）保险车辆局部受损失，其保险金额达到承保时的实际价值，无论保险金额是否低于出险当时的实际价值，发生部分损失均按实际修理费用赔偿。

2）保险车辆的保险金额低于承保时的实际价值，发生部分损失按照保险金额与出险当时的实际价值比例赔偿修理费用。

3）保险车辆损失最高赔偿金额以保险金额为限。

4）保险车辆按全部损失的一次赔款等于保险金额全数时，车辆损失险的保险责任即行终止。但保险车辆在保险有效期内，不论发生一次或多次保险责任范围内的损失或费用支出，只要每次赔偿未达到保险金额，其保险责任依然有效。

5）保险车辆发生事故遭受全损后的残余部分，应协商作价归被保险人并在赔款中扣除。

（3）常见的不赔条款

1）无证驾驶或超出准驾车型，或持不合格的驾驶证。

2）酒后、吸毒、药物麻醉所致车辆损失和第三者责任。

3）第三者责任险拒绝支付投保人与第三者私下协定的赔偿金额。

4）逾期报案，报案不实。

5）报案车辆发生转移、变更用途、增加危险程度而未办理批改手续。

6）发生事故未报保险公司备案。

7）发生事故时保险车辆的行驶证无效。

4. 赔付时间

在车辆修复或自交通事故处理结案之日起3个月内，车主应持保险单、事故处理证明、事故调解书、修理清单及其他有关证件到保险公司领取赔偿金。保险公司支付赔款一般在10天以内。赔款一般在1年内领取，否则将按放弃处理。

5. 争议

如与保险公司争议不能达成协议，可向经济合同仲裁机关申请仲裁或向人民法院提起诉讼。

第二节 汽车消费信贷

一、汽车消费信贷概述

汽车消费信贷是信贷消费的一种形式。消费信贷是零售商、金融机构等贷款提供者向消费者发放的主要用于购买最终有形商品和服务的贷款，是一种以刺激消费、扩大商品销售、加速商品周转为目的，用未来收入作担保，以特定商品为贷款标的的信贷行为。汽车消费信贷即用于购买汽车的消费信贷，具有定点选购、自筹首期、先存后贷、有效担保、专款专用和按期偿还等特点。在我国，它是指金融机构向申请购买汽车的客户发放的人民币担保贷款，并联合保险、公证机构为购车者提供保险和公证，由购车人分期向金融机构归还贷款本息的一种消费信贷业务。

贷款购车不仅能促进消费，拉动内需，带动整个国民经济的快速增长，并且信贷为消费者提供了一个新的融资渠道，分期偿还，还款压力小，为个人超前消费、提前享受创造了可能性，有利于个人生活质量的提高。在国外，尤其是经济发达的西方国家，信贷消费方式非常普遍，信贷消费已经成为其国民的一个重要消费特征。为促进汽车销售，美国、德国等国还推出“零首付”贷款业务。目前，美国、西欧等工业发达国家和地区消费信贷规模在整个信贷额度中所占的比例已经达到相当高的程度。而且，无论是美国、英国、法国、新加坡、西班牙，还是日本、丹麦、挪威等国家的金融机构都向消费者提供分期付款的消费信用业务，期限长到可以父债子还。

汽车信贷在国外已有近百年的历史，大的汽车公司都有自己的融资公司为其产品销售提供信贷支持。此外，在经济发达的西方国家，信贷制度相当健全，专业的融资公司积累了相当丰富的汽车消费贷款经验，手续简便灵活，对不同车型有不同的贷款利率，贷款买车十分方便。据统计，美国约有90%的汽车销售是通过信贷方式售出，欧洲80%的消费者通过汽车信贷购买汽车，日本贷款购车的比例为60%，澳大利亚贷款购车的比例为75%，目前中国汽车贷款比例只有20%左右。而在发展中国家，汽车消费信贷制度不健全，有关法律法规不完善，加之个人信用体制缺失，办理车贷需要调查申请者的偿还能力，要提交身份证明、收入证明，还要有担保人，比较费时费力；若无担保人，则要以不动产作抵押，手续比较繁杂。

二、我国汽车消费信贷的特点

汽车个人消费信贷在我国起步比较晚，它是由早期的汽车分期付款销售业务转化而来的，没有银行的介入，完全是由汽车生产厂家和经销商联手操作，目的是扩大汽车的销售量，市场反应并不热烈。近年来，随着中国汽车工业的快速发展，人民生活水平的不断提高，加之国家一系列政策措施的大力支持，个人汽车消费需求增长迅猛，我国的汽车消费信贷将迎来一个新的发展高潮，信贷市场前景广阔。

汽车消费贷款除具有一般贷款的特点外，还具有如下独特的特点：

1. 贷款对象分散，出险率高

汽车销售信贷多数为多笔小额贷款，这无疑会给银行及汽车金融公司的业务操作和管理增加工作量，对银行提出更高的要求。贷款所购车辆(抵押物)及借款人(大部分的借款人就是车辆的车主)流动性大，出现风险概率高，要求银行单位具有较高的风险防范的能力。

2. 资金来源多元化

长期以来，我国汽车信贷的主体基本上是国有商业银行。这一格局随着新制定的《汽车贷款管理办法》在2004年10月的正式实施被打破。新车贷管理办法扩大了贷款人的范围，将贷款人由国有独资商业银行扩大为包括各商业银行、城乡信用社以及获准经营汽车贷款业务的非银行金融机构，并按关贸总协定，允许国外金融公司进入国内开办汽车消费信贷业务。目前，在我国出现了八大汽车金融公司，它们是上汽通用汽车金融公司、大众汽车(中国)金融服务公司、丰田汽车金融(中国)有限公司、福特汽车金融有限责任公司、戴—克服务集团汽车金融公司、东风标致雪铁龙汽车金融有限公司、沃尔沃汽车金融公司、现代汽车(金融)服务公司。他们共同的特征是：风险控制比较严格，业务发展不尽如人意。至此，我国已经形成国有商业银行、汽车金融公司、汽车经销商等多方资金参与的汽车消费信贷格局。

3. 资信调查和审查困难，信用风险较大

目前我国尚未建立完备的个人信用制度，金融机构对借款人的偿还能力和资信状况难以及时准确地掌握。此外，存在着社会信用观念差、信用意识淡薄等问题。近年来，经济发展的不平衡，使我国社会信用体系遭到极大的冲击，居民的个人收入水平也相对不稳定，而且收入来源和负债的透明性较差，这些都会对银行贷款形成信用风险。因而该项贷款呈现出贷前调查难、调查材料的可靠性低和信用风险高的特点。

4. 汽车消费贷款是一项全新的业务，银行缺乏经验，社会配套措施不健全

该项业务由于有保险公司的参与，借款人以购买保险公司的合同履约保险和以所购汽车抵押的形式，获得保险公司的担保和对保险公司担保的反担保，表现出了与其他贷款种类不同的特点。按法律规定，汽车消费贷款中的汽车抵押，需经当地车辆管理部门的登记才能有效，而目前有的地区车辆管理部门尚未开办此项业务，使该项业务难以顺利开展。

5. 汽车消费信贷服务的延伸度不足

汽车消费信贷服务的含义并不止于将车卖出，还必须将售后服务等纳入这一系统中。我国提供汽车消费信贷的机构，均以自营或联合等不同的形式提供汽车销售“一条龙”服务和售后服务，但在售后服务的深度与细致度方面，与国外相比还有一定差距。

三、我国汽车消费信贷模式

随着我国成为世界第一大汽车消费国，庞大的汽车消费市场为汽车消费信贷提供了前所未有的发展机遇。同时，随着居民消费习惯的变化，提前消费逐渐成为年轻人的生活方式，车贷正在成为房贷以后新的个人消费信贷重点，消费信贷市场发展空间巨大。

经过十多年的发展，我国的汽车消费信贷市场已逐渐发展成熟，形成了商业银行、汽车经销商和非银行金融机构三足鼎立的局面，其中以商业银行为主。根据服务主体的不同，我国的汽车信贷市场上主要有以下三种经营模式：

1. 以银行为主体的直客模式

该汽车信贷是由银行、专业资信调查公司、保险、汽车经销商四方联合。银行直接面对客户，在对客户信用进行评定后，银行与客户签订信贷协议，客户将从银行设立的汽车贷款消费机构获得一个车贷的额度，使用该车贷额度就可以在汽车市场上选购自己满意的车辆。

在该模式中，银行是中心，银行指定律师行出具客户的资信报告，银行指定保险公司并要求客户购买其保证保险，银行指定经销商销售车辆，风险由银行与保险公司共同承担。虽然各家银行所提供的服务程序不完全一样，但都是采用银行、保险、专业资信调查公司、汽车经销商合作的方式。

2. 以汽车经销商为主体的间客模式

该模式的汽车信贷是由银行、保险、经销商三方联手，由经销商为购车者办理贷款手续，负责对贷款购车人进行资信调查，以经销商自身资产为客户承担连带责任保证，并代银行收缴贷款本息，而购车者可享受到经销商提供的“一站式”服务。这种信贷模式的代表是北京亚飞汽车连锁总店。由于经销商在贷款过程中承担了一定风险并付出了一定的人力、物力，所以通常需要收取2%~4%的管理费。

目前，以经销商为主体的信贷方式又有新的发展，从原来客户必须购买保险公司的保证保险到经销商不再与保险公司合作，客户无须购买保证保险，经销商独自承担全部风险。比如亚飞与光大银行推出的“三省模式”汽车信贷服务，由亚飞进行资信调查，负责贷前、贷中、贷后的信用管理，并对贷款进行全程担保。

3. 以非银行金融机构为主体的间客模式

该模式由非银行金融机构组织进行购买者的资信调查、担保、审批工作，向购买者提供分期付款服务。目前国内的非银行金融机构通常为汽车生产企业的财务公司，上汽、一汽、天汽等都有自己的财务公司。其中，上汽的财务公司于1997年开始进行个人消费信贷业务，具体的模式如下：由经销商出30%的款项从上海大众提车，其余70%由上汽财务公司提供，该类车辆只能以消费信贷的形式销售。客户购买保险公司的保证保险，律师行出具资信文件，由经销商提供车辆，上汽财务公司提供汽车消费信贷业务。一旦出现客户风险，由保险公司将余款补偿给经销商，经销商再将其偿还给上汽财务公司。因此，在这种形式中，风险由上汽财务公司、经销商与保险公司三家共同承担。

四、汽车消费贷款相关规定

目前，若消费者无法一次性付清全部购车款项，选择银行车贷或汽车金融公司贷款是消费者实现汽车梦的捷径。汽车贷款是指贷款人向申请购买汽车的借款人发放的贷款，也称汽车按揭，属于分期支付和超前消费。

目前多数汽车品牌的经销商都与商业银行联合开办了汽车贷款业务，消费者可到贷款银行指定的经销商处购买汽车。某品牌汽车经销商的分期付款客户登记表见表7-4，欲贷款购车的客户填好此表后方可办理其他业务。

表7-4 分期付款客户登记表

客户名称		联系电话		家庭住址	
选购车型		销售价格		颜色	
贷款期限		贷款车款( )%		贷款金额	

（续）

<table>
<tr><td>月利率</td><td></td><td colspan="2">首付车款(　　)%</td><td>首付金额</td><td></td></tr>
<tr><td colspan="6">××××××汽车销售有限公司</td></tr>
<tr><td>选购车型</td><td></td><td>销售价格</td><td></td><td>颜色</td><td></td></tr>
<tr><td>贷款期限</td><td></td><td colspan="2">贷款车款(　　)%</td><td>贷款金额</td><td></td></tr>
<tr><td>月利率</td><td></td><td colspan="2">首付车款(　　)%</td><td>首付金额</td><td></td></tr>
<tr><td rowspan="7">保险费</td><td>车损</td><td></td><td rowspan="6">落籍费用</td><td>通行费</td><td></td></tr>
<tr><td>三者</td><td></td><td>拓印照相</td><td></td></tr>
<tr><td>盗抢</td><td></td><td>牌照费</td><td></td></tr>
<tr><td>自燃</td><td></td><td>购置税</td><td></td></tr>
<tr><td>履约</td><td></td><td>扩大号</td><td></td></tr>
<tr><td>1年保险费合计</td><td></td><td>小计</td><td></td></tr>
<tr><td>2年保险费合计</td><td></td><td colspan="2">前期总计金额</td><td></td></tr>
<tr><td rowspan="4">其他费用</td><td>公证费</td><td></td><td colspan="2">月还款</td><td></td></tr>
<tr><td>工商验证费</td><td></td><td colspan="2">总利息</td><td></td></tr>
<tr><td>封籍费</td><td></td><td colspan="2">业务经办人</td><td></td></tr>
<tr><td>小计</td><td></td><td colspan="2">联系电话</td><td></td></tr>
</table>

1. 汽车贷款的类型

根据借款人的不同，《汽车贷款管理办法》将汽车贷款分为三大类：个人汽车贷款、经销商汽车贷款、机构汽车贷款。

个人汽车贷款是指贷款人向个人借款人发放的用于购买汽车(包括二手车)的贷款。

经销商汽车贷款是指贷款人向汽车经销商发放的用于采购车辆和(或)零配件的贷款。

机构汽车贷款是指贷款人向除汽车经销商以外的法人、其他经济组织发放的用于购买汽车的贷款。

在汽车经销店内，汽车贷款是指个人汽车贷款和机构汽车贷款。

2. 贷款人条件

在中华人民共和国境内依法设立的、经中国银行业监督委员会及其派出机构批准经营人民币贷款业务的商业银行、城乡信用社及获准经营汽车贷款业务的非银行金融机构。

3. 借款人条件

1）借款人申请个人汽车贷款，应当同时符合以下条件：

① 是中华人民共和国公民，或在中华人民共和国境内连续居住一年以上(含一年)的港、澳、台居民及外国人；

② 具有有效身份证明、固定和详细住址且具有完全民事行为能力；

③ 具有稳定的合法收入或足够偿还贷款本息的个人合法资产；

④ 个人信用良好；

⑤ 能够支付本办法规定的首期付款；

⑥ 贷款人要求的其他条件。

2）机构汽车贷款的借款人必须满足以下条件：

① 具有企业或事业单位登记管理机关核发的企业法人营业执照或事业单位法人证书等证明借款人具有法人资格的法定文件；

② 具有合法、稳定的收入或足够偿还贷款本息的合法资产；

③ 能够支付本办法规定的首期付款；

④ 无重大违约行为或信用不良记录；

⑤ 贷款人要求的其他条件。

4. 贷款原则

借贷双方应当遵循平等、自愿、诚实、守信的原则。

5. 贷款额度

贷款人发放自用车贷款的金额不得超过借款人所购汽车价格的80%；发放商用车贷款的金额不得超过借款人所购汽车价格的70%；发放二手车贷款的金额不得超过借款人所购汽车价格的50%。

对新车而言，汽车价格是指汽车实际成交价格（不含各类附加税、费及保费等）与汽车生产商公布的价格的较低者；对二手车而言，汽车价格是指汽车实际成交价格（不含各类附加税、费及保费等）与贷款人评估价格的较低者。

6. 贷款期限和利率

1）汽车贷款的贷款期限不得超过5年；二手车贷款的贷款期限不得超过3年，经销商汽车贷款的贷款期限不得超过1年。

2）汽车贷款利率按照中国人民银行公布的贷款利率规定执行，计、结息办法由借款人和贷款人协商确定。

7. 汽车贷款的偿还

对于期限在1年以内的贷款，应在贷款到期日一次性还本付息、利随本清；对于期限在1年以上的贷款，可选择按月“等额本息”或“等额本金”还款方式。

汽车贷款一般选择“等额本金”的还款方式，每月还本付息额的计算公式如下：

每月还款额 = 贷款本金/还款总月数+(贷款本金-已归还本金累计额)×月利率

8. 担保方式

（1）抵押贷款方式　借款人可以将其享有处分权的汽车或房产等财产作抵押。以借款人所购车辆作抵押的，还需按照与贷款人的约定，投保约定的机动车辆保险，并以抵押权人为保险第一受益人。

（2）质押贷款方式　借款人可以其在银行开具的定期本、外币存单、国库券或其他有价证券等作质押，出具申请资料和用于质押的有价证券原件，办理好冻结或托管手续，即可获得银行的汽车贷款。

（3）保证贷款方式　采用第三方保证方式的，应提供保证人同意担保的书面文件、保证人身份证件原件及复印件、有关资信证明材料等。

五、汽车消费信贷实务

1. 汽车消费信贷工作的参与单位及其职责

汽车消费信贷工作的参与单位有汽车经销商、商业银行、保险公司、汽车厂家、公证部门、公安部门等，各单位在汽车消费信贷工作中的职责分述如下：

(1) 经销商的职责

1) 负责组织协调整个汽车消费信贷所关联的各个环节。

2) 负责车辆资源的组织、调配、保管和销售。

3) 负责对客户贷款购车的前期资格审查和贷款担保。

4) 负责对汽车消费信贷的宣传，建立咨询网点及组织客源。

5) 负责售后跟踪服务，及对违规客户提出处理。

(2) 商业银行的职责

1) 负责提供汽车消费信贷所需资金。

2) 负责对贷款客户资格终审。

3) 负责贷款车本息的核算。

4) 负责监督、催促客户按期还款。

5) 负责汽车消费信贷的宣传工作。

(3) 保险公司的职责

1) 为客户所购车辆办理各类保险。

2) 为贷款购车客户按期还款作信用保险或保证保险。

3) 及时处理保险责任范围内的各项理赔。

(4) 公证部门的职责

1) 对客户提供文件资料的合法性及真伪进行鉴证。

2) 对运作过程中所有新起草的合同协议从法律角度把关认定。

3) 对与客户签订的购车合同予以法律公证，并向客户讲明其利害关系。

(5) 汽车厂家的职责

1) 不间断地提供汽车分期付款资源支持。

2) 给予经销商提供展示车、周转车的支持。

3) 给予销售其产品的经销商提供广告商务支持。

4) 给销售达一定批量的经销商返利支持。

5) 负责车辆的质量问题及售后维修服务。

(6) 公安部门的职责

1) 对有关客户提供有效证明文件。

2) 对骗购事件进行侦破。

3) 快速办理完成车辆入户有关手续。

4) 做到车辆的车款未付清前不能过户。

(7) 咨询点的职责

1) 发行宣传资料，扩大业务覆盖面。

2) 解答客户提出的有关购车问题。

3) 整理客户资料。

4) 对欲购车客户进行初、复审查。

2. 汽车消费信贷的业务操作流程

即使汽车消费信贷的类型不同，但其业务流程大致类似。汽车消费信贷在汽车 4S 店的一般操作流程如下：

1）客户提出汽车消费信贷方式购车，销售顾问明确客户意向。

2）销售顾问推介车贷方案或介绍按揭专员帮助客户选择车贷方案。

3）客户对车贷方案表示认可后，按揭专员通过系统查询客户资信情况，进行借款人条件初审。

4）资信较差、不符合借款人条件的不予申请汽车消费信贷；资信较好、符合借款人条件的需收集申请汽车消费信贷所需提交的各类资料复印件。

5）店内按揭部门将收集好的资料提交给银行信贷部进行审批。

6）银行对借款人进行资信调查，若不符合贷款条件，银行拒绝放贷；若审批通过，则会告知借款人签订合同的时间、地点。

7）借款人需携带提交资料的原件及一次性支付的费用在银行规定时间、地点签订借款合同，并办理公证、抵押登记、保险等手续。

8）银行在合同规定的时间放款。

9）客户至经销店提车，同时开始还贷。

汽车消费信贷业务流程如图 7-6 所示。

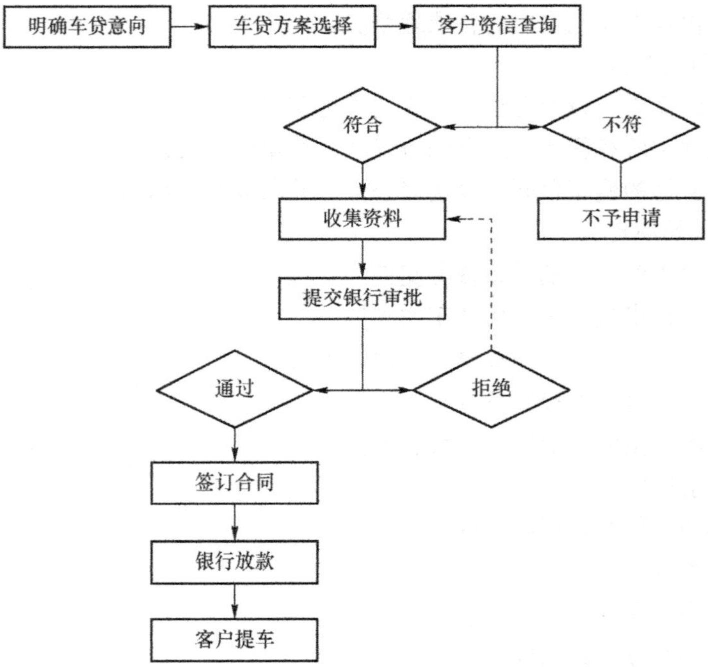

图 7-6 汽车消费信贷业务流程

案例：个人汽车消费信贷预算

张先生决定从某品牌4S店购买一辆轿车自用，由于手头的流动资金较少，他选择汽车消费信贷的形式购买，4S店信贷部给出了一个预算单（见表7-5）供他参考。

7 CHAPTER

表 7-5　汽车消费信贷预算单

车型	×××	车辆开票价格	250000 元
车价	273000 元	车辆保险	12000 元
首付款比例	30%	续保押金	5250 元
首付款金额	75000 元	按揭服务费	5250 元
贷款金额	175000 元	公证抵押费	300 元
贷款期限	36 个月	车辆购置税	23333 元
月还款金额	5639 元	上牌费用	500 元
利率	16%	合计	121633 元

从这张预算单中可以得知，客户张先生在提车前需要一次性支付的费用有车辆保险、续保押金、首付款金额、按揭服务费、公证抵押费、车辆购置税、上牌费用共七种。

车辆保险费用交给保险公司，各商业银行及经销店对贷款购买的车辆所购保险有定点定险的规定，即第一年保险必须在经销商处办理或在银行指定地方办理，所保险种必须包括五个基本险及盗抢险，部分银行还要求有自燃险，除此之外还需加保第一受益人为放款机构。

续保押金在客户投保的车险到期后不续保时可以退还。

首付款金额即购车的首付款，需要注意的是车辆开票价格和车价的区别，车辆开票价格即不含税费的实际成交价，车价是指经销商公布的价格。按照《汽车贷款管理办法》的相关规定，购买新车时，不含任何税费的实际成交价和经销商公布的价格二者取较低者作为所购汽车价格，自用车的贷款额度最高取此数值的 80%。因此，首付款金额即车辆开票价格的 30%，贷款金额则为车辆开票价格的 70%，即 175000 元。

按揭服务费由经销商收取，费用标准由经销商规定。

公证抵押费由银行收取，具体费用视银行不同而不同。

车辆购置税及上牌费用均由车管所收取。

在本案例中，采用等额本息的还款方式，其月还款金额的计算方法如下：

$$月还款金额=175000\times(1+16\%)/36=5639\ 元$$

3. 汽车消费信贷审批程序

经销商根据客户提供的个人资料、消费信贷购车申请、贷款担保等进行贷款资格审查，并根据审查结果填写《消费信贷购车资格审核调查表》等，然后将有关资料报送银行汽车消费信贷的放贷机构。下面以银行为例来介绍贷款审批程序，如图 7-7 所示：

4. 购车合同公证办理

经销商协助客户办理购车合同公证时必须注意以下几点：

1）经销商与客户所签订的购车合同系事前与公证部门协商并认定的统一文本，包括三部分内容，即《购车合同》（与购车人签订）、《同意书》（与共同购车人签订）和《担保书》（与担保人签订）。

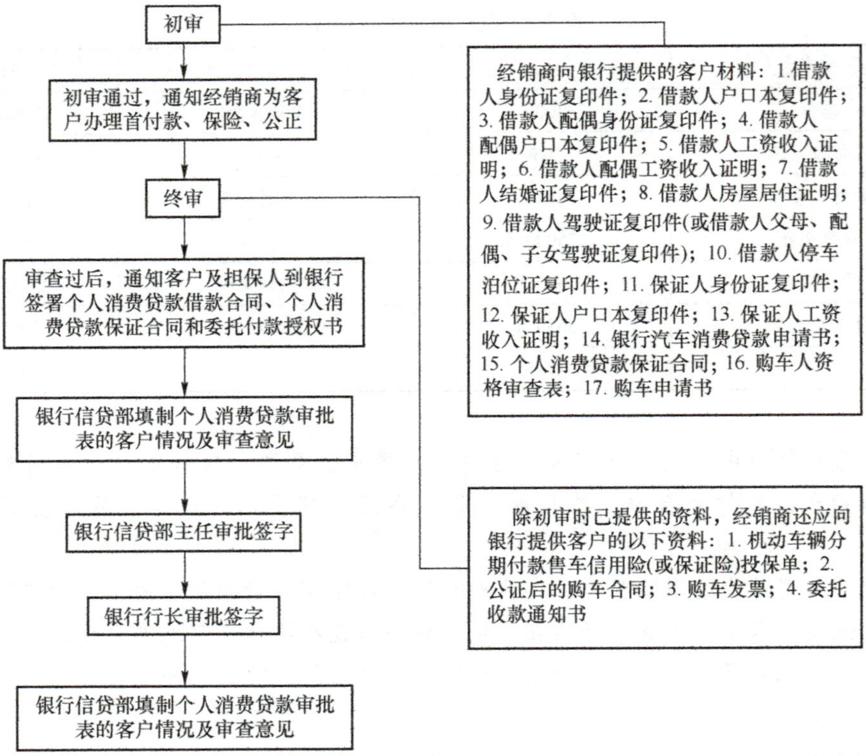

图 7-7　汽车消费贷款银行审批程序流程图

2）合同公证时须在场的人有公证员、购车人、共同购车人、担保人及销售商代表。

3）所需材料：购车人、共同购车人、担保人的户口簿、身份证复印件和关系证明。

5. 汽车消费信贷保险及机动车辆保险办理

当购车客户经过经销商复审、银行初审，客户交了首付款、选定了车辆，并有了车辆交接单、购车合同书，此时保险公司可根据经销商提供的客户文件办理保险。经销商为保险公司准备的客户文件如下：

1）购车人身份证复印件。

2）购车人户口簿复印件。

3）购车人的工资收入证明复印件。

4）经过公证的购车合同书。

5）共同购车人的身份证、户口簿复印件。

6）保证人的身份证复印件。

7）购车发票、汽车合格证、车辆购置附加费缴费凭证复印件。

8）首期款缴费凭证复印件。

9）车辆交接单复印件。

六、汽车消费信贷的风险防范

汽车消费贷款具有金额小、笔数多的特点，加之借款人一般不编制自身的财务报表，贷款人无法判断借款人的财务状况，并且分别监控的成本较高。目前多数汽车消费贷款采用以所购的汽车作为贷款抵押品，由于汽车的市场价格逐年递减，同时不可估计的因素较多，因此汽车消费贷款的风险仍然较大。若要减少贷款风险，贷款人应对借款人的基本情况、还款能力、担保状况及逾期状态等进行综合的判断分析。为规范汽车贷款业务管理，防范汽车贷款风险，促进汽车贷款业务健康发展，《汽车贷款管理办法》对风险管理作了详细规定。

1）在贷款审批过程中，贷款人应建立借款人资信评级系统，审慎确定借款人的资信级别。对个人借款人，应根据其职业、收入状况、还款能力、信用记录等因素确定资信级别；对经销商及机构借款人，应根据其信贷档案所反映的情况、高级管理人员的资信情况、财务状况、信用记录等因素确定资信级别。

2）贷款人发放汽车贷款，应要求借款人提供所购汽车抵押或其他有效担保，并审慎评估抵押物价值，充分考虑抵押物减值风险，设定抵押率上限。

3）贷款人应根据贷款金额、贷款地区分布、借款人财务状况、汽车品牌、抵押担保等因素建立汽车贷款分类监控系统，对不同类别的汽车贷款风险进行定期检查、评估。根据检查评估结果，及时调整各类汽车贷款的风险级别。

4）贷款人应建立汽车贷款预警监测分析系统，制定预警标准；超过预警标准后应采取重新评价贷款审批制度等措施。

5）加强贷后跟踪催收工作，对违约两个月以内（含两个月）的贷款进行催收。根据不同的违约程度，一般可采用以下催收方式：

违约一个月以内，对违约贷款账户按规定进行电话催收和信函催收，寄送《个人消费贷款催收通知书》，并对电话和信函催收情况做详细记录。电话催收包括客户姓名、电话催收时间、通话内容、催收效果或通话失败等情况的记录；信函催收包括信函催收记录、回执记录和贷款收回记录。

对非质押类贷款违约一个月以上的应实施上门催收。认真调查借款人家庭情况，向借款人当面发出《个人消费贷款还款敦促函》，并取得回执。如果该笔贷款有连带责任保证人，则应同时向连带责任保证人发出催收通知，要求保证人履行连带保证责任，及时清偿逾期贷款本息。对上门催收情况进行详细记录、整理。

对违约两个月以上或确认可进入司法诉讼程序的违约贷款，可移送银行贷款催收岗催收或进入不良资产处置程序。

6）贷款人应将汽车贷款的有关信息及时录入信贷登记咨询系统，并建立与其他贷款人的信息交流制度。

七、汽车消费贷款保证保险

汽车消费贷款保证保险（简称“车贷险”），是指借款人（投保人）根据银行或汽车金融公司等贷款人（被保险人）的要求，由保险公司为其贷款本息提供担保的一种保险。车贷险是为贷款买车者推出的一种责任保险，即借款人在获得贷款时购买车贷险，在还不出贷款时，由保险公司向贷款人承担相应的赔付责任。汽车消费贷款保证保险是第三方保证的一种主要形式。

1. 汽车消费贷款保证保险业务流程

办理车贷险的基本流程是：客户如实填写投保申请书，准备相关资料→保险公司和银行审核客户资信→客户向被保险人（银行、汽车金融公司等贷款人）提供有效担保，被保险人审查担保→审核通过，客户选购车辆，与经销商签订购车合同→客户办理保险手续，保险人出具保险单→银行发放贷款，客户提车。

投保人办理车贷险需要准备的相关资料，主要有投保人及其配偶的身份证明、相关收入证明材料、担保合同、购车合同等。客户投保车贷险，保险公司首先会要求投保人对贷款所购车辆投保机动车辆保险，包括车辆损失险、第三者责任险、盗抢险、自燃险等。车贷险目前只限于本地所购车辆，各保险经营机构不得承保异地贷款购车业务。

汽车消费贷款保证保险的实质是借款人向保险公司投保，将贷款银行作为被保险人，在借款人不还款，即出现保单中约定的保险责任事故时，保险公司对被保险人进行赔偿。同时投保人、被保险人必须按保单约定履行义务，投保人向被保险人提供有效担保，其中被保险人很重要的一个义务是对担保的合法性、有效性进行审查，对担保被依法确认为无效的，保险人不承担保险责任。为防止保险欺诈和道德危险，在订立保证保险合同时，投保人应根据保险人的要求，就其资信状况和履行能力履行如实告知义务。如果投保人未尽如实告知义务，保险人有权解除保险合同并不承担保险责任。

2. 汽车消费贷款保证保险实例

A公司向B银行申请汽车购车贷款，并以B银行为被保险人向C保险公司投保“分期付款购车保证保险”，其中A公司作为投保人，B银行作为被保险人，与保险人C公司签订一份分期付款信用保险协议和补充协议。协议载明：当购车人未按分期付款期限支付车款达3个月时，由C保险公司负责偿还购车人的贷款，但最高额不超过保险金额；本保险的保险金额为售车总价减去购车人首期付款总额(不低于售车总价的20%)；保险费率为2%，每车免赔额为保险金额的10%；保险期限自首期付款之日起至销售合同规定的最后还款日期止，最长不超过两年。收到投保单的当日，C保险公司依约出具分期付款购车保险单，备注并附《分期付款信用保险协议》一份。后A公司未能按贷款合同向B银行按期偿还贷款，B银行发函催收，但其仍未履约。B银行遂向保险公司C索赔，C未予赔偿。B银行向法院提起诉讼，请求判令保险人C公司承担保证保险责任，并赔偿逾期赔偿所造成的损失。

法院审理查明A公司在投保时已资不抵债，以其当时的资信状况，根本没有偿还购车贷款的履行能力。但其签订保险合同时未按保险协议的要求就企业资信状况向保险公司履行如实说明义务，相反，其向保险公司出具了虚假记载的财务报表。据此，法院认为，本案所涉分期付款购车保险合同的保险标的是购车人的如期还贷义务，具有信用性，A公司作为投保人向保险人如实告知其资信状况及其履约能力是保险人决定是否承保的先决条件。但A公司在与C保险公司签约时故意隐瞒真实情况，未尽投保人如实告知义务，骗取保险人签订保险合同，违反了诚信原则。为此驳回了B银行的诉讼请求。

因此，在银行的贷款实践中，银行作为被保险人，应协助保险公司敦促投保人履行其说明义务，以免因贷款人的故意欺诈行为而导致保险合同无效，最终威胁了自己的贷款安全。

第三节 汽车置换

一、汽车置换概述

汽车置换是指消费者用旧机动车的评估价值加上另行支付的车款，从品牌经销商处购买新车的业务。从狭义上说，汽车置换就是“以旧换新”，经销商通过旧机动车的收购与新车的对等销售获取利益。从广义上说，汽车置换则是指在“以旧换新”业务的基础上，还同时兼容旧机动车整备、跟踪业务、旧机动车再销售，乃至银行按揭贷款等一系列业务整合，从而使之成为一种独立的汽车金融服务方式。通过“以旧换新”来开展旧机动车贸易，车辆更新程序简化，并使旧机动车市场和新车市场互相带动，共同发展。

旧机动车又称“二手车”，是指经过公安交通管理机关登记注册，在国家法定的报废标准内或在经济寿命内服役，并可续用的机动车辆的总称。根据国家颁布的《旧机动车交易管理办法》中的规定，可以用来置换的旧车必须是证件齐全有效、非盗抢车辆、非走私车辆、距报废年限一年以上、尾气排放符合要求、无机动车产权纠纷的、允许转籍的所有在用汽车。新车为客户所需的各类国产、进口汽车，客户既可通过支付新旧车之间的差价来一次性完成车辆的更新，也可选择通过其原有旧机动车的再销售来抵扣新车车款的分期付款方式。

汽车置换在国外很普遍，经营模式已相当成熟。以美国为例，很多汽车品牌专卖店都会有经营旧机动车的业务，旧机动车置换交易十分活跃，置换购车的比例已达到三分之一。随着我国汽车普及率的大幅提高，以及换车周期逐渐缩短，未来置换购车必将呈上升态势。目前，各大汽车厂商均已开展旧机动车置换业务，如上海通用“诚新旧机动车”、奥迪“品鉴旧机动车”、广州本田“喜悦旧机动车”、上海大众“特选旧机动车”、一汽大众“认证旧机动车”、东风日产旧机动车等品牌。汽车厂商通过开展旧机动车置换业务，能有力促进新车销售，提升品牌价值，获取更大利润。

汽车置换不同于以往的旧机动车市场内经纪公司单纯的买卖业务，而是消费者用旧机动车的残余价值折抵一部分新车的车款从品牌4S店处购买新车的业务，旧机动车交易可以被看做是新车交易的延伸。近几年多数品牌4S店都开展了旧机动车置换业务，还向消费者推出了“一站式置换新车”服务，即所有的旧机动车过户和新车上牌手续均由经销商负责办理，保证过户到位，不但充分地解决了消费者在置换过程中办理各种烦琐手续的烦恼，还使整个置换业务更加的安全、可靠、便捷。目前，这种经营方式已经得到消费者的广泛认可，在北京、上海等城市，旧机动车的置换率高达30%以上，这一行业的业务规模发展势头良好。

二、汽车置换方式

汽车置换主要有以下三种方式：

1）用本厂旧机动车置换新车(即以旧换新)，如厂家为“一汽大众”，车主可将旧捷达轿车折价卖给“一汽大众”的零售店，再买一辆新速腾。

2）用本品牌旧机动车置换新车。如品牌为“大众”，假设拥有一辆旧宝来的车主看上了新帕萨特，那么他可以在任何一家“大众”的零售店里置换到一辆他喜欢的新帕萨特。

3）只要购买本厂或本店的新车，置换的旧机动车不限品牌。据称，国外基本上采用的是这种旧机动车置换方式，国内由上海通用率先采用。2002年9月23日，上海通用在北京、上海、广州、深圳的四家专卖店推出“别克诚新旧机动车”，消费者可以用各种品牌的旧机动车置换别克品牌的新车；2004年，上海通用将其升级为“诚新旧机动车”，可置换别克、雪佛兰品牌的新车，成为国内第一个由汽车厂家推出的旧机动车品牌，且对上海通用汽车来说，其品牌地位不亚于别克、雪佛兰、凯迪拉克等新车产品品牌。

第一种、第二种置换方式的优点在于降低老客户换车的门槛，吸引老客户关注同品牌新车型，易于培养客户的品牌忠诚度；然后，适用范围有限，只限于同一品牌不同档次产品的更新换代，适合于产品线长、品种丰富的厂家。

如果考虑买车人的选择余地和便利程度，当然是第三种方式(不限旧机动车品牌)最佳。由于中国的车主一般既不从一而终地在指定维修点保养维修，也不保留车辆的维修档案，致使车况极不透明；另外，不同品牌、不同型号的车在技术和零部件上千差万别；而且，对于个别已经停产车型更换零部件将越来越麻烦等。因此，一个厂家难以对所有品牌的旧机动车作评估和认证，这种方式对厂商和经销商而言极具挑战性。

三、汽车置换程序

汽车置换包括旧机动车出售和新车购买两个环节。根据品牌厂商的不同，旧机动车置换流程虽有所差异，但大体上相同，基本程序如下：

1）业务咨询。顾客通过电话或直接到旧机动车置换授权经销商处(一般是4S店或二级经销网点)进行咨询，也可以登录相关网站进行置换登记。

2）鉴定评估。置换客户将汽车及相关资料提供给公司，评估人员对置换车辆的技术状况进行鉴定，结合当前旧机动车市场价格行情、新车价格、使用年限等信息进行综合分析、评估，拟定评估价格。

3）定价。公司将初步价格通知客户，经协商同意后，确定收购价格。

4）选购新车。销售顾问陪同客户选订新车，商定新车价格。

5）协议签订。客户与公司签订旧机动车购销协议及置换协议。

6）交车。置换旧机动车的钱款直接冲抵新车的车款，顾客补足新车差价后，办理提车手续，或由销售顾问协助在指定经销商处提取所订车辆，提供上牌、保险等一条龙服务。

7）信贷购车。客户如需贷款购新车，则置换旧机动车的钱款作为新车的首付款，为顾客办理购车贷款手续，建立提供因汽车消费信贷所产生的资信管理服务，并建立个人资信数据库。

8）旧机动车过户。客户提供必要的过户/转籍资料，协助经销商办理旧机动车过户手续。

9）跟踪服务。旧机动车置换授权经销商为客户提供全程后续服务。

案例：上海通用“诚新旧机动车”置换业务

上海通用“诚新旧机动车”为中国第一个旧机动车服务品牌，不仅为消费者提供了全新的品牌旧机动车交易体验，同时也将品牌化的概念和规范化的操作引入旧机动车市场。

“诚新旧机动车”提供旧机动车置换、认证、销售和旧机动车贷款业务等一站式服务，采用多品牌置换模式，任意品牌车型均可置换别克(BUICK)与雪佛兰(CHEVROLET)品牌新车，为客户提供安全、便捷的“一站式置换新车”服务。

“诚新旧机动车”业务置换流程，如图7-8所示。

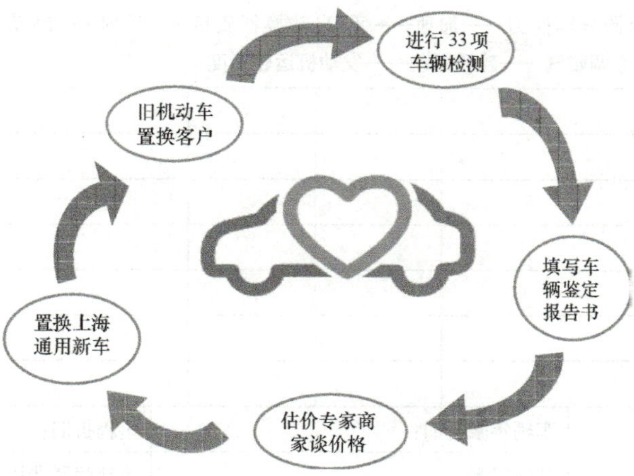

图 7-8　旧机动车业务置换流程圈

1）客户通过电话或直接到旧机动车置换授权经销商处（一般是4S店或二级销售网点）进行咨询，也可以在旧机动车置换授权经销商的网站进行置换登记。

2）专业旧机动车鉴定评估师对车辆进行33项免费车辆检测，见表7-6。

表 7-6　上海通用“诚新旧机动车”33项鉴定估价表

客户号：		电话：		日期：	
VIN：	发动机号：		牌照：	车型：	
出厂年月：	排量：　CC	颜色：	变速箱：手/自	里程：　km	
鉴定结果及预估维修费用					
车身外部油漆和钣金件	前发动机盖/水箱护罩前围板		车厢内部及静态检查	安全带、安全气囊、驻车系统	
	前后四翼子板			空调冷暖工作系统/温度效果	
	前后四车门			油箱、行李厢、前盖锁止机构	
	前后保险杠			点火起动状况及风窗刮水器	
	后围板、后盖箱			离合器、制动、油门踏板行程	
	车顶、顶边、A BC 柱		引擎盖下侧	前围/前纵梁及翼子板内侧	
	前后全车灯罩			发动机怠速运转状况/点火正时	
	全车风窗玻璃			变速器状况/离合器换挡/油面	
	全车门密封条及装饰条			方向机助力系统/液压管路	
	发动机、车架号码铭牌标牌			冷却及空调管路系统	
车厢内部及静态检查	车内饰顶/内饰板/遮阳板/储物箱			点火系统/蓄电池/熔丝盒	
	四座椅及其功能			四轮制动性能及制动助力系统	
	仪表装置及指示灯/车内外照明			四轮避震系统/驱动半轴/横拉杆	
	全车门锁拉手及儿童锁止装置		其他	四轮胎/轮罩帽/钢圈	
	收音机及音响喇叭系统			底盘大梁/消声器/三元催化	
	电动窗机及天窗装置			后盖厢/备胎/随车工具	
加装配置：□________碟 CD　□功放　□VCD　□低音炮　□GPS					

（续）

路试检查：起动——离合器分离能力——加速——手/自动换挡质量——转向——制动——怠速——手制动——喇叭——速度表——空调暖气——轮胎振动——发动机运转温度					
新车市场价：		车辆年限折旧：		里程折旧：	车况折旧：
价格波动：		其他因素：		当地牌照费用：	
评估价格：				此估价　　　天内有效	
估价员签名：			车辆出售者签名：		
备注：					

3）专业旧机动车鉴定评估师如实填写车辆鉴定报告书。

4）评估师提出评估价格，双方协商一致后签订置换协议。

5）置换旧机动车的钱款直接冲抵新车的车款，客户补足新车差价后，办理提车手续。

“诚新旧机动车”车辆置换表，见表 7-7。

表 7-7　“诚新旧机动车”车辆置换表

	卖出旧机动车相关信息	购进新车相关信息
客户/公司名称		
联系地址		
邮政编码		
联系电话		
客户身份证/公司代码		
车辆品牌		
车辆型号/配置号		
车辆牌照		
VIN		
发动机编号		
发动机排量		
变速器	手/自动	手/自动
行驶里程数		
颜色		
车辆出厂年月		
初次购车日期		

（续）

	卖出旧机动车相关信息	购进新车相关信息
新车销售/旧机动车过户发票号码		
新车销售/旧机动车收购价格		
付款方式	□旧机动车款折价加余款全部用现钞支付	
	□旧机动车款作为首付其余分期付款支付	
	□其他支付方式	
旧机动车卖主签名/日期：	新车买主签名/日期：	
备注：		

置换申请：

经销商代码：

经销商旧机动车经理签字：　　　　　　　　申请日期：

四、汽车置换操作实务

1. 旧机动车置换的相关法规咨询

可用于旧机动车置换的旧机动车必须符合如下规定：

1）旧机动车须经公安交通管理机关申请临时检验，检验合格，在行驶证上签注检验合格记录，方可进行交易。

2）军队转地方的退役车不满 2 年的，不能交易置换。

3）距报废时间不足 1 年的，一律不能办理过户、转籍手续。

4）延缓报废的旧机动车不准办理过户、转籍手续。

5）旧机动车来历不明、手续不全，不能交易置换。

6）走私、拼装等非法车，不能交易置换。

7）华侨、港澳台同胞捐赠的免税进口汽车，只限接受单位自用，不准转让或转卖（经海关审定同意者除外）。

8）各种车辆证照不全（行驶证、营运证、牌照等），不能交易置换。

9）各种规费不全（车辆购置税、车辆保险费、车船使用税等），不能交易置换。

10）没有车辆产权证明（机动车登记证书、购车发票、旧机动车交易凭证、具有法律效力的判决书、拍卖凭证以及政府批文等），不能交易置换。

11）凡伪造、仿冒、涂改文件（凭证、票据、证照）的，不但不能交易，还要扣车，转交有关部门查处。

12）抵押车，封存车，海关免税期内以及其他不准过户、不准转籍的车辆需由车主在相关管理部门办理解禁手续后，方可进行交易。

2. 旧机动车置换的价格咨询

作为旧机动车置换服务的提供者应随时了解行情，向消费者提供以下信息：

1）新车价格。

2）旧机动车交易价格。

3）维修价格。

4）维修工时定额及其工时价格。

5）配件价格。

6）价格变动指数。

7）通货膨胀率。

8）银行储蓄、借贷利率。

9）各种税种和税率。

10）各种险种和费用。

11）交易费用。

12）旧机动车交易的验证费、转籍过户费、牌证费、管理费等。

13）鉴定估价费。

3. 旧机动车鉴定估价

（1）旧机动车鉴定估价　旧机动车鉴定估价是指由评估机构或专业评估人员，按照特定的目的，遵循法定或公允的标准和程序，运用科学的方法，对车辆进行手续检查、技术鉴定和估算价格的过程。旧机动车鉴定估价的关键在于正确评定车辆的技术经济状况，核心是对汽车在某一时点的价格进行估算。

1）旧机动车鉴定估价的工作原则　旧机动车鉴定估价的工作原则是评估机构与评估工作人员在评估工作中应遵循的业务准则，主要有以下几条：

① 公证权威性原则。

a. 鉴定估价人员的思想作风、工作态度应当公正无私。

b. 鉴定估价程序、方法应严格、正确、有序。

c. 鉴定估价结果应准确、公道和权威。

d. 鉴定估价费用只与工作量相关，不与评估车辆的价值挂钩（国际惯例）。

② 独立自主性原则。

a. 鉴定估价师应依据国家法规和规章制度办事，不徇私舞弊。

b. 鉴定估价的依据只凭可靠的资料数据估算。

c. 鉴定估价不受任何外界机构和人员的影响和干扰。

d. 鉴定估价不受委托者的意图影响。

③ 客观现实性原则。

a. 只尊重事实，实事求是。

b. 只尊重数据，依数据说话。

c. 只尊重市场现实，随行就市。

④ 科学合理性原则。

a. 选用适用的评估标准和方法。

b. 制定科学的评估方案。

c. 力求搜集足够的可利用资料、数据，保证技术检测数据的全面性和准确性。

⑤ 专业认证性原则。

a. 鉴定评估机构符合规定条件，经工商行政管理部门注册登记，具有法人资格。

b. 鉴定估价师经过专业培训，熟悉旧机动车鉴定估价工作，取得劳动和社会保障部颁发的职业资格证书，持证上岗，并在中国汽车流通协会注册登记。

c. 旧机动车鉴定评估机构与旧机动车交易市场，各自履行各自的职能和职责，互不隶属，互不支配，互不干扰。

d. 旧机动车鉴定估价机构评估的估价是唯一的认证价格。

2）旧机动车鉴定估价的基本程序。旧机动车鉴定估价作为一个专业的评估领域，情况复杂，作业量大。鉴定估价时，应分步骤、分阶段实施相应的工作。从专业评估角度而言，旧机动车鉴定估价大致要经历以下几个阶段：

① 搜集和整理有关资料，包括车辆状态性资料和车辆合法性资料。

车辆状态性资料：车辆的原价、折旧、净值；预计使用年限、已使用年限；车辆的型号和完好率等。

车辆合法性资料：车辆的购车发票；行驶证、号牌、运输证、准运证；各种车辆税费、杂费的缴纳凭证等。

② 设计鉴定估价方案。主要包括以下内容：

a. 整理委托方提供的资料，向委托方了解车辆的有关情况。

b. 根据车主要求的评估目的，确定计价标准和评估方法，拟定具体的工作步骤和作业进度，确定评估基准日和具体的日程安排。

c. 设计并印制评估所需要的各类表格。

③ 对车辆进行现场检查和技术鉴定。由车辆评估人员和专业技术人员对汽车的技术性能、结构状况、运行维护、负荷状况和完好程度等进行鉴定，结合功能性损耗、经济性损耗等因素，据此作出技术鉴定。评估人员应根据汽车的技术鉴定，尽可能在工作现场对被评估车辆作出成新率的判断。因为完成对车辆成新率的鉴定工作，是完成车辆现场检查工作的一个重要标志。

④ 评定与估算。一方面继续搜集所欠缺的资料，另一方面要对所搜集的数据资料进行整理，根据已确定的评估标准和评估计算方法，对车辆进行评估，确定评估结果。

⑤ 核对评估值，撰写评估报告。对车辆评估的各主要参数及计算过程进行核对，在确认评估结果准确无误的基础上，填写评估报告表，撰写评估报告书。

3）旧机动车技术状况鉴定。车辆（尤其是旧机动车）的技术状况鉴定是车辆鉴定评估的基础与关键，也是车辆公平交易的前提条件，主要有静态检查、动态检查和综合性能检查等鉴定方法。其中，静态检查和动态检查是依据评估人员的技能和经验对被评估车辆进行直观、定性判断，即初步判断评估车辆的运行情况是否基本正常、车辆各部分有无故障及故障的可能原因、车辆各总成及部件的新旧程度等，是评价过程不可缺少的。

① 静态检查。旧机动车静态检查是指在静态情况下，根据评估人员的经验和技能，辅之以简单的量具，对旧机动车的技术状况进行直观检查。对车辆进行全面检查，目的在于发现一些较大的缺陷，如严重碰撞、车身或车架锈蚀或有结构性损坏、发动机或传动系统严重磨损、车厢内部设施不良、损坏维修费用较大等，为其价值评估提供依据。

旧机动车的静态检查主要包括识伪检查和外观检查两大部分。识伪检查主要包括鉴别走私车辆、拼装车辆和盗抢车辆等工作；外观检查包括鉴别事故车辆、检查发动机舱、检查客舱、检查行李舱和检查车底等内容，具体项目见表 7-8。

表 7-8 静态检查项目

识伪检查	鉴别走私车辆
	鉴别拼装车辆
	鉴别盗抢车辆
外观检查	鉴别事故车辆，包括碰撞、水淹、火灾等事故
	检查发动机舱，包括机体外观、冷却系统、润滑系统、点火系统、供油系统、进气系统等
	检查乘客舱，包括驾驶操作机构、开关、仪表、警告灯、内饰件、座椅、电器部件等
	检查行李箱，包括行李箱锁、气压减振器、防水密封条、备用轮胎、随车工具、门控开关等
	检查车身底部，包括泄漏、排气系统、转向机构、悬架、传动轴等

② 动态检查。

旧机动车的动态检查是指将汽车发动机起动，检查发动机、音响、灯光等各部分的工作是否正常，接着起步、加速、匀速、滑行、强制减速、紧急制动等，然后从低速挡到高速挡，再从高速挡到低速挡的行驶，且用倒挡行驶一段距离，检查离合器、变速器、转向和悬架系统的工作情况，并检查汽车的操纵性能、制动性能、滑行性能、加速性能、噪声和废气排放等情况，以鉴定车辆在动态下的技术状况。

③ 综合性能检查。

综合性能检查是对评估车辆的各项技术性能及各总成部件技术状况进行定量、客观评价，是划分车辆技术等级的依据。在实际工作中，按照汽车综合性能检测标准（GB 18565—2012）要求，对各项性能指标进行检测。其中，对旧机动车鉴定评估必不可少的几个检测项目是：驱动轮输出功率检测、油耗检测、制动性能检测和排气污染物检测。

4）旧机动车鉴定估价方法。在旧机动车置换的交易过程中，旧机动车价格真实与否是买卖双方最关心的问题。卖车者怕收购方所给的评估价格过低，而买车者则担心车辆有隐患，价不符实。因此，汽车买卖双方掌握一些汽车鉴定估价的基本方法，有助于避免在旧机动车交易过程中上当受骗。

根据不同的评估目的、价值标准和业务条件，旧机动车评估方法主要有收益现值法、重置成本法、现行市价法和清算价格法四种。用重置成本法评估旧机动车，充分考虑了旧机动车已使用年限内的磨损以及功能性、经济性贬值，反映了车辆市场价格的变化，评估结果的可信度较高，在中高档旧机动车评估中广泛应用。

成新率作为重置成本法的一项重要指标，反映旧机动车的新旧程度，是旧机动车评估中的重点和难点。旧机动车成新率的确定方法主要有使用年限法、行驶里程法、技术鉴定法、整车观测法、综合分析法等，其中综合分析法是以使用年限法为基础，综合考虑车辆的维护情况、技术状况、制造质量、工作性质、工作条件等因素，并采用加权平均法计算调整系数，其计算公式为

$$成新率=(1-已使用年限/规定使用年限)\times调整系数\times100\%$$

由于综合分析法综合考虑了影响车辆价值的各种因素，评估值准确度较高，适合使用在中等价值（7 万元~25 万元）的旧机动车。

5）旧机动车鉴定估价实例。

对旧机动车的鉴定评估，应根据国家有关资产评估的规定，严格遵循“客观性、独立性、公正性、科学性”原则，按照必要的程序，通过对评估车辆的实地查勘、市场调查与征询，依据技术标准资料、技术参数资料、技术鉴定资料以及其他相关法律、法规，公正评定评估车辆的市场价格。

旧机动车鉴定评估作业表见表7-9。

表7-9 旧机动车鉴定评估作业表

评估基准日：×年×月×日

车 主	×××		所有权性质	□公 ☑私	联系电话	×××
住 址	×××				经办人	×××
原始情况	厂牌型号	速腾 FV7166G			号牌号码	×××
	车辆识别代码(VIN)	×××				
	发动机号	SQR477F			车身颜色	黑色
	座位/排量	5座 1.6L			燃料种类	汽油
	初次登记日期	×年×月×日		车辆出厂日期	×年×月	
	已使用年限	×年×个月		累计行驶里程	×万公里	
	使用用途	上下班代步用				
检查核对交易证件	证件	□原始发票 ☑机动车登记证书 ☑机动车行驶证 ☑法人代码或身份证 □其他				
	税费	☑购置附加税 ☑车船使用税 □交强险 □其他				
现时技术	技术状况、维修保养、工作性质、工作条件等较好；车辆前后保险杠有明显掉漆，车轮轮毂有锈迹，属正常情况；车门、发动机盖、后备箱盖、车上电子设备保养良好；车辆检测后，前轮制动力不平衡，底盘有轻微漏油痕迹，前保险杠为更换件。					
调整系数（取值）	技术状况：□好 1.2	☑一般 1	□差 0.8	×权重 30%		
	维修保养：☑好 1.1	□一般 1	□差 0.9	×权重 25%		
	制造质量：□进口 1.1	☑国产名牌 1	□国产非名牌 0.9	×权重 20%		
	工作性质：☑私用 1.2	□公务用车 1	□营运 0.7	×权重 15%		
	工作条件：☑较好 1	□一般 0.9	□较差 0.8	×权重 10%		
价值反映	账面原值(元)	16.8万	车主报价(元)		8.05万	
	重置成本(元)	8.6万	成新率	69.7%	评估价格(元)	6.32万
鉴定评估目的	交易					
鉴定评估说明	采用加权平均法计算调整系数，采用综合分析法计算成新率，采用重置成本法计算评估价值，评估时重置成本采用市场综合价。					

注册旧机动车鉴定评估师(签名)： 复核人(签名)：

年 月 日 年 月 日

4. 旧机动车收购定价

旧机动车收购以盈利为目的，估价太低，收购不成功；估价太高，没有利润。同时，旧机动车的收购定价会受到品牌知名度、维修服务条件、车身颜色与配置、市场宏微观环境等众多因素的影响。因此，准确、有市场竞争力的收购定价是旧机动车成功交易的前提和关键。

在市场交易中，常用以下方法确定旧机动车的收购价格：

（1）重置成本法确定收购价格　基本思路是：首先采用重置成本法对旧机动车进行鉴定评估，然后根据快速变现原则，估定一个折扣率，将被收购车辆的评估价格乘以折扣率，即得到旧机动车的收购价格，公式表示为

收购价格 = 重置成本法确定的评估价格×折扣率

其中，折扣率是指汽车能够当即出售的清算价格与现行市场价格之比值，是经营者对市场销售情况的充分调查和了解后凭经验估算得出。

（2）现行市价法确定收购价格　若能找到与被收购旧机动车相同或类同的参照车辆，可采用现行市价法确定旧机动车的收购价格。计算公式同重置成本法。

（3）快速折旧法确定收购价格　基本思路是：首先计算出旧机动车已使用年数的累计折旧额。然后，将重置成本全价减去累计折旧额，再减去旧机动车收购后需要维修、换件的费用，即得到旧机动车的收购价格。

工作流程如下：

第 1 步：确定重置成本全价

重置成本全价一律采用国内现行市场价格作为被收购车辆的重置成本全价。

第 2 步：确定累计折旧额

先采用年份数求和法，或双倍余额递减法计算旧机动车的年折旧额。

累计折旧额的计算方法是：计算出年折旧额后，将已使用年限内各年的折旧额汇总累加，即得累计折旧额。

第 3 步：确定维修费用

维修费用是指车辆现时状态下，某功能完全丧失，需要维修和换件的费用总支出。

第 4 步：确定收购价格

运用快速折旧法估算旧机动车收购价格，计算公式为

收购价格 = 重置成本全价 - 累计折旧额 - 维修费用

案例：快速折旧法计算旧机动车收购价格实例

C 先生欲转让一辆桑塔纳 99 新秀轿车，经与旧机动车交易中心洽谈，由交易中心收购该车辆。该车的初次登记日期为 2001 年 6 月，转让日期为 2004 年 12 月，已使用了 3 年 6 个月。该型号的现行市场购置价为 8 万元，规定使用年限为 15 年，残值忽略不计。

1. 采用年份数求和法计算其累计折旧

根据年份数求和法计算公式，其计算结果见表 7-10。

表 7-10　用年份数求和法计算折旧额

年 数	重置价格/元	递减系数	年折旧额/元	累计折旧额/元
2001. 7~2002. 1	80000	15/120	10000	10000
2002. 2~2003. 1		14/120	9333	19333
2003. 2~2004. 1		13/120	8667	28000
2004. 2~2005. 1		12/120	8000	36000

由于车辆已使用 3 年 6 个月，则累计折旧额为

$$\frac{28000 + 36000}{2} = 32000（元）$$

2. 采用余额递减折旧法计算其累计折旧

根据余额递减折旧法计算公式，计算结果见表 7-11。

表 7-11　用双倍余额递减法计算累计折旧额

年 数	重置价格/元	折旧率(%)	年折旧额/元	累计折旧额/元
2001.7~2002.1	80000	13.3	10640	10640
2002.2~2003.1	69360	13.3	7998	18638
2003.2~2004.1	61362	13.3	6135	24773
2004.2~2005.1	55227	13.3	4787	29560

折旧率 α 为直线折旧率 $\frac{1}{N}$ 的 2 倍，即：$\alpha = \frac{2}{N} = \frac{1}{15} = 13.3\%$

由于车辆已使用 3 年 6 个月，则累计折旧额为：

$$\frac{24733 + 29560}{2} = 27167（元）$$

3. 其他费用

根据技术状况鉴定，左前轮行驶偏摆，右前轮的轴承失效换件，需维修费 700 元，变速器漏油失效换件，需维修费 1200 元。

上述费用合计为：700 + 1200 = 1900(元)

4. 收购评估

用年份数求和法计算收购评估为 80000-32000-1900 = 46100(元)。

用双倍余额递减计算收购评估为 80000-27167-1900 = 50933(元)。

（4）以销售预期价为基础确定收购价格　计算方法为：

收购基准价=销售期望价-纯利润期望值-经营成本

销售期望价是评估师对收购车辆将来可能成交价格的判断；纯利润期望值是评估师收购车辆以后的最低获利期望；经营成本包括车辆从收购至销售过程中发生的各种费用，如交易费、广告费、停车费、利息等。

例如，评估师认为一辆 2003 年年底初次入户的 1.8L 手动标准版帕萨特售价预期为 9 万元(带牌)，期望利润为 5000 元，同时测算出从收购至销售需付出成本 5000 元，那么该车的收购基准价就是 8 万。

这种定价方法在交易中非常实用，但对评估师的要求较高，须具有丰富的市场经验，熟知市场行情及发展趋势。不同的评估师对销售的预期价判断不同，不同的经营者对利润的要求也不同，于是收购定价体现出不确定性。

5. 旧机动车销售实务

旧机动车的销售过程与新车销售过程区别不大，但由于旧机动车的独特性和展示方式的不同，因此销售过程要做一些小的调整。旧机动车销售的步骤大致有以下几个方面：

1）招呼客户。通常购买旧机动车的客户的心理并不十分奔放豪爽，求实的心理居主导地位，所以不要过早地上前招呼，否则易使客户感到无所适从，应让客户自由自在地先转转看看展示车辆。当客户的目光定在某一辆汽车上时，这时正是上前招呼的时机。首先，要表示欢迎，出示自己的业务卡，作自我介绍，然后礼貌地询问有何要求。如果出现僵局，可先迂回话题，伺机再转入主题。

2）询问。在销售过程中，询问客户对旧机动车的有关需求、期望是必不可少的。招呼寒暄之后，营销人员应该主动询问，着重了解：客户的旧机动车购买意愿、车型、车辆用途（突出何种汽车性能和功能）、心理价位、购车的急迫程度等情况。

3）介绍。在销售过程中，营销人员应主动介绍企业概况、自己的经历背景和销售业绩、现有车型等。

4）车辆展示。营销人员将客户感兴趣的汽车驶出展台，以便客户和销售人员有足够的空间绕车走动，全面检查车辆。销售员先展示、解说各种特点，然后让客户自己走动、检查，此时应与客户保持一定距离，不要靠得过近，但时刻关注，一旦客户提问，应立即上前应答。客户们议论的话题应记在心里，利用适当时机解释、介绍，切不可当场反驳，避免伤害客户自尊心。

5）演示。邀请客户坐进车内，起动发动机，当条件适当时可驾车路试，路试时要有意变换各种驾驶操作，并提示客户注意动态。路试线路应事先有所计划安排，尽量走右转弯路线，少走或不走左转弯路线。

客户若主动提出亲自驾车，一定要礼貌地请他出示驾驶证，到了合适、宽阔的道路上才将车交给客户试驾。也可在车场内试驾，更妥当。

6）参观服务部。试驾返回经销商处后，应引导客户去服务部门。

良好的服务部印象往往会使客户感到规范、可靠，确信将来的售后服务有保障。

7）销售确认。招待客户就座、待茶，说：“你们商量一下”，或“您考虑一下”。暂时离开，中断一下销售接触。该过程很重要，一可使销售人员回顾一下销售进程、客户的购买意愿和成功交易的可能，设计下一步的业务过程或补救措施，必要时还可以向销售主管汇报情况；二可使客户有一个考虑、协商的余地。

如果客户决定暂时不买，销售员和主管应与客户交换名片，赠送资料，热情送客，使客户将来再来。

8）签约。签约是销售过程自然的延续。达成口头协议后，应该签订书面协议。

在协议上写明价格和付款方式，某些特殊条款应该附注在协议上，如车辆保质期及客户的其他权利和要求，不能口头承诺，以免日后纠纷。

9）交车。在完成所有必要的手续后，交车前应请客户检查车辆的所有性能，以视确认。

交付钥匙前，应讲几句祝福、祝贺的话，显得既庄重又活跃，使双方都感到这是一个非同一般的交接仪式，给客户留下难以忘怀的终生印象，有助于在客户和服务部之间建立良好的关系。同时，应预约初次售后服务（上门访问）的时间。

10）售后服务。良好的售后服务不仅使客户对自己的购买决定更加满意，还会吸引其他顾客。一般在交车后5天内进行第1次售后上门访问，尤其是在交车后的早期（一般为1~2个月内）要经常主动联系、询问车辆状况，指导用车经验，解决客户要求。售后服务应有记录，并整理归档，以备随时查阅。

案例：旧机动车整备翻新

旧机动车整备除了机电维修以外，需对车辆的外观及内饰进行翻新、清洁与装饰，给客户“整旧如新”的感觉。这是一个非常细致的工作环节，除了需要重新喷漆的部位，仅清洁与美容两项，一辆车就需要两名专业人员6~7小时的时间才能完成。

车辆整备的基本流程及具体步骤见表7-12。

表7-12　车辆整备操作流程与步骤

部　位	目　的	操作步骤
全车外表	去除黏附车身的柏油及排气油垢	1. 用清水洗净车身外部灰尘 2. 擦干全车水渍 3. 喷上去柏油剂 4. 约15分钟之后以海绵擦拭全车
轮圈	清洁	1. 喷上铝合金轮圈专用清洁液 2. 等待数分钟之后刷洗干净 3. 检查胎压是否足够
发动机室	清洁及检查	1. 打开发动机盖检查各项油品（机油、制动器油、变速箱油、动力方向盘油）以及冷却液、蓄电池电解液、玻璃水等是否足够且干净 2. 用清洗液加以清洗干净（需注意高压线圈、计算机点火系统及熔断器盒的防水效果） 3. 检查并整理发动机室线路 4. 检查火花塞导线及各类传动带是否破损
轮胎、门槛和保险杠下方	祛除泥垢及检查锈蚀	1. 用高压水管冲洗车轮部分及底盘部分 2. 用刷子清洗前后叶子板内侧、车胎、轮圈细缝、前后保险杠下方、门槛下方及门框内侧 3. 查看底盘有否掉漆及锈蚀现象。若有，先刮除锈斑，以砂纸磨过后再同色补漆
车厢内部	清洁	1. 拿出车内所有的物品（包括地毯、脚垫、坐椅套等），并清洗 2. 用吸尘器将车厢内部全部吸干净 3. 有污垢的地方用内饰清洁剂刷洗干净
仪表板和中控台	清洁	1. 用吸尘器将仪表板、中控台及坐椅吸干净 2. 用棉花棒沾清洁液清洁各通风口的细缝凹槽 3. 以内饰专用清洁剂开始清理内饰，顺序为车顶内衬板、仪表板、中控台、门内衬板、座椅、地毯
行李厢	清洁及整理随车工具	1. 清出行李厢内所有物品 2. 将备胎及行李厢地毯拿出来清洗 3. 用吸尘器将这些地方仔细吸干净 4. 喷上清洁液擦洗干净 5. 将随车工具归位 6. 检查并整理音响线路及制动灯线路

（续）

部　位	目　的	操作步骤
门框	清洁及防水检查	1. 打开车门看车内有无漏水 2. 清除车门框四周边缘及防水胶条上的水迹、泥垢 3. 检查门框防水条有无破损，如有破损立即更换 4. 检查门框边缘有无锈斑。若有，先刮除锈斑，再用砂纸磨过后涂上同色漆
车门下方	清洁及排水检查	1. 检查车门底下是否有泥土及锈蚀 2. 清除泥土及锈蚀 3. 检查并确保门底下的排水孔通畅
车厢内部	上色	1. 内饰上保养液。皮革、塑料、绒布等不同材质需分别处理 2. 将洗干净的脚垫及坐椅套装好
车辆外观	抛光打蜡	1. 以海绵打上一层粗蜡或烤漆白蜡，要以直线方式进行，由车顶、发动机盖、行李厢盖、车身左、右等部位处理 2. 保险杠是黑色塑料材质且无烤漆的，则不要上蜡 3. 再以海绵打上一层细蜡，方法相同 4. 一个地方打完蜡再打下个部分，否则上蜡时间太久打光时很累且留下蜡痕
全车	终检	1. 全车玻璃喷上清洁液后，以干布擦拭干净 2. 检查车辆内外有无缺损的零件 3. 查看车身是否有擦伤掉漆。若有，用同色漆小心修补，涂上几层就可 4. 用牙刷祛除全车标志细缝及玻璃凹槽内的残留蜡渍 5. 轮胎喷上轮胎液

附　录

附录A　中华人民共和国合同法摘要

第九章　买 卖 合 同

第一百三十条　买卖合同是出卖人转移标的物的所有权于买受人，买受人支付价款的合同。

第一百三十一条　买卖合同的内容除依照本法第十二条的规定以外，还可以包括包装方式、检验标准和方法、结算方式、合同使用的文字及其效力等条款。

第一百三十二条　出卖的标的物，应当属于出卖人所有或者出卖人有权处分。

法律、行政法规禁止或者限制转让的标的物，依照其规定。

第一百三十三条　标的物的所有权自标的物交付时起转移，但法律另有规定或者当事人另有约定的除外。

第一百三十四条　当事人可以在买卖合同中约定买受人未履行支付价款或者其他义务的，标的物的所有权属于出卖人。

第一百三十五条　出卖人应当履行向买受人交付标的物或者交付提取标的物的单证，并转移标的物所有权的义务。

第一百三十六条　出卖人应当按照约定或者交易习惯向买受人交付提取标的物单证以外的有关单证和资料。

第一百三十七条　出卖具有知识产权的计算机软件等标的物的，除法律另有规定或者当事人另有约定的以外，该标的物的知识产权不属于买受人。

第一百三十八条　出卖人应当按照约定的期限交付标的物。约定交付期间的，出卖人可以在该交付期间内的任何时间交付。

第一百三十九条　当事人没有约定标的物的交付期限或者约定不明确的，适用本法第六十一条、第六十二条第四项的规定。

第一百四十条　标的物在订立合同之前已为买受人占有的，合同生效的时间为交付时间。

第一百四十一条　出卖人应当按照约定的地点交付标的物。

当事人没有约定交付地点或者约定不明确，依照本法第六十一条的规定仍不能确定的，适用下列规定：

（一）标的物需要运输的，出卖人应当将标的物交付给第一承运人以运交给买受人；

（二）标的物不需要运输，出卖人和买受人订立合同时知道标的物在某一地点的，出卖人应当在该地点交付标的物；不知道标的物在某一地点的，应当在出卖人订立合同时的营业地交付标的物。

第一百四十二条 标的物毁损、灭失的风险，在标的物交付之前由出卖人承担，交付之后由买受人承担，但法律另有规定或者当事人另有约定的除外。

第一百四十三条 因买受人的原因致使标的物不能按照约定的期限交付的，买受人应当自违反约定之日起承担标的物毁损、灭失的风险。

第一百四十四条 出卖人出卖交由承运人运输的在途标的物，除当事人另有约定的以外，毁损、灭失的风险自合同成立时起由买受人承担。

第一百四十五条 当事人没有约定交付地点或者约定不明确，依照本法第一百四十一条第二款第一项的规定标的物需要运输的，出卖人将标的物交付给第一承运人后，标的物毁损、灭失的风险由买受人承担。

第一百四十六条 出卖人按照约定或者依照本法第一百四十一条第二款第二项的规定将标的物置于交付地点，买受人违反约定没有收取的，标的物毁损、灭失的风险自违反约定之日起由买受人承担。

第一百四十七条 出卖人按照约定未交付有关标的物的单证和资料的，不影响标的物毁损、灭失风险的转移。

第一百四十八条 因标的物质量不符合质量要求，致使不能实现合同目的的，买受人可以拒绝接受标的物或者解除合同。买受人拒绝接受标的物或者解除合同的，标的物毁损、灭失的风险由出卖人承担。

第一百四十九条 标的物毁损、灭失的风险由买受人承担的，不影响因出卖人履行债务不符合约定，买受人要求其承担违约责任的权利。

第一百五十条 出卖人就交付的标的物，负有保证第三人不得向买受人主张任何权利的义务，但法律另有规定的除外。

第一百五十一条 买受人订立合同时知道或者应当知道第三人对买卖的标的物享有权利的，出卖人不承担本法第一百五十条规定的义务。

第一百五十二条 买受人有确切证据证明第三人可能就标的物主张权利的，可以中止支付相应的价款，但出卖人提供适当担保的除外。

第一百五十三条 出卖人应当按照约定的质量要求交付标的物。出卖人提供有关标的物质量说明的，交付的标的物应当符合该说明的质量要求。

第一百五十四条 当事人对标的物的质量要求没有约定或者约定不明确，依照本法第六十一条的规定仍不能确定的，适用本法第六十二条第一项的规定。

第一百五十五条 出卖人交付的标的物不符合质量要求的，买受人可以依照本法第一百一十一条的规定要求承担违约责任。

第一百五十六条 出卖人应当按照约定的包装方式交付标的物。对包装方式没有约定或者约定不明确，依照本法第六十一条的规定仍不能确定的，应当按照通用的方式包装，没有通用方式的，应当采取足以保护标的物的包装方式。

第一百五十七条 买受人收到标的物时应当在约定的检验期间内检验。没有约定检验期间的，应当及时检验。

第一百五十八条 当事人约定检验期间的，买受人应当在检验期间内将标的物的数量或者质量不符合约定的情形通知出卖人。买受人怠于通知的，视为标的物的数量或者质量符合约定。

当事人没有约定检验期间的，买受人应当在发现或者应当发现标的物的数量或者质量不符合约定的合理期间内通知出卖人。买受人在合理期间内未通知或者自标的物收到之日起两年内未通知出卖人的，视为标的物的数量或者质量符合约定，但对标的物有质量保证期的，适用质量保证期，不适用该两年的规定。

出卖人知道或者应当知道提供的标的物不符合约定的，买受人不受前两款规定的通知时间的限制。

第一百五十九条 买受人应当按照约定的数额支付价款。对价款没有约定或者约定不明确的，适用本法第六十一条、第六十二条第二项的规定。

第一百六十条 买受人应当按照约定的地点支付价款。对支付地点没有约定或者约定不明确，依照本法第六十一条的规定仍不能确定的，买受人应当在出卖人的营业地支付，但约定支付价款以交付标的物或者交付提取标的物单证为条件的，在交付标的物或者交付提取标的物单证的所在地支付。

第一百六十一条 买受人应当按照约定的时间支付价款。对支付时间没有约定或者约定不明确，依照本法第六十一条的规定仍不能确定的，买受人应当在收到标的物或者提取标的物单证的同时支付。

第一百六十二条 出卖人多交标的物的，买受人可以接收或者拒绝接收多交的部分。买受人接收多交部分的，按照合同的价格支付价款；买受人拒绝接收多交部分的，应当及时通知出卖人。

第一百六十三条 标的物在交付之前产生的孳息，归出卖人所有，交付之后产生的孳息，归买受人所有。

第一百六十四条 因标的物的主物不符合约定而解除合同的，解除合同的效力及于从物。因标的物的从物不符合约定被解除的，解除的效力不及于主物。

第一百六十五条 标的物为数物，其中一物不符合约定的，买受人可以就该物解除，但该物与他物分离使标的物的价值显受损害的，当事人可以就数物解除合同。

第一百六十六条 出卖人分批交付标的物的，出卖人对其中一批标的物不交付或者交付不符合约定，致使该批标的物不能实现合同目的的，买受人可以就该批标的物解除。

出卖人不交付其中一批标的物或者交付不符合约定，致使今后其他各批标的物的交付不能实现合同目的的，买受人可以就该批以及今后其他各批标的物解除。

买受人如果就其中一批标的物解除，该批标的物与其他各批标的物相互依存的，可以就已经交付和未交付的各批标的物解除。

第一百六十七条 分期付款的买受人未支付到期价款的金额达到全部价款的五分之一的，出卖人可以要求买受人支付全部价款或者解除合同。

出卖人解除合同的，可以向买受人要求支付该标的物的使用费。

第一百六十八条 凭样品买卖的当事人应当封存样品，并可以对样品质量予以说明。出卖人交付的标的物应当与样品及其说明的质量相同。

第一百六十九条 凭样品买卖的买受人不知道样品有隐蔽瑕疵的，即使交付的标的物与样品相同，出卖人交付的标的物的质量仍然应当符合同种物的通常标准。

第一百七十条 试用买卖的当事人可以约定标的物的试用期间。对试用期间没有约定或者约定不明确，依照本法第六十一条的规定仍不能确定的，由出卖人确定。

第一百七十一条 试用买卖的买受人在试用期内可以购买标的物，也可以拒绝购买。试用期间届满，买受人对是否购买标的物未作表示的，视为购买。

第一百七十二条 招标投标买卖的当事人的权利和义务以及招标投标程序等，依照有关法律、行政法规的规定。

第一百七十三条 拍卖的当事人的权利和义务以及拍卖程序等，依照有关法律、行政法规的规定。

第一百七十四条 法律对其他有偿合同有规定的，依照其规定；没有规定的，参照买卖合同的有关规定。

第一百七十五条 当事人约定易货交易，转移标的物的所有权的，参照买卖合同的有关规定。

附录 B 机动车维修服务规范

（中华人民共和国交通运输行业标准 JT/T 816—2011）

1 范围

本标准规定了机动车维修服务的总要求、维修服务流程、服务质量管理及服务质量控制等内容。

本标准适用于汽车整车维修企业和发动机、车身、电气系统、自动变速器专项维修业户，其他的机动车维修企业可参照执行。

2 规范性引用文件

下列文件对于本文件的应用是必不可少的。凡是注日期的引用文件，仅所注日期的版本适用于本文件。凡是不注日期的引用文件，其最新版本(包括所有的修改单)适用于本文件。

GB/T 3798.1 汽车大修竣工出厂技术条件 第1部分：载客汽车

GB/T 3798.2 汽车大修竣工出厂技术条件 第2部分：载货汽车

GB/T 3799.1 商用汽车发动机大修竣工出厂技术条件 第1部分：汽油发动机

GB/T 3799.2 商用汽车发动机大修竣工出厂技术条件 第2部分：柴油发动机

GB/T 5624 汽车维修术语

GB/T 16739.1 汽车维修业开业条件 第1部分：汽车整车维修企业

GB/T 16739.2 汽车维修业开业条件 第2部分：汽车专项维修业户

GB/T 18344 汽车维护、检测、诊断技术规范

GB/T 21338 机动车维修从业人员从业资格条件

3 术语和定义

GB/T 5624 所界定的以及下列术语和定义适用于本文件。

3.1 客户 customer

接受机动车维修服务的组织或个人。

3.2 机动车维修服务 service for motor vehicle maintenance and repair

机动车维修经营者(以下简称经营者)向客户提供机动车维护和修理及相关活动的总称。

3.3　整车修理 whole motor vehicle repair

通过修复或更换机动车零部件(包括基础件)，恢复机动车完好技术状况和完全(或接近完全)恢复机动车寿命的修理。

3.4　原厂配件 original eqipment manufacturer parts

纳入车辆生产厂家售后服务体系和配件供应体系的配件。

3.5　副厂配件 aftermarket parts

未经车辆生产厂家授权的车辆配件生产厂家生产并符合相关技术标准的配件。

3.6　修复配件 refurbished

修复后，经过检验达到相应技术标准要求的配件。

4　总要求

4.1　经营者应按照 GB/T 16739.1 和 GB/T 16739.2 的规定，根据维修车型种类、服务能力和经营项目，具备相应的人员、组织管理、安全生产、环境保护、设施、设备等条件，并取得机动车维修经营许可、营业执照、税务登记等相关证件。

4.2　经营者应依法经营、诚实守信、公平竞争、优质服务，在经营场所的醒目位置悬挂全国统一式样的机动车维修标志牌。

4.3　经营者应将主要维修项目收费价格、维修工时定额、工时单价报所在地道路运输管理机构备案。发生变动时，应在变动实施前重新报备。

4.4　经营者应在业务接待室等场所醒目位置公示以下信息：

a）机动车维修经营许可证、工商营业执照、税务登记证明；

b）业务受理程序；

c）服务质量承诺；

d）客户抱怨受理程序和受理电话(邮箱)；

e）所在地道路运输管理机构监督投诉电话；

f）经过备案的主要维修项目收费价格、维修工时定额、工时单价，常用配件价格；

g）维修质量保证期；

h）企业负责人、技术负责人及业务接待员、质量检验员、维修工(机修、电器、扳金、涂漆)、价格结算员照片、工号以及从业资格信息等；

i）提供汽车紧急维修救援服务的，应公示服务时间、电话、收费标准。

4.5　汽车维修企业应建立维修服务信息化管理系统，对客户信息、维修流程、配件采购与使用、费用结算等进行管理。

4.6　经营者对原厂配件、副厂配件和修复配件应明码标价，并提供常用配件的产地、生产厂家、质量保证期、联系电话等相关信息资料，供客户查询。有条件的经营者可配备计算机、触摸屏等自助电子信息查询设备。

5　维修服务流程

5.1　建立服务流程

机动车维修服务流程见图 1。经营者可依据自身规模、作业特点建立适用本企业的维修服务流程。

5.2　客户维修接待

5.2.1　客户接待

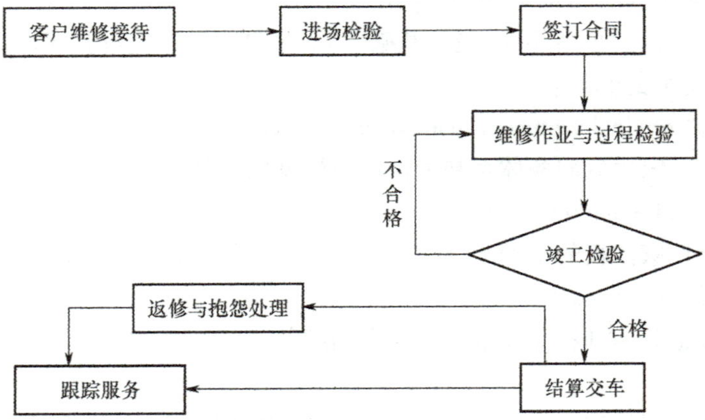

图1 机动车维修服务流程

5.2.1.1 客户接待主要包括进厂维修接待、预约维修接待、紧急维修救援接待。

5.2.1.2 业务接待员应遵守礼仪规范，主动热情，真诚友好，仪表端庄，语言文明，自报工号，认真听取客户关于车况和维修要求的陈述，并做好记录。

5.2.1.3 业务接待员应能及时为客户提供咨询服务。

5.2.2 维修接待

5.2.2.1 进厂维修接待

5.2.2.1.1 车辆进厂时，业务接待员应查验车辆行驶证等相关证件，与客户一起进行环车检查，并办理交接手续。检查时，对于可能造成污损的车身部位，应铺装防护用品。

5.2.2.1.2 客户寄存随车物品，应在交接单上详细记录，并妥善保管。车辆交接单经客户签字确认。

5.2.2.1.3 业务接待员应安排需要等待维修车辆的客户休息。

5.2.2.2 预约维修接待

5.2.2.2.1 经营者可通过电话、短信、网络等渠道受理预约维修服务，可采用回访、告示等方式提示客户采用预约维修服务。

5.2.2.2.2 业务接待员应根据客户意愿和企业条件，合理确定维修车辆维修项目和进厂时间。经双方确认后，做好人员、场地、设备、配件准备，按时安排车辆维修。

5.2.2.3 紧急维修救援接待

5.2.2.3.1 经营者可通过电话、短信、网络等渠道受理紧急维修救援业务。

5.2.2.3.2 业务接待员接到求救信息后，应详细记录求救客户姓名、车牌号码、品牌型号、故障现象、车辆所在地、联系电话等。

5.2.2.3.3 经营者应区别不同情况实施救援：

与客户对话可以解决的，应详细解答，具体指导，及时帮助处理；

确需现场救援的，应提出最佳救援方案，主动告知救援收费标准，组织救援人员在规定时间内赶到救援现场；

现场不能修复的车辆，经客户同意可拖车入厂，及时安排修理。车辆进厂时，按5.2.2.1的要求进行。

5.2.2.3.4 对夜间或恶劣天气等紧急救援需求，提供24小时汽车维修救援服务的经营者亦应按照规范及时施救。

5.3 进厂检验

5.3.1 质量检验员应根据车辆技术状况和客户陈述进行技术诊断。

5.3.2 进厂检验应在专用的工位或区域，按照相关技术标准或规范对车辆进行检验，并做好进厂检验记录。

5.3.3 需要解体检查或者路试的，应征得客户同意。

5.3.4 进厂检验后，应告知客户车辆技术状况、拟定的维修方案、建议维修项目和需要更换的配件。

5.4 签订合同

5.4.1 业务接待员应根据车辆进厂检验结果和客户需求，本着自愿、合法、适用的原则，与客户协商签订汽车维修合同。

5.4.2 维修合同应包含以下主要内容：

a）经营者、客户的名称；

b）签约日期；

c）车辆基本信息；

d）维修项目；

e）收费标准、预计维修费用及费用超出的解决方式；

f）交车日期、地点、方式；

g）质量保证期等。

5.4.3 经营者对机动车进行二级维护、总成修理、整车修理的，宜使用当地主管部门推荐的汽车维修协议示范文本。

5.4.4 维修过程应严格按照合同约定进行。确需增加维修项目的，经营者应及时与客户沟通，征得同意后，按规定签订补充合同。

5.4.5 经营者应将维修协议存入机动车维修档案。

5.5 维修作业与过程检验

5.5.1 经营者根据维修协议确认的维修项目，开具维修施工单。维修施工单应详细注明维修项目、作业部位、完成时间和注意事项。

5.5.2 视情对待修车辆进行车身清洁。

5.5.3 维修过程中，应采用合理措施保护车身内外表面等部位。

5.5.4 维修人员应执行相关的技术标准，使用技术状况良好的设备，按照维修施工单进行操作。不应擅自扩大作业范围，不应以次充好换用配件。作业后，应进行自检，并签字确认。

5.5.5 质量检验员应核查配件更换情况，并依据车辆维修标准或维修手册的技术要求实施车辆维修过程检验，按规定填写并留存过程检验记录。

5.5.6 维修过程检验不合格的作业项目，不应进入下一道工序，应重新作业。

5.5.7 经营者宜采用可视窗或视频设备等方式，供客户实时查看在修车辆。

5.5.8 业务接待员应掌握车辆维修情况，及时向客户反馈维修进度。

5.5.9 车辆维修完工后，维修人员应对车辆外表和内饰进行清洁，将车辆停放在竣工区域。

5.6 竣工检验

5.6.1 质量检验员应核查维修项目完成情况，按 GB/T 3798.1、GB/T 3798.2、GB/T 3799.1、GB/T 3799.2 和 GB/T 18344 等标准进行竣工检验，并填写维修竣工检验记录。对竣工检验中发现的不合格项目，应填写返工单，由维修人员返工作业。

5.6.2 经营者应执行《机动车维修竣工出厂合格证》制度。

5.7 结算交车

5.7.1 检验合格的车辆，业务接待员应查看外观，清点随车物品，做好交车准备，通知客户验收接车，并将维修作业项目、配件材料使用、维修竣工检验情况，以及出厂注意事项、质量保证期等内容以书面记录形式告知客户。

5.7.2 业务接待员应配合客户验收车辆，填写验收交接单，并引导客户办理结算手续。

5.7.3 价格结算员应严格按照协议约定和公示并备案的维修工时定额及单价、配件价格等核定维修费用，开具规定的结算票据和维修结算清单。维修结算清单应将维修作业的检测诊断费、材料费、工时费、加工费及其他费用分项列出，并注明原厂配件、副厂配件或修复配件，由客户签字确认。

5.7.4 客户对维修作业项目和费用有疑问时，业务接待员或价格结算员应认真听取客户的意见，作出合理解释。客户完成结算手续后，业务接待员为客户办理出门手续，交付车辆钥匙、客户寄存物品、客户支付费用后剩余的维修材料，以及更换下的配件。

5.8 返修与抱怨处理

5.8.1 经营者应严格执行车辆返修制度，建立车辆返修记录，对返修项目进行技术分析。

5.8.2 在质量保证期内，因维修质量原因造成车辆无法正常使用，且经营者在三日内不能或无法提供因非维修原因而造成车辆无法使用的相关证据的，经营者应当优先安排，无偿返修，不应故意拖延或无理拒绝。

5.8.3 在质量保证期内，车辆因同一故障或者维修项目经两次修理仍不能正常使用的，经营者应当负责联系其他机动车维修经营者修理，并承担相应修理费用。

5.8.4 经营者应严格执行客户抱怨处理制度，明确受理范围、受理部门或人员、处理部门或人员及其职责、受理时限、处理时限等。

5.8.5 经营者应留存抱怨办理的记录，定期进行分析、总结。

5.9 跟踪服务

5.9.1 车辆维修竣工出厂后，经营者可通过客户意见卡、电话、短信或登门等方式回访客户，征询客户对车辆维修服务的意见，并做好记录。对客户的批评意见，应及时沟通并妥善处理。

5.9.2 跟踪服务应覆盖所有客户。回访人员应统计分析客户意见，并及时反馈给相关部门处理。对返修和客户抱怨处理后的结果应继续跟踪。

6 服务质量管理

6.1 人员管理

6.1.1 企业经理人、技术负责人及质量检验员、业务接待员、价格结算员，以及从事机修、电器、钣金、涂漆、车辆技术评估(含检测)作业的技术人员条件应符合 GB/T 21338 的规定，机动车维修技术人员配备应满足有关要求。

6.1.2 维修从业人员应按照作业规范进行维修作业。

6.1.3 经营者应根据维修服务活动和从业人员能力，制订和实施培训计划，做好培训记录。

6.2 设施设备管理

6.2.1 厂区环境清洁，各类指示标志清楚，重要区域和特种设备设立警示标志。

6.2.2 维修作业区应合理布局，划分工位，有充足的自然采光或人工照明。

6.2.3 维修、检测设备的规格和数量应与维修车型、维修规模和维修工艺相适应。

6.2.4 经营者应依据设备使用书，制定设备操作工艺规程。

6.2.5 经营者应制订设备维护计划，并认真实施。特种设备应重点维护。

6.2.6 检测设备、量具应按规定进行检定、校准。

6.2.7 经营者应建立设备档案，做好设备购置、验收、使用、维修、检定和报废处理记录。

6.3 配件管理

6.3.1 经营者应向具有合法资质的配件经销商采购配件。

6.3.2 经营者应建立采购配件登记制度，组织采购配件验收，查验产品合格证等相关证明，登记配件名称、规格型号、购买日期及供应商信息。

6.3.3 经营者应建立配件质量保证和追溯体系。原厂配件和副厂配件按制造厂规定执行质量保证。经营者与客户协商约定的原厂配件和副厂配件的质量保证期不得低于上述规定及维修质量基本保证期。修复配件的质量保证期，按照经营者与客户的约定执行。

6.3.4 经营者应制定配件检验分类制度，保留配件的更换、使用、报废处理的记录。

6.3.5 客户自带配件，经营者应与客户做好责任约定，使用前查验配件合格证明，提出使用意见，由客户确认签字，并妥善保管配件合格证明和签字记录，保存期限不得低于该配件质量保证期和维修质量保证期。

6.4 安全管理

6.4.1 经营者应建立安全生产组织机构和安全生产责任制度，明确各岗位人员安全职责。

6.4.2 经营者应制定安全生产应急预案，内容包括应急机构组成、责任人及分工、应急预案启动程序、应急救援工作程序等。

6.4.3 经营者应开展安全生产教育与督促检查，为员工提供国家规定的劳动安全卫生条件和必要的劳动防护用品。

6.4.4 经营者应确保生产设施、设备安全防护装置完好，按照规定配置消防设施和器材，设置消防、安全标志。有毒、易燃、易爆物品，腐蚀剂，压力容器的使用与存放应符合国家有关规定的要求。

6.4.5 机动车维修作业场所相应位置应张贴维修岗位与设备安全操作规程及安全注意事项。

6.5 环保管理

6.5.1 经营者应对维修产生的废弃物进行分类收集，及时对有害物质进行隔离、控制，委托有合法资质的机构定期回收，并留存废弃物处置记录。

6.5.2 维修作业环境应按环境保护标准的有关规定配置用于处理废气、废水的通风、吸尘、消声、净化等设施。

6.6 现场管理

经营者应制定现场管理规范，作业场所实行定置管理，工具、物料摆放整齐，标识清楚，做到工作台、配件、工具清洁，工具、配件、废料油污不落地，废油、废液、固体废弃物分类存放。

6.7 资料档案管理

6.7.1 经营者应了解并收集与维修服务相关的技术文件，具备有效的车辆维修标准和承修车型的技术资料。必要时，应制定车辆维修所需的各种工艺、检验指导文件。

6.7.2 经营者应建立和执行机动车维修档案制度，并妥善保存。

6.7.3 车辆二级维护、总成修理、整车修理档案主要应包括：维修项目、维修协议、具体维修人员及质量检验员、进厂检验记录、过程检验记录、竣工检验记录、出厂合格证副本、结算清单等。保存期限不应少于两年。

7 服务质量控制

7.1 经营者应按规定建立维修服务质量管理体系，制定服务质量方针，加以实施并持续改进。

7.2 经营者应开展客户满意度调查，收集、整理客户反馈信息。

7.3 经营者应定期对维修服务实际成果进行检查，并记录检查结果。对检查中发现的问题，应采取有效的整改措施。

附录C 家用汽车产品修理、更换、退货责任规定

第一章 总 则

第一条 为了保护家用汽车产品消费者的合法权益，明确家用汽车产品修理、更换、退货(以下简称三包)责任，根据有关法律法规，制定本规定。

第二条 在中华人民共和国境内生产、销售的家用汽车产品的三包，适用本规定。

第三条 本规定是家用汽车产品三包责任的基本要求。鼓励家用汽车产品经营者做出更有利于维护消费者合法权益的严于本规定的三包责任承诺；承诺一经作出，应当依法履行。

第四条 本规定所称三包责任由销售者依法承担。销售者依照规定承担三包责任后，属于生产者的责任或者属于其他经营者的责任的，销售者有权向生产者、其他经营者追偿。

家用汽车产品经营者之间可以订立合同约定三包责任的承担，但不得侵害消费者的合法权益，不得免除本规定所规定的三包责任和质量义务。

第五条 家用汽车产品消费者、经营者行使权利、履行义务或承担责任，应当遵循诚实信用原则，不得恶意欺诈。

家用汽车产品经营者不得故意拖延或者无正当理由拒绝消费者提出的符合本规定的三包责任要求。

第六条 国家质量监督检验检疫总局(以下简称国家质检总局)负责本规定实施的协调指导和监督管理；组织建立家用汽车产品三包信息公开制度，并可以依法委托相关机构建立家用汽车产品三包信息系统，承担有关信息管理等工作。

地方各级质量技术监督部门负责本行政区域内本规定实施的协调指导和监督管理。

第七条 各有关部门、机构及其工作人员对履行规定职责所知悉的商业秘密和个人信息依法负有保密义务。

第二章 生产者义务

第八条 生产者应当严格执行出厂检验制度；未经检验合格的家用汽车产品，不得出厂销售。

第九条 生产者应当向国家质检总局备案生产者基本信息、车型信息、约定的销售和修理网点资料、产品使用说明书、三包凭证、维修保养手册、三包责任争议处理和退换车信息等家用汽车产品三包有关信息，并在信息发生变化时及时更新备案。

第十条 家用汽车产品应当具有中文的产品合格证或相关证明以及产品使用说明书、三包凭证、维修保养手册等随车文件。

产品使用说明书应当符合消费品使用说明等国家标准规定的要求。家用汽车产品所具有的使用性能、安全性能在相关标准中没有规定的，其性能指标、工作条件、工作环境等要求应当在产品使用说明书中明示。

三包凭证应当包括以下内容：产品品牌、型号、车辆类型规格、车辆识别代号（VIN）、生产日期；生产者名称、地址、邮政编码、客服电话；销售者名称、地址、邮政编码、电话等销售网点资料、销售日期；修理者名称、地址、邮政编码、电话等修理网点资料或者相关查询方式；家用汽车产品三包条款、包修期和三包有效期以及按照规定要求应当明示的其他内容。

维修保养手册应当格式规范、内容实用。

随车提供工具、备件等物品的，应附有随车物品清单。

第三章 销售者义务

第十一条 销售者应当建立并执行进货检查验收制度，验明家用汽车产品合格证等相关证明和其他标识。

第十二条 销售者销售家用汽车产品，应当符合下列要求：

（一）向消费者交付合格的家用汽车产品以及发票；

（二）按照随车物品清单等随车文件向消费者交付随车工具、备件等物品；

（三）当面查验家用汽车产品的外观、内饰等现场可查验的质量状况；

（四）明示并交付产品使用说明书、三包凭证、维修保养手册等随车文件；

（五）明示家用汽车产品三包条款、包修期和三包有效期；

（六）明示由生产者约定的修理者名称、地址和联系电话等修理网点资料，但不得限制消费者在上述修理网点中自主选择修理者；

（七）在三包凭证上填写有关销售信息；

（八）提醒消费者阅读安全注意事项、按产品使用说明书的要求进行使用和维护保养。

对于进口家用汽车产品，销售者还应当明示并交付海关出具的货物进口证明和出入境检验检疫机构出具的进口机动车辆检验证明等资料。

第四章　修理者义务

第十三条　修理者应当建立并执行修理记录存档制度。书面修理记录应当一式两份，一份存档，一份提供给消费者。

修理记录内容应当包括送修时间、行驶里程、送修问题、检查结果、修理项目、更换的零部件名称和编号、材料费、工时和工时费、拖运费、提供备用车的信息或者交通费用补偿金额、交车时间、修理者和消费者签名或盖章等。

修理记录应当便于消费者查阅或复制。

第十四条　修理者应当保持修理所需要的零部件的合理储备，确保修理工作的正常进行，避免因缺少零部件而延误修理时间。

第十五条　用于家用汽车产品修理的零部件应当是生产者提供或者认可的合格零部件，且其质量不低于家用汽车产品生产装配线上的产品。

第十六条　在家用汽车产品包修期和三包有效期内，家用汽车产品出现产品质量问题或严重安全性能故障而不能安全行驶或者无法行驶的，应当提供电话咨询修理服务；电话咨询服务无法解决的，应当开展现场修理服务，并承担合理的车辆拖运费。

第五章　三 包 责 任

第十七条　家用汽车产品包修期限不低于3年或者行驶里程60，000公里，以先到者为准；家用汽车产品三包有效期限不低于2年或者行驶里程50，000公里，以先到者为准。家用汽车产品包修期和三包有效期自销售者开具购车发票之日起计算。

第十八条　在家用汽车产品包修期内，家用汽车产品出现产品质量问题，消费者凭三包凭证由修理者免费修理(包括工时费和材料费)。

家用汽车产品自销售者开具购车发票之日起60日内或者行驶里程3000公里之内(以先到者为准)，发动机、变速器的主要零件出现产品质量问题的，消费者可以选择免费更换发动机、变速器。发动机、变速器的主要零件的种类范围由生产者明示在三包凭证上，其种类范围应当符合国家相关标准或规定，具体要求由国家质检总局另行规定。

家用汽车产品的易损耗零部件在其质量保证期内出现产品质量问题的，消费者可以选择免费更换易损耗零部件。易损耗零部件的种类范围及其质量保证期由生产者明示在三包凭证上。生产者明示的易损耗零部件的种类范围应当符合国家相关标准或规定，具体要求由国家质检总局另行规定。

第十九条　在家用汽车产品包修期内，因产品质量问题每次修理时间(包括等待修理备用件时间)超过5日的，应当为消费者提供备用车，或者给予合理的交通费用补偿。

修理时间自消费者与修理者确定修理之时起，至完成修理之时止。一次修理占用时间不足24小时的，以1日计。

第二十条　在家用汽车产品三包有效期内，符合本规定更换、退货条件的，消费者凭三包凭证、购车发票等由销售者更换、退货。

家用汽车产品自销售者开具购车发票之日起60日内或者行驶里程3000公里之内(以先到者为准)，家用汽车产品出现转向系统失效、制动系统失效、车身开裂或燃油泄漏，消费者选择更换家用汽车产品或退货的，销售者应当负责免费更换或退货。

在家用汽车产品三包有效期内，发生下列情况之一，消费者选择更换或退货的，销售者应当负责更换或退货：

（一）因严重安全性能故障累计进行了2次修理，严重安全性能故障仍未排除或者又出现新的严重安全性能故障的；

（二）发动机、变速器累计更换2次后，或者发动机、变速器的同一主要零件因其质量问题，累计更换2次后，仍不能正常使用的，发动机、变速器与其主要零件更换次数不重复计算；

（三）转向系统、制动系统、悬架系统、前/后桥、车身的同一主要零件因其质量问题，累计更换2次后，仍不能正常使用的；

转向系统、制动系统、悬架系统、前/后桥、车身的主要零件由生产者明示在三包凭证上，其种类范围应当符合国家相关标准或规定，具体要求由国家质检总局另行规定。

第二十一条 在家用汽车产品三包有效期内，因产品质量问题修理时间累计超过35日的，或者因同一产品质量问题累计修理超过5次的，消费者可以凭三包凭证、购车发票，由销售者负责更换。

下列情形所占用的时间不计入前款规定的修理时间：

（一）需要根据车辆识别代号（VIN）等定制的防盗系统、全车线束等特殊零部件的运输时间；特殊零部件的种类范围由生产者明示在三包凭证上；

（二）外出救援路途所占用的时间。

第二十二条 在家用汽车产品三包有效期内，符合更换条件的，销售者应当及时向消费者更换新的合格的同品牌同型号家用汽车产品；无同品牌同型号家用汽车产品更换的，销售者应当及时向消费者更换不低于原车配置的家用汽车产品。

第二十三条 在家用汽车产品三包有效期内，符合更换条件，销售者无同品牌同型号家用汽车产品，也无不低于原车配置的家用汽车产品向消费者更换的，消费者可以选择退货，销售者应当负责为消费者退货。

第二十四条 在家用汽车产品三包有效期内，符合更换条件的，销售者应当自消费者要求换货之日起15个工作日内向消费者出具更换家用汽车产品证明。

在家用汽车产品三包有效期内，符合退货条件的，销售者应当自消费者要求退货之日起15个工作日内向消费者出具退车证明，并负责为消费者按发票价格一次性退清货款。

家用汽车产品更换或退货的，应当按照有关法律法规规定办理车辆登记等相关手续。

第二十五条 按照本规定更换或者退货的，消费者应当支付因使用家用汽车产品所产生的合理使用补偿，销售者依照本规定应当免费更换、退货的除外。

合理使用补偿费用的计算公式为：［（车价款（元）×行驶里程（km））/1000］×n。使用补偿系数n由生产者根据家用汽车产品使用时间、使用状况等因素在0.5%至0.8%之间确定，并在三包凭证中明示。

家用汽车产品更换或者退货的，发生的税费按照国家有关规定执行。

第二十六条 在家用汽车产品三包有效期内，消费者书面要求更换、退货的，销售者应当自收到消费者书面要求更换、退货之日起10个工作日内，作出书面答复。逾期未答复或者未按本规定负责更换、退货的，视为故意拖延或者无正当理由拒绝。

第二十七条 消费者遗失家用汽车产品三包凭证的，销售者、生产者应当在接到消费者申请后10个工作日内予以补办。消费者向销售者、生产者申请补办三包凭证后，可以依照本规定继续享有相应权利。

按照本规定更换家用汽车产品后，销售者、生产者应当向消费者提供新的三包凭证，家用汽车产品包修期和三包有效期自更换之日起重新计算。

在家用汽车产品包修期和三包有效期内发生家用汽车产品所有权转移的，三包凭证应当随车转移，三包责任不因汽车所有权转移而改变。

第二十八条 经营者破产、合并、分立、变更的，其三包责任按照有关法律法规规定执行。

第六章 三包责任免除

第二十九条 易损耗零部件超出生产者明示的质量保证期出现产品质量问题的，经营者可以不承担本规定所规定的家用汽车产品三包责任。

第三十条 在家用汽车产品包修期和三包有效期内，存在下列情形之一的，经营者对所涉及产品质量问题，可以不承担本规定所规定的三包责任：

（一）消费者所购家用汽车产品已被书面告知存在瑕疵的；

（二）家用汽车产品用于出租或者其他营运目的的；

（三）使用说明书中明示不得改装、调整、拆卸，但消费者自行改装、调整、拆卸而造成损坏的；

（四）发生产品质量问题，消费者自行处置不当而造成损坏的；

（五）因消费者未按照使用说明书要求正确使用、维护、修理产品，而造成损坏的；

（六）因不可抗力造成损坏的。

第三十一条 在家用汽车产品包修期和三包有效期内，无有效发票和三包凭证的，经营者可以不承担本规定所规定的三包责任。

第七章 争议的处理

第三十二条 家用汽车产品三包责任发生争议的，消费者可以与经营者协商解决；可以依法向各级消费者权益保护组织等第三方社会中介机构请求调解解决；可以依法向质量技术监督部门等有关行政部门申诉进行处理。

家用汽车产品三包责任争议双方不愿通过协商、调解解决或者协商、调解无法达成一致的，可以根据协议申请仲裁，也可以依法向人民法院起诉。

第三十三条 经营者应当妥善处理消费者对家用汽车产品三包问题的咨询、查询和投诉。

经营者和消费者应积极配合质量技术监督部门等有关行政部门、有关机构等对家用汽车产品三包责任争议的处理。

第三十四条 省级以上质量技术监督部门可以组织建立家用汽车产品三包责任争议处理技术咨询人员库，为争议处理提供技术咨询；经争议双方同意，可以选择技术咨询人员参与争议处理，技术咨询人员咨询费用由双方协商解决。

经营者和消费者应当配合质量技术监督部门家用汽车产品三包责任争议处理技术咨询人员库建设，推荐技术咨询人员，提供必要的技术咨询。

第三十五条 质量技术监督部门处理家用汽车产品三包责任争议，按照产品质量申诉处理有关规定执行。

第三十六条 处理家用汽车产品三包责任争议，需要对相关产品进行检验和鉴定的，按照产品质量仲裁检验和产品质量鉴定有关规定执行。

第八章　罚　　则

第三十七条 违反本规定第九条规定的，予以警告，责令限期改正，处1万元以上3万元以下罚款。

第三十八条 违反本规定第十条规定，构成有关法律法规规定的违法行为的，依法予以处罚；未构成有关法律法规规定的违法行为的，予以警告，责令限期改正；情节严重的，处1万元以上3万元以下罚款。

第三十九条 违反本规定第十二条规定，构成有关法律法规规定的违法行为的，依法予以处罚；未构成有关法律法规规定的违法行为的，予以警告，责令限期改正；情节严重的，处3万元以下罚款。

第四十条 违反本规定第十三条、第十四条、第十五条或第十六条规定的，予以警告，责令限期改正；情节严重的，处3万元以下罚款。

第四十一条 未按本规定承担三包责任的，责令改正，并依法向社会公布。

第四十二条 本规定所规定的行政处罚，由县级以上质量技术监督部门等部门在职权范围内依法实施，并将违法行为记入质量信用档案。

第九章　附　　则

第四十三条 本规定下列用语的含义：

家用汽车产品，是指消费者为生活消费需要而购买和使用的乘用车。

乘用车，是指相关国家标准规定的除专用乘用车之外的乘用车。

生产者，是指在中华人民共和国境内依法设立的生产家用汽车产品并以其名义颁发产品合格证的单位。从中华人民共和国境外进口家用汽车产品到境内销售的单位视同生产者。

销售者，是指以自己的名义向消费者直接销售、交付家用汽车产品并收取货款、开具发票的单位或者个人。

修理者，是指与生产者或销售者订立代理修理合同，依照约定为消费者提供家用汽车产品修理服务的单位或者个人。

经营者，包括生产者、销售者、向销售者提供产品的其他销售者、修理者等。

产品质量问题，是指家用汽车产品出现影响正常使用、无法正常使用或者产品质量与法规、标准、企业明示的质量状况不符合的情况。

严重安全性能故障，是指家用汽车产品存在危及人身、财产安全的产品质量问题，致使消费者无法安全使用家用汽车产品，包括出现安全装置不能起到应有的保护作用或者存在起火等危险情况。

第四十四条 按照本规定更换、退货的家用汽车产品再次销售的，应当经检验合格并明示该车是“三包换退车”以及更换、退货的原因。

“三包换退车”的三包责任按合同约定执行。

第四十五条 本规定涉及的有关信息系统以及信息公开和管理、生产者信息备案、三包责任争议处理技术咨询人员库管理等具体要求由国家质检总局另行规定。

第四十六条 有关法律、行政法规对家用汽车产品的修理、更换、退货等另有规定的，从其规定。

第四十七条 本规定由国家质量监督检验检疫总局负责解释。

第四十八条 本规定自 2013 年 10 月 1 日起施行

参考文献

[1] 倪勇，吴汶芪．汽车 4S 企业管理制度与前台接待[M]．北京：机械工业出版社，2009.
[2] 滕仙娟．汽车及配件营销[M]．北京：人民邮电出版社，2013.
[3] 金加龙．汽车维修业务接待[M]．北京：电子工业出版社，2008.
[4] 何忧予．汽车金融服务[M]．北京：高等教育出版社，2012.
[5] 谭德荣，董恩国．汽车服务工程[M]．北京：北京理工大学出版社，2007.
[6] 荆叶平，王俊喜．汽车保险与公估[M]．北京：人民交通出版社，2009.
[7] 王一斐，陈翔．汽车维修企业管理[M]．2 版．北京：机械工业出版社，2012.
[8] 栾琪文．现代汽车维修企业管理实务[M]．2 版．北京：机械工业出版社，2011.
[9] 焦新龙．汽车信贷、保险与理赔[M]．杭州：浙江大学出版社，2007.
[10] 范小青．汽车营销实务[M]．杭州：浙江大学出版社，2007.
[11] 谭本忠，于立辉．汽车维修前台接待[M]．北京：北京理工大学出版社，2011.
[12] 夏志华，郭玲．汽车配件市场营销[M]．北京：北京理工大学出版社，2010.
[13] 赵计平，金明．汽车售后服务企业经营与管理[M]．北京：机械工业出版社，2013.
[14] 陈文华．汽车及配件营销[M]．北京：人民交通出版社，2005.
[15] 谭本忠．汽车配件营销与管理[M]．北京：北京理工大学出版社，2011.
[16] 夏志华，张子波．汽车营销实务[M]．北京：北京大学出版社，2010.
[17] 姚丽萍．汽车营销基础与实务[M]．大连：大连理工大学出版社，2010.
[18] 曾鑫．汽车维修业务接待[M]．北京：机械工业出版社，2013.
[19] 戚叔林，刘焰．汽车维修服务[M]．北京：人民交通出版社，2010.
[20] 段钟礼，张搢桄．汽车营销实用教程[M]．北京：机械工业出版社，2012.